行ってお帰り

見守りの悦びと涙

山口信夫 著

いまなぜ見守りか

平成二九年一月三〇日の早朝、島根県の西の端、益田市久々茂町の信号機のない交差点で見守り活動中の男性が酒気帯び運転の軽トラックにはねられ死亡した。

犠牲となった三原董充《ただみつ》は34年前、小学2年生の次女を現場近くで交通事故により亡くした。一念発起して見守りをはじめて13年、早朝の横断歩道で誘導中、猛スピードで突進した軽四から少年を守ろうと車の前に立ちはだかり、犠牲となったのだ。

あの事故以来、私は、犠牲者の霊に報いようと、いかにして見守り活動中の事故を減らすか、新しい時代の見守りは如何にあるべきかを考え、筆を執り続けている。

子ども見守りは、平成一三年の大阪教育大附属池田小学校での死傷者多数の重大事件以降、教育行政を主体に、全国にスクールガードが張り巡らせられたほか、奇特な活動家が通学路に繰り出し、子どもが被害に遭う犯罪や事故は大幅に減少した。

だがその活動の多くは、分かり易い手引きも安全装備も不十分な中での見よう見まねであったから、活動中に事故に巻き込まれるケースも散見され、近年、全国の見守り人口は減少しつつあるようだ。

平成三〇年、新潟市で下校途中の7歳の児童が殺害され、従来の高齢者主体の見守り活動に限界をみた警察庁は、「ながら見守り」を推奨するところとなった。また、IT社会の到来とともに、企業は「AI見守りロボット」「GPSキーホルダー」などを開発し登下校の安全対策に乗り出した。

このような中で時代は進み、気候変動、国際化の進展、IT社会の到来、人口減少、少子高齢化、学校再編、働き方改革等新時代への対応は待ったなしである。

時代がいかに進化しようとも見守りの主体は地域に密着した住民であり、その活動は、我が子を育てるように深い愛情に根差した汗と涙の育みである。

そこで、元警察官として見守り活動家に深い敬意を表し、18年間活動に携わりその意義を実感している小生は、島根県下100余団体の中から、性格の異なる4団体を選定、その悲喜こもごもの活動の歴史をたどり「見守りの有意性」「適正な見守り活動」「問題解決手法」「今後の見守りのあり方」等について、ノンフィクション5話としてお届けすることとした。

この著述が、見守り活動への理解を深め、後に続く同志が増えるとともに、その密かな悦びに結び付くことを切に願うものである。

なお、本書に登場いただいた人物の一部を仮名としたほか、敬称を省略したことをお許しいただきたい。

山口信夫

目次

島根県

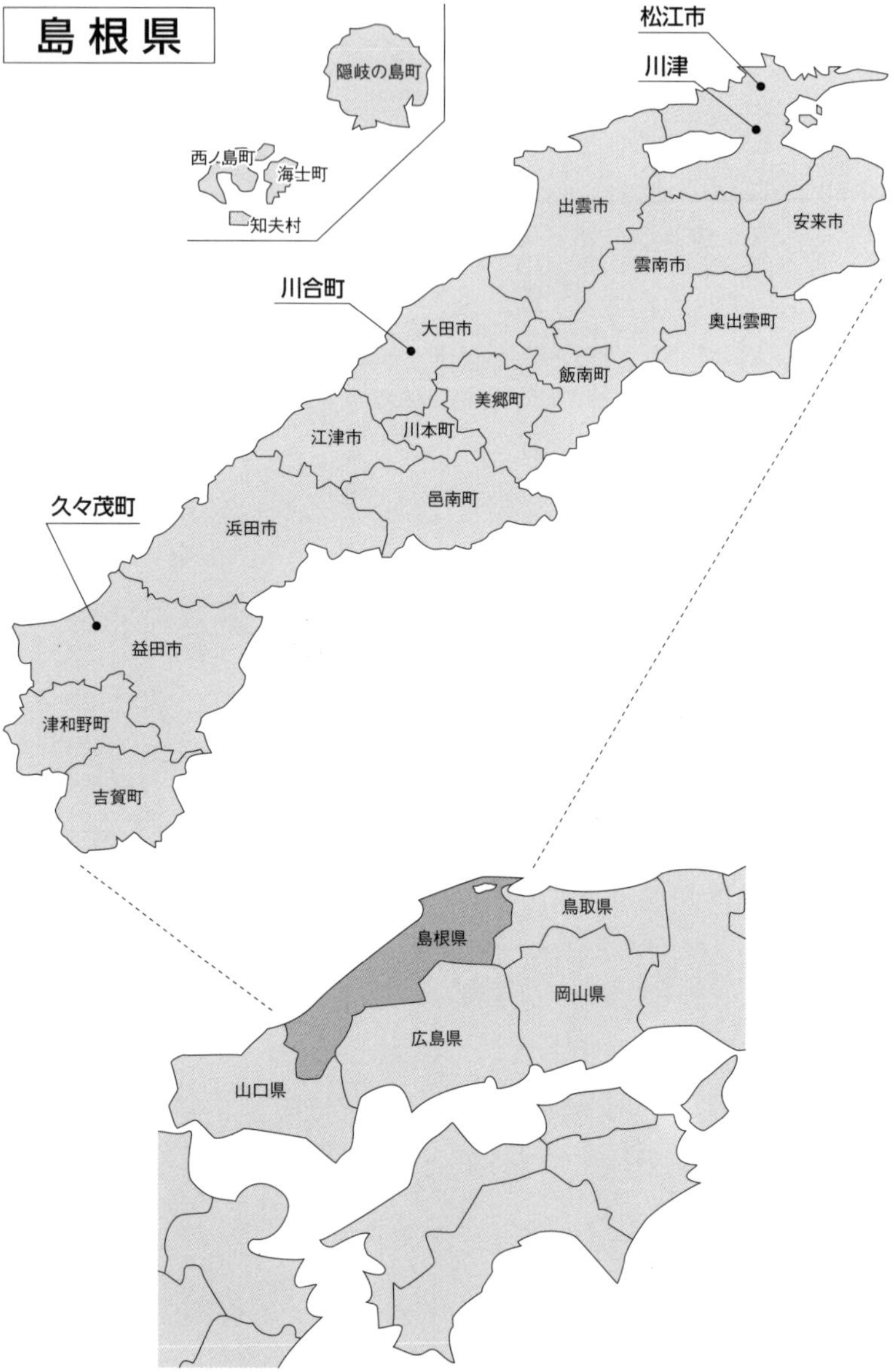

隠岐の島町
西ノ島町
海士町
知夫村
松江市
川津
出雲市
安来市
雲南市
奥出雲町
川合町
大田市
飯南町
美郷町
川本町
江津市
邑南町
久々茂町
浜田市
益田市
津和野町
吉賀町
鳥取県
島根県
岡山県
広島県
山口県

中国・四国地方

第一話——天国の舞

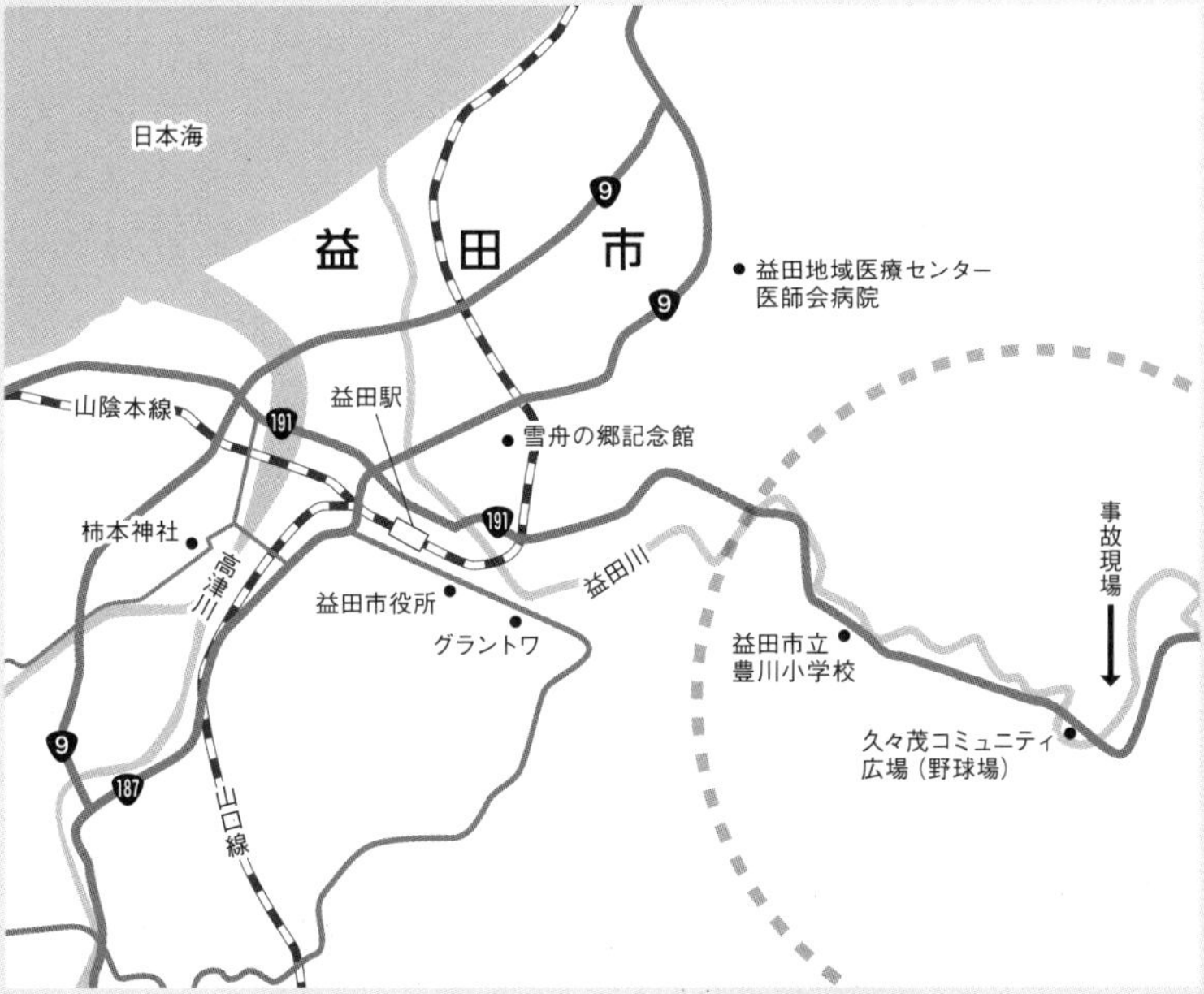

益田市と「豊川地区見守り隊」活動範囲

赤い靴下

〽ババンバババンバンバン
　いいゆだなハハハン　いいゆだなハハハン
　　ゆげがてんじょからぽたりとせなかに

益田川の畔を、３人の児童が楽しそうに歌いながら歩いている。その時、川下の方向から車のエンジン音が響いてきた。

「生コンが来たぞ、逃げろ、逃げろ！」「駆けるぞ！」

「待って、ランドセルが……。待ってよー」

２人の児童は20メートル先の待避所を目掛けて走り出したが、体の小さい女の子はカバンが重いのか付いていけない。すぐ後ろからミキサー車の轟音《ごうおん》が接近し、女の子は後ろを振り向くと、咄嗟に山手のコンクリート壁に駆け寄り、ぴったりと張り付いた。

七月の豪雨災害により、益田市上久々茂《かみくくも》から豊川小学校へ通ずる益田川沿いの国道は、川に面した約１・３メートル幅が２００メートルの区間にわたって流失し、有効幅員は２・７メートルと大型トラックがやっと通れる道幅である。

ミキサー車は速度を緩めたものの、そのまま少女の脇を通り抜けようとした。次の瞬間、右側タイヤに異常音を聞き運転手の男は急ブレーキを踏みサイドミラーに目をやった。後輪が何かを引っ掛けコンクリート壁と車体との間に挟んでいる。「しまった！」慌てて運転席から飛び降り後輪へ走った。

「ウッ！　これは！」

タイヤにランドセルの紐らしきものが挟《はさ》まり、何かを轢いている。アスファルトにおびただしい赤茶色の液体が流れ、タイヤの間から裂けた黄色の長靴、それに赤色の靴下の素足が見える。

……男はしばし呆然としていたが、やがてガタガタ震えながら泣き顔をし、民家のある上手へ走り出した。

島根県の益田市は平野の三方を山に囲まれ、そのほぼ中央を東から西に、川幅約50メートルの益田川が緩やかに蛇行しながら日本海に注いでいる。

上流約５キロにある盆地の久々茂《くくも》町、ここから毎朝20人の児童が３・５キロ益田寄りの豊川小学校に歩いて通う。

道は国道１９１号で、昭和四五年下関、益田、広島間を貫通したものの歩道はなく、益田川に沿って曲がりくねっているから、山深い谷間に入ると山手は木が生い茂り、川手は断崖絶壁だ。

昭和五八年の夏、益田川が未曽有の氾濫を起こした。

七月二二日から二三日早朝にかけて島根県西部を襲った集中豪雨は、益田市で時間雨量90ミリを超すなど、戦後最大を記録した。益田市、三隅町、浜田市を中心として広範囲に河川が氾濫し、土石流、山崩れ、がけ崩れが相次ぎ、死者行方不明者１０７人、家屋全半壊３、０４１棟という島根県史上かつてない大災害となった。

この災害により、益田川上流の都茂《つも》から豊川に至る山道は随所が決壊し、豊川小学校へ向かう通学路は有効幅員が極端に狭くなった。

久々茂町の自治会長で豊川小学校PTA役員の三原董充《ただみつ》は、自宅から益田の仕事場までの6キ《ロ》を毎日バイクで往復したから、その狭まった川沿いの道を通るたびに不安がつのるのであった。

――こんな道を20人の小学生が通学するとは……。低学年は歩くだけでも大仕事なのに、狭い道を自動車を避けながらとは……。復旧工事でも始まったなら、いったいどこを歩けというのだ。

董充は、役員会で訴え、臨時総会の席上でもまくしたてた。

「普段でも危険な道なのに、この上復旧工事だ。2学期を迎えたら大変なことになる。道路管理者に徹底した安全対策をさせよう」

これを受けて、教育委員会は県当局に申し入れしたのだが、復旧工事現場は百とあるから久々茂地区を特別扱いしない。道路が流失した200メー《トル》の上と下に信号機を設置し交互交通させた程度で、決壊した道の広さはどうしようもなかった。

それでも九月と一〇月はしのいだ。ところが一一月に入ると復旧工事が急ピッチで進みだした。

ダンプカーやミキサー車が数分ごとに狭い道を走るのだ。

「大きな車が、スピードを出して走るけー怖い」

「道が狭いけー、駆けって逃げるんよ」

子どもたちから切実な声が上がり、董充は久々茂地区の緊急保護者会を招集した。

「とても危のーてやれん。教育委員会や学校が何と言おうと３学期からは全員バス通学させよう」

「そのことに異論はないが、冬休みまでの１カ月が心配だよのう。県土木の奴らも、自分の子を歩かせてみりゃ分かろうに」

どの親も心配は頂点に達していたが仕事に追われる日々で、自ら危険な道路に出て子どもの安全誘導をしよう、という意見は出なかった。


軒下に干してあった吊るし柿が縁側へと移された翌日の一二月五日、山深い久々茂は霜が降り、今朝は氷も張ってことのほか寒い。

「お母さん、寒いけえ温そうな靴下を履く」

緑色の靴下と赤い花柄模様の靴下を見比べていた舞子は、花柄の靴下を手にした。

その日は月曜日、一週間の始まりだから三原家は各人が身支度でてんやわんや、だが舞子だけは違った。

幼児のころからおっとりしていてはにかみ屋で、姉の摩弓とは性格が真反対、今朝も茶碗半分のご飯を15分もかけて食べた。食べながら４の段と６の段の九九を大声で練習した。途中で何回か止まりかけたものの無事最後までたどり着いたことから、向かいに座っていた母の法子《のりこ》が「よく出来たじゃない」と誉めて両手で肩を叩いた。照れ笑いしながら歯磨きをした舞子は、今、ようやく靴下を履いている。

姉の摩弓は豊川小学校の４年生、舞子は２年生。学年の中で最も小柄な舞子だが色白で目はパッチリ、アニメ「あられちゃん」の歌が上手で誰からも愛されていた。

姉にせかされて黄色の長靴を履いた舞子は、「行ってきます」と声を張って玄関の引き戸を引いた。鏡台の前で立って髪をとかしていた法子は、慌てて玄関に走り出て「行ってらっしゃい」と舞子の背中に声を送った。月曜日の朝の三原家はまさにてんてこ舞いである。

董充は自身の経営する益田駅前の洋服店へバイクで、妻の法子は市内七尾町の古刹「妙義寺」の前の縫製工場へ董充の乗用車で通っていた。つい半月前に運転免許を取得したばかりの法子の運転はおっかなびっくりで、本格的な冬が来る前に運転に慣れさせようという董充のもくろみであった。

「法子さん、スピードは控えめにブレーキは早めにですよ」

今年70になる母のフミは三原家のご意見番、嫁に遠慮するでもなく安全運転の訓示をした。

母は集落の製材所で働いていたから、昼間の三原家は空っぽだ。

董充たち夫婦は、姉妹が出発して10分後に自宅を後にした。

家の前30メートルには益田川が北から南に流れ、２００メートル先に横たわる「とうの山」に突き当たり、大きく西にカーブし益田に流れる。

董充らは、久々茂神社の前の益田川のほとりで登校の列を追い越した。その時、父のバイクの音を聞きつけた舞子が「お父さんだ！」と大声で叫んだので、董充はこれに応えて左手を上げ、続いて走って来た法子は慣れないながらも、クラクションで姉妹に応えた。

８時間後の午後４時前、仕立て業に精を出していた董充に豊川小学校から電話が入った。

「舞子さんが交通事故に遭い、日赤病院へ搬送されたようです」

「何、舞子が交通事故！　日赤病院だと」

「どがしたかね、事故？　娘さん？　仕事はええけえ早う行ってあげんさい」

片付けもそこそこに慌てて仕事場を飛び出した董充は、不吉な予感が胸に迫るのを打ち消すように、バイクをぶっ飛ばした。

――心配していた矢先だ、大事《おおごと》でなければよいが……。

病院の玄関周辺には制服の警察官やカメラを手にした男女があわただしく立ち振る舞っており、その脇で舞子の担任の新井先生が青白い顔で立っていた。

「先生、新井先生！」

ハッと気付いた新井は、「あー、あー、あー」と口をワナワナ震わせるのみで、言葉が出ない。

――これは？　ただ事ではないぞ。

丁度そこへ法子が車を玄関へ横付けした。

「舞子は、舞子はどんな様子！」

「分からんが……大事かもしれん」

動揺の激しい妻に代わって車を駐車場へ移動した董充は、法子を急がせて待っていた係官の後に続いた。

薄暗い廊下を30㍍《メートル》も進み右に折れた突き当り、そこは「遺体安置室」の表示があり、足元に赤く汚れた担架が放ってあった。

――こ、これは……。一体どういうことだ？

無言で係官が室の扉を開いた。強い消毒薬の匂いと共に、生暖かい臭気が伝わってくる。目を凝らして奥へ進むと、室の中央の台の上に、赤く染まったシート、それにくるまれて小さな人体が横たわっていた。

「三原さんですね。今日はとんだことで……。このご遺体が舞子さんであることを確認して下さい」

――な、な、何だと！　今、何と言った。

董充は、よろよろしながら遺体に近寄った。口から耳にかけて裂けているものの、目鼻立ちはかろうじて見てとれた。

――舞子、舞子だ！　いったいどうしたのだ。

顔中傷だらけだがおかっぱ頭、赤い花柄の靴下……。夫妻にとって想像することもできぬ舞子の死、それが現実のものとして目の前に存在するのだ。つい数時間前まで、あんなに元気にはしゃいでいた舞子が、血に染まったシートの上に今横たわっている。

「あ、あ、あ、あ、あー、あー、あー」

顔をくしゃくしゃにし、声にならない声を絞り出した法子が、嗚咽しながら董充の胸に崩れ落ちた。

翌日の新聞に、現場写真とともに事故の経緯が掲載された。それには次の通り記されていた。

ミキサー車が舞子を轢いた現場は、先の豪雨災害で道幅が2・7メートルと狭くなった場所で、右側はコンクリート壁、左側は川に面した崖である。一緒に歩いていた児童は3人で、前の2人は走って20メートル先の広場

新聞定価(前金) 1カ月1,900円・一部70円　　山陰　中

益田の国道191号

下校の女児ひかれ即死

片側通行　ミキサー車　無理に進行

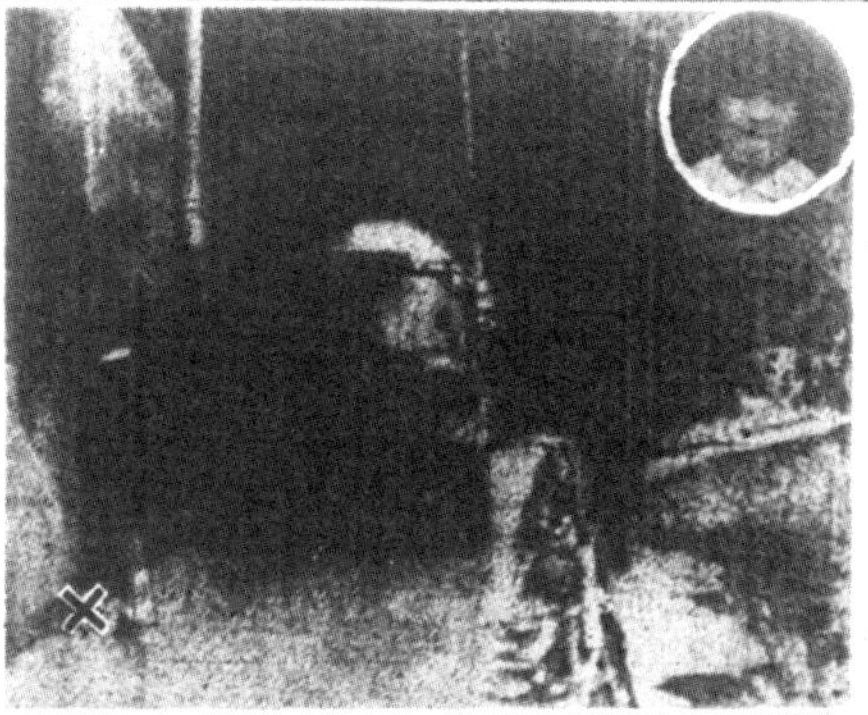

舞子ちゃん（円内）がミキサー車にひかれ死亡した事故現場
×印がまき込まれた地点（益田市久々茂町で）

五日午後、七月の豪雨災害で川沿いの路面が半分近く陥没、狭くなっていた国道で下校途中の小学二年生が、無理に入ってきた大型ミキサー車に巻き込まれて即死する事故が起きた。益田署ではミキサー車の運転手を業務上過失致死で現行犯逮捕した。

同日午後三時半ごろ、同市久々茂町の国道191号で近くの会社員三原[illegible]発さん([illegible])の二女舞子ちゃん(七つ)＝[illegible]小二年＝が後ろから来た同市高津町、中国コンクリート製品工場株式会社運転手堀[illegible]の大型ミキサー車にひかれ、内臓破裂などで即死した。

現場は見通しのよい緩い左カーブ、七月豪雨で益田川に面した道路左側約一・三メートルが約二百メートルにわたって流失、陥没、幅は二・七メートルしかなく、車幅二・五メートルのミキサー車がやっと通れる状態。片側通行になっていた。舞子ちゃんは友達三人と右側を下校中、後ろから来た大型ミキサー車に気づき、コンクリートで吹き付けた右側の壁にはりついた。堀も舞子ちゃんに気づき徐行しながら進行したが、同車右前部でひっかけ右後輪でひいたらしい。益田署は、下校中の舞子ちゃんに気づいていながら、極端に狭い道路を無理に進行しようとしたのが、事故の原因とみて堀を業務上過失致死で現行犯逮捕した。

一緒に下校していた他の二人は約十メートル先の小さな広場に避難していたため無事だった。堀は益田市内から美濃郡美都町東仙道の作業現場に行く途中だった。調べに対して堀は「舞子ちゃんも避難したと思って進行した」と話している。

信国武司校長は「舞子ちゃんは素直で、とてもかわいい子でした。学校では毎週土曜日以外は、クラブ活動などで親しい友達数人が集まって下校しており、この日も友達三人と右側を正しく歩いていたのに」と突然の事故に肩を落としていた。

昭和58年12月６日　山陰中央新報

に避難したが、舞子は壁に張り付いた。運転手の堀克在（35）は舞子に気付いたが通れるものと安易に走らせたため、右前輪で巻き込み、右後輪で轢いた。

董充の娘は2人とも神楽が大好きであったから、董充は練習場によく連れて行った。舞子が3歳を過ぎたころから、居間に小太鼓や手拍子（金属製の打楽器）、横笛を備えて自由に遊ばせた。

仕事から帰り、夕食を待つことなく晩酌を始める父親の下へ、2人の娘がやってきて太鼓を叩き笛を吹く。董充は仕事の疲れもどこへやら、太鼓に合わせて舞歌を歌い立ち上がって舞う。そこへ母が出てきて手拍子を打つ。やがて「ご飯ですよ～」と言いながら呼びに来る法子も、賑やかな神楽囃子《はやし》に引き込まれて食事の催促をすることも忘れて歌う。三原家はまさに神楽一家であった。

久々の休日、董充が前夜の神楽公演で汗まみれになった衣装を取り出し、庭の物干し竿にかけている時だった。

〽来たぞ来たぞ　あられちゃん

キーンキンキンキンキーン

テケテケテッテッテー

下駄の音とともに、あられちゃんの歌が近づいて来た。舞子だ。6歳になったこの子は父親に首ったけ、休みの日は董充の後を追いまわした。父親の汗の匂いのする肌着や裾除けを手にして、いじらしくも物干し竿にかけようとするのだ。

「舞子、手が汚れるけーやめんちゃい」

「やる、やる、やりたーい。舞子にも出来る、出来るもーん」

「分かった分かった、あとで手を洗いんちゃいよ」

駄々をこねる舞子が、菫充は可愛くてたまらなかった。

菫充は自らの力不足を悔やみつつも、行政や企業が許せなかった。あれほど何度も安全対策を要請していたのに、一番恐れていた死亡事故だ。しかも溺愛している娘、舞子が被害に遭ったのだ。

――よりによって何でわしの子だ！　あの道が危ないことはわしが一番気に病んでバタバタ世話を焼いておった。それなのに……。なんど考えても納得がいかん。わしは許さん、許さんぞ！

菫充は翌日、復旧工事を発注した益田土木事務所に怒鳴り込んだ。

「あれほど言うとったに何でだー、娘を返せ！　娘を返せ！」

「工事は今、何10カ所もやっております。我々は法律にのっとって安全対策を執っており……」「人殺しめ！　貴様ら、自分の子が同じめに遭わんと分からんのか！」「事故は運転者と歩行者の関係かと……」

「何だと！　この馬鹿めらが！」

拳骨でカウンターを叩いたものの、取り付く島もなかった。

――ああ、はらわたが煮えくり返る。くっそー、こうなりゃー。

菫充は、太い丸太を手に夕暮れの道を走った。事故を起こしたコンクリートミキサー車の現場事務所へだ。事務所には、作業着姿の数人が暗い顔をして机に向かっていた。

「こら！　堀を出せ、堀を出せ、出せ！」

奥からヘルメット姿の小柄な男が出てきた。

「わ、私は現場監督の安川です。堀は警察に行ったきり戻ってきません。誠に申し訳ありません」

現場監督を名乗る男は、ヘルメットを脱ぎ董充の前に土下座した。

「……堀にも同じ年ごろの娘がおります。気の優しい男ですから、悔やんでおりましょう」

「今何と言うた！　同じ年ごろの娘がおるだと、なら、分かりそうなもんじゃろうが、とぼけんな！　そもそも現場監督が悪い、貴様がノルマを課しておるけえあがあな運転をしたんだ、ああ腹の立つ！　ああ情けない」

堀運転手を見つけ出し丸太でズタズタにするつもりの董充であったが、如何ともし難かった。

「くっそー、どいつもこいつも腹の立つ奴ばっかしだ！」

手にしていた丸太を投げ棄て、唾を吐いて外に出た。

朝から晩まで駆けずり回った董充は、空しさの中疲れ果ててわが家へたどり着くと、仏壇の前の棺《ひつぎ》に手を合わせ大声で泣いた。やにわに炊事場に駆け込んだ。葬儀が終わるまでは酒は控える、そう法子と約束していたのだが、茶碗に酒を注ぎ立て続けに３杯がぶ飲みした。４杯目は途中で酒が切れた。

「あー腹の立つ！　法子、酒がないぞ！」

「約束が違うがね、こがーな時に飲まんでもえぇがね！」

「うるさい！　つべこべ言うな！」

その時、隣の部屋の襖が開き、母のフミが入ってきた。

「董充！　頭を冷やせ！　なんぼ腹を立てても舞子は戻ってこん、しっかりせんか！」

母の大きな声だ。滅多にない母の叱声であったが、唇を突き出して睨み返した。


一二月八日、益田の延命寺から僧を呼び、久々茂の集会所で葬儀を執り行った。小学校関係者、官庁、神楽仲間、加害の建設会社の関係者など２００人もの市民が参列し、悲しみのうちに舞子を送った。

あれから３週間が過ぎた。事故の後、毎日のように顔を見せていた舞子の友達や先生、事故関係者もぱったりと姿を見せなくなり、三原家は悲しみのうちに年を越した。

どんなに三原家が暗く落ち込んでいようと、董充の心が荒《すさ》んでいようと稼がねば食ってはいけぬ。一月も松の内を過ぎると、董充も法子も重い足を引きずって益田の職場へと復帰した。

仕事中は気持ちのまぎれる董充であったが、帰途に就き家が近付くにつれて頭の中は舞子で一杯になった。

玄関の敷居をまたぎ、小さな声で「帰りました」と言ったきり、家族の顔も見ずに仏間へ閉じこもった。

位牌の横に、赤いリボンで髪を頭のてっぺんで結び、嬉しそうに口を開けて笑っている舞子がいる。

「舞子、帰ったよ」

小春日和、姉妹と3人で花の苗を植えていたところへ法子が出てきて益田川をバックに撮ったものだ。無邪気ではにかみ屋で親思いの甘えん坊、そんな舞子の在りし日の写真を眺めていると、次から次へと記憶が甦ってきて涙がとめどもなく頬を伝った。

「舞子、ごめんな。わしが『3学期からバス通学にしよう』と言ったときお母さんが『3学期では遅い、低学年だけでもすぐにすべきです』と言ったんじゃ。わしもその通りだと思ったが、地区のみんなをまとめるのに手間取っていてあんな事故に巻き込まれてしもうた。わしのせいだ。わしが一番悪い。すまん、こらえてくれ。わしが代わりに死ねばえかった。舞子はまだ7つ、なんという可哀そうなことを……。わしが身代わりになればえかった」

三原舞子ちゃん
（7歳）

やがて3カ月が来ようというのに、董充の顔色はさえなかった。

酒の量は、以前にも増して多くなり、家族と食事もとらず飲みすぎて仏間で居眠りをする。そんな父親の下へ摩弓が食事を運んでくるのだが「そこへ置いとけ」と言ったきり、摩弓と話をしようともせず、膝の上に乗せようともしないのだ。利口な摩弓は、寂しそうにうつむいている。

「あんた、寝るんならちゃんと寝てちょうだい。風邪を引くよ」

法子が呼びに来ても、寝室には行かずうたた寝の日々だ。

百箇日の法要が過ぎた三月末のある日の夕方のこと。法子は残業の日で、仕事から戻った董充は例によって仏間へ向かった。

母が、待っていたかのように盆に茶を載せて入ってきた。

「ああ、お母さん、わしは酒を飲むけえ茶はいらんいね」

「その前にちょっと話がある」

母の真剣な眼差しを目にし、董充は〝また説教か〟と嫌な気分になったものの、目の前にいる母から逃げるわけにもいかず向き合った。

「お前も承知しておるように、わしは四月の上旬舞子の位牌をもって高野山へお参りする。その間、この家にはお前一人だよ」

「えー、法子や摩弓がおるがねー」

「いいんや、道川へ行くと言っておる」

道川は久々茂から20㌔広島寄りの農村で、法子の生家があった。

舞子の位牌が高野山に旅をし、仏様にされて戻ってくることは董充も嬉しかった。だがその間、法子は董充一人をおいて道川へ里帰りとは、いったいどういう魂胆だ。

「わしを残して道川へ？　ははーん、法子の奴、摩弓が春休みだから運転の練習に付き合わせて、若葉マークの返上をと」

「何を言っておる、分からんか！　お前に立ち直ってもらいたいからだよ！」

「……立ち直る？　無理ですよ。今日は一人にしてくれんさいね」

案の定、母は説教を始めた。董充はうるさい母を適当にあしらおうと話をそらしたが、今日の母は容易にひるまない。

「董充、死んだ者は戻ってこん。生きておる者が頑張るんじゃ！」

母が董充の手を引き寄せ、両手で包み込んだ。声が潤み、頬を伝って涙がこぼれ董充の手を濡らした。

「前を向け！　舞子だけーて、こがーな意気地のないお父さんを見りゃー悲しむよ！　董充、お前父親の背中を見て育ったじゃろうが。笹倉での苦労を忘れたか。あの頃のことを思い起こせ！」

――笹倉かー、言われてみればその通りだ。食う物も着るものもなし、風呂にも入れず頭に虱《しらみ》を付けて学校に行った。笹倉かー、今とは比べ物にならぬほど辛かったなー。

「お母さん、言われとることは分かるが、わしの大事な舞子が死んだんじゃ。そう簡単に気持ちの整理はつきゃーせんよ！」

董充は、涙を流しながら歯向かった。

四月二五日、予定通り母は舞子の位牌をもって高野山に旅立ち、法子は摩弓を連れて道川へ向かった。

ふりちんと道頓堀と神楽舞

時代は昭和二七年の四月上旬、董充の少年時代に遡《さかのぼ》る。

中国山地の西方、島根県の西の端で山口県の県境にある益田町（現益田市）、そこから7キロ広島寄りの美濃郡豊川村上久々茂（現益田市久々茂町）のはずれに、藁ぶき屋根の小さな一軒家があった。

春とはいえ、ようやく桜の蕾が膨らんできた上久々茂、東仙道村笹倉との境にある三原家は、隣の家まで５００メートルも離れていたから電気も来ていないしラジオもない。

董充の父の薫は都茂《つも》鉱山の大工職人であったが、体が弱く仕事も休みがちで、母のフミはこれを支えて笹倉の「石田屋」という百姓家の手伝いをして食いつないでいた。

子どもは５人で、豊川小学校５年の弘子と今年３年生になる董充、それにまだ学校に行っていない妹慶子、弟英人、妹洋子である。

明後日から３年に進級する董充は、３日前母に連れられて益田の洋服屋に行き学生服を買ってもらった。

――嬉しいな、いよいよ皆と同じように学生服が着られる。

障子の鴨居に竹を組んで学生服を吊るし、１日に10回も眺め、胸をワクワクさせていたのだが……。出校日２日前の午後のことだ。

家の前の狭い坂道に、めったにないことにオート三輪が入ってきた。荷台の木枠に「都茂鉱山」と書かれている。

その荷台から、母が転げるように降りてきた。野良着のままだ。

「お父ちゃんが怪我した！　入院するけえ今から益田へ行く！」

縁側で寝転び、日向ぼっこをしていた董充や弘子は飛び起きた。

「はあ？　怪我した？」「何で？」

「木の下敷きになったとい、困ったのう。皆あるものを食って辛抱してよ」

田仕事を中断して戻った様子の母は、子どもにそう告げると泥足のまま膝歩きで座敷に上がった。タンスからよそ行の服を取り出すと、土間の障子の陰で着替えをし、風呂敷包みを手に三輪の荷台に飛び乗った。董充と弘子は裸足で縁から庭に飛び降り、母に縋《すが》りついた。

「お父ちゃんはどんな具合？」「お母ちゃん、いつ戻る？」

「大きな材木の下敷きになったと。怪我の程度はわからん。明日の晩は戻ると思うが……。困ったことがあったら石田屋へ行きんちゃい」

「わかった、ほかには」

「カンテラの芯は長うしちゃーいけんよ、それと火の用心！」

三原家にとって油は貴重品で、カンテラの芯は長く伸ばすと火を灯したとき明るくなったが、母は芯を伸ばすことを嫌った。

「ほんなら行くけー、みんな仲良うしんちゃい」

母の声が、エンジン音にかき消されて遠のいていった。

この夜から三原家は子どもだけになった。晩飯は朝炊いた麦飯に水をたっぷり入れ、菜っ葉の漬物を混ぜて煮込み雑炊にして食べた。

翌朝、米櫃は空っぽだったから、薩摩芋をふかそうとしたが半分は腐っていた。なんとか食えそうなのを3個ふかしたのだが取り合いが始まり、２人の妹が負けて泣き出したから弘子と菫充は半分分けして我慢した。晩には食う物が何もない。母は戻らず、菫充は姉と相談して石田屋で米を借ることにした。

石田屋まで１・５キロ、山あり谷ありの真っ暗な小道だ。蝋燭《ろうそく》がなかったから提灯も持たず、菫充は一目散に走り出した。

「コーンコーン」「ギャーギャー」

暗闇の中で聞こえる狐や山鳥の鳴き声は不気味に響き、菫充の不安を掻き立てた。菫充は恐ろしさを打ち消すためことさらにパタパタと足音を立てて走った。

「そうかい、お父ちゃんが入院をのう。お母ちゃん帰ってこんか。そりゃ可哀そうに……。で、何ぼ欲しい」

「1升、いや、２升」

菫充は、多めにお願いした。お母ちゃんが帰っても米は持って帰らないことを知っていたからだ。学生服を買いに行ったとき、洋服屋のおじさんに「80円負けてもらえんかな、これがありたけ身上（あるお金のすべて）です」と言って、財布を逆さまにして振って見せた。こんな具合で、この日買ってもらう筈のパンツも買えなかった。

「2升とー、それは駄目だ。お母ちゃんの働いた金は1升分しか残っとらんけえ」

おかみさんは眼鏡を掛けて帳面を覗き込み、渋い顔でそう言った。

「はー1升かあ……困ったなあ、もう1升、お願い、お願いします」

董充は両手を合わせて頼むと、素早くおかみさんの後ろに回り、両手を肩に置きせっせと揉みだした。

おかみさんは神経痛で、董充は母が田仕事をしている間、これまで何回も揉んで上げたり肩を叩いて上げていた。

「うーんそこそこ、気持ちええ……あーえーえー。……そうじゃなあ、可哀そうじゃけー、お父さんの見舞いということでもう1升上げようか……。あー楽んなった。有難う、有難う」

おかみさんは、機嫌よく、袋に米を2升入れてくれた。

その晩はおかゆを3合炊き、畑から菜の花を採ってきて雑炊《ぞうすい》にした。5人とも空きっ腹の上に食べ盛りであったから、明日の朝の分まで食べてしまった。結局この日も母は戻らなかった。

翌朝、父母はいなかったが新学期が始まったため、弘子と董充は学校へ行くことにし、谷川に降りて頭や顔を洗った。家に戻り姉と交互に頭の毛をかき分けて虱《しらみ》を取った。この頃はどこの家でも蚤《のみ》や虱はいたが、三原家は風呂が沸かせず、着た切り雀であったし駆除薬が買えなかったから近所よりも多かった。

弘子は留守番をする3人の妹弟のために雑炊を炊き、「昼は仲よーに食べんちゃい」と言い残して、董充と一緒に学校に急いだ。

この日、董充はピカピカの学生服を着ていた。泥を付けないように4キロの道を丁寧に歩き、豊川小学校に着くと胸を張って門を潜《くぐ》った。

「うおー、菫《ただ》、すげーのう」「おーい、菫を見ろ！」

他の子どもの多くは、小学校入学の時から学生服を着ていた。菫充の家は服が買えなかったから、２年生までは継ぎはぎの着物だった。

「そのうちええのを買って上げる。しばらく我慢しんちゃい」

母は申し訳なさそうにそう言ったが、菫充は拗《す》ねたりしなかった。

３年生の教室に入った菫充はもみくちゃにされた。男子も女子も関係なく前から後ろから体に触り金ボタンをつまんだ。

「ええのう菫」「ように似合うとるぞ」

普段は馬鹿にする友達がそう言ってくれたから、菫充は鼻高々だ。

「服はええが、だぶだぶだがの」「ほんにだぶだぶだ」「だぶだぶ、だぶだぶ、だぶだぶ、だぶだぶ」

皆してはやし立てたが、菫充は痩せっぽちだから我慢した。

ところが……しばらくして青くなった。３時間目に身体検査があるというのだ。

身長と座高の測定が終わり、いよいよ胸囲や体重である。

胸囲の検査は上半身裸だ。女先生が学生服を脱いだ菫充に万歳をさせ、巻き尺を腋の下に通そうとして顔をしかめた。

「菫充君、あんたいつ風呂に入った？」

董充の家の風呂は露天風呂で、一週間に一回沸かす程度であったが、この冬、風呂釜の底に穴が開き沸かせなくなったので、羽釜《はがま》（飯を炊く釜）に湯を沸かし、谷川まで持って降りて体を拭いた。それも10日に1度で、その最中の父の入院であった。

「わー臭せえー」「ははは、お前、せっかくの新調が台無しだがや」

友達が大げさに鼻をつまんではやし立てたが、董充は笑って我慢した。続いて体重測定である。

順番に並んだ友達はパンツ一丁となり、「寒ぶい、寒ぶい」と言いながら胸の前で手を組んで体重計に乗る順番を待っている。だが、董充は順番が来てもズボンが脱げなかった。

「どうしたの、新調のズボンだから脱ぎたくない？　早う脱ぎなさい」

「先生、僕……穿《は》いたままで測ってよ」

「何を言ってるの、みんなと同じようにしなさい！」

「董、後が閊《つか》えておるぞ、早う脱げ！」「脱がんかい！」

後に並んでいる友達はパンツ一丁で寒い。だから喧嘩腰だ。

――董充、貧乏は恥じゃーない。恥ずかしいと思う気持ちが恥だ。

その時、董充の頭の片隅で母の声がした。董充は顔をしかめていたが、きっと先生の顔を睨み返すと、いきなりズボンを脱ぎ捨てた。

みんなの目が一斉に下半身に集まった。

「ちょ、ちょ、ちょっと、董君、パンツは？」

「菫、お前……ふりちん（パンツなし）かー」

この日薫充はパンツを穿いていなかった。先日買って貰うはずであったパンツは、金が底をつき、見送られたからだ。

「本当だ、ふりちんだー」「菫を見ろ、ふりちんだ。ふりちん、ふりちん、ふりちんちん、ふりちんちん」

「やかましい！　それがどがーした、悪りーか！」

菫充は開き直った。前を隠すことなく、堂々と体重計に乗った。

「ふりちん、ふりちん、ふりちんちん、ふりちんちん」

合唱は止まらない。「恥じゃない、恥じゃない」と心の中で唱えるもののなぜだか菫充の体は熱くなり、ガタガタと震えだした。体重計から飛び降りると、目を吊り上げて教室の隅に走り、机の蓋を両手に持つと目よりも高く構えた。

「うおー、お前らーこうしてやる！」「うわー、菫やめろ！」「危ない、逃げろ！」「三原君、やめなさい！」

振り下ろした机の蓋ははやし立てる仲間の体に命中し、10人近くが前後左右に逃げ惑った。菫充はなおも机の蓋を手に数人を追い詰めた。その時、隣の部屋から男の先生が飛び込んできた。

「やめろ！　やめんか！　やめんか！」

菫充の手から机の蓋をもぎ取り、片方の手で頬を激しく平手打ちした。

「ア、ア、ア、わあー、わあー」

菫充は一瞬呆然となり、次の瞬間、大声で奇声を上げながら学生服を手に教室を走り出た。昇降口から飛び出し、一目散に校門を潜り抜けたのだ。

その年の八月、豊川村は益田町や小野村、東仙道村など８町村と合併して益田市となった。

「益田」という地名は、平安時代末期、壇ノ浦の合戦に功績があったとして、源頼朝から石見一円を与えられた四代益田兼高に由来する。

石見の国最大の武士団であった益田氏は、南北朝時代から安土桃山時代にかけて平地居館の三宅御土居と、標高１１８メートルの七尾山に城を築き、麓の曹洞宗妙義寺を菩提寺とし、城下町として栄えていた。

一説によると益田氏は当初、益田川の上流の上久々茂の徳毫寺《とくごうじ》のある台地に館を構えていたが、何代かの後下流の大谷に館を移し、一一代兼見の時代に平地の益田に本拠を移したとの言い伝えもある。

益田氏は14世紀後半から16世紀中頃にかけた毛利氏との対立和睦の後、天正九年妙義寺の再興を図り、二〇代元祥の時代に朝鮮侵略に従軍、１６００年、関ケ原の戦いに敗れた毛利氏に従い長門の国須佐に移るまでの間、益田平野を本拠地として栄えていたのだ。

豊川村が益田と合併した年の秋のこと、上久々茂の神社に、益田から久城《くしろ》神楽団がやってきた。久々茂が益田市の一角を占めた記念すべき年に、豊作が重なったから気をよくした世話人の配慮であった。秋祭りに神楽団が来るのは実に４年ぶり、その夜は８時を過ぎた頃から太鼓や笛の音が谷間にこだまし、いやがうえにも集落を興奮させた。

「トントコトントコスットントン　トコトントコトトントト……」

上久々茂の外れの三原家は神社まで1キロ半もあるが、今夜は風向きが良いのか、太鼓の音とともに神楽歌まで聞こえた。

菫充の父薫は、益田の病院から退院したものの完治には程遠く、鉱山への復帰の見通しは立たぬまま養生の日々であった。

父母は、子どもたちが今夜の神楽を楽しみにしていることを早くから承知していた。

「わしは行かれんが、子どもを連れて行ってやれ」

父は母にそう言ったが、母は黙っていた。

神楽舞は夕方から翌朝まで続く。だからどこの家庭でも、重箱に寿司や卵焼き、かまぼこなどのご馳走を夜食として持参する。そして神楽が盛り上がったならば競争のように花（祝儀）を打つのだ。その日の飯にも事欠く三原家にとっては、到底かなわぬことであった。

「お母ちゃん、僕がみんなを連れて行くよ。何も食べんでもええ、なあ行かしてー」

囲炉裏を囲む子どもの向こうの土間で、母は縄を綯《な》っていた。

「そうはいかんよ、お父ちゃんのこともあるけえ……。今年は我慢しんちゃい」

「頼むけえ行かせて、食うものは要らんけえ、なあ、お母ちゃん」

菫充は、何年も待ち焦がれていたから、何としても行きたかった。

「菫充！　そがーに行きたけりゃー、お前1人で行け！」

ほかの子どもの手前もあり、困り顔の母は縄を綯う手を止めて董充を睨んだ。

——よし、行くぞ、明日の朝まで何も食わん。我慢する！

董充はそう決心すると、兄弟の恨めしそうな目線を尻目に暗い夜道に飛び出した。そして、100メートル《メートル》走ってあわてて引き返した。

董充は神楽を見るのは初めてであった。同級生の日比や田中、寺戸らは生活にゆとりがあり、親が神楽好きであったから小さい頃から方々の神楽祭りに連れて行ってもらった。その都度「恵比寿がええ」「いや、大蛇のもんだよ」などと、董充の前で自慢していた。

——あいつらに負けてたまるか、今に見返してやる。

董充は、急いでノートと鉛筆を懐に入れると再び走り出した。


平素は殺風景な神社だが、石段を駆け上がると、神殿の前の四本柱のある座敷の周囲は藁《わら》を編んで造ったにわか仕立ての客席となっていた。董充は息せき切って蓆《むしろ》の扉をめくった。客席は既に満員、遅れてきて前の席に出ることもできないので、立って見ている大人の体の間から顔を出した。

「うわー凄い、きれいだ！」

董充は思わず声を上げた。舞台では、きらびやかな衣装の男女2組が扇子や幣《へい》（神様に捧げる織った紙）を手に舞の真っ最中であった。

正面には幕が張られ、右手に大太鼓や小太鼓、手拍子、笛などの囃子《はやし》が陣取り、神殿の天井から色とりどりの紙が垂れ下がっていた。

囃子の手前のめくり台には「岩戸」の表示があったから、急いでノートを取り出し、まず書き留めた。

やがて舞台正面の幕が半開きとなり、きらびやかな冠を被ったひときわ美しい女神が顔を見せると、隠れていた鬼のような顔をした男神が女神の手を取って舞台中央へ導いた。その途端、太鼓など囃子の音が一段と大きくなり、舞台はまばゆいばかりの明るさになった。女神の前に４人の男女が跪《ひざまず》くと、どこからともなく女神の足元に白い霧がたちこめ、女神は下界に降り立って舞い始めた。何という神々しさであろうか。すべての客が感激し、手を合わせたり涙ぐんだりしている。董充は感動に胸が震え、気が付くと涙が頬を伝っていた。やがて囃子の音が止まり、女神が霧の中を泳ぐように幕の内へ。

「よう舞うた！」「ええぞ！」「花をうつぞ！」「顔を見せろ！」

やんややんやの喝采である。

「あの神様が天照大神《あまてらすおおかみ》だ。一番偉い神様だぞ。覚えておき」

側にいたおじさんがそう教えてくれた。

――ああ、日比君が言うとった天の岩戸の話、このことだな。

後れを取っていた董充であったが、今夜は一気に挽回できると心を躍らせた。やがて、めくり台の文字が「道返し《ちがえ》」に変わった。

ノートを出して次の演目を書いていたら、横にいたおじさんが董充を前の腰掛に座らせてくれた。そして１時間半が過ぎ囃子の音がピタッとやんだ。これを合図に幕が開き、奥から笑顔の男性が出てきて丁寧に礼をした。

「団長の吉村です。ここ上久々茂は今から800年も前、益田氏が館を構えていたと伝わる由緒ある土地です。我々としても当地で舞えることは誠に名誉なこと。どうぞ最終の『大蛇』までごゆるりとお楽しみ下さい」

ここで休憩となり、客は風呂敷包みから重箱を取り出し夜食を始めた。周りから甘酢っぱい香りが漂ってきた。子どもたちはキャッキャッと歓声を上げて卵焼きやかまぼこを食べ始め、大人は寿司を食い盃やコップで酒を飲む。

董充の周りはみな家族連れだ。見まいと思っても見えるし、嗅ぐまいと思っても匂いは漂う。腹がぐうぐう鳴り始めた。

その時、後ろにいたおじさんが声を掛けた。

「僕は何年生だ。1人で来たのかい。よっぽど神楽が好きなんだな」

「3年生です。今夜初めて見ました。神楽が習いたいです」

「初めてか、それにしては……。ちょっとおじさんに付いておいで」

おじさんは董充を先導し舞台の脇から踊り場に上がり、幕の内へと連れて入った。そこでは、神楽の人たちが車座になり食事をしていた。

「団長さん、広田です。ようこそ久々茂へ」

おじさんが名乗ると、先ほど舞台で挨拶をした団長の吉村さんが立ち上がった。

「これはこれは先生、ここでお会い出来ようとは、みんな、広田先生だよ」「先生、わざわざありがとうございます」「お久しぶりです」

どうやら全員顔見知りのようであった。

――この人はいったい誰？　それにしても楽屋とは、感激だなー。

「団長さん、この子のノートを見てやって下さい。とても神楽に興味があるようです。習いたいと言っております」

広田と名乗ったその人は、話の様子から歴史の先生のようであり、董充のノートを団長といわれる人に見せた。

「ほう、演目だけではなく人物や衣装までも……。これは凄い。僕、学校はどこ、何年生？」

「豊川小学校３年、三原董充です。初めて舞を見ました。あんまり凄いんでたまげました。舞を習いたいです」

「そうか、わかった。ちょっと遠いが、久城の演舞場まで来ればいつでも教えてあげる。友達も連れて来ればええ」

久城と聞いて董充は肩を落とした。子どもの足では叶わないのだ。

「はー、今、父が病気なので。母と相談してみます」

「病気か……。まあ、無理をせんでもええ。舞はいつでもできる。これは鍾馗《しょうき》の鬼棒だ。演目が全部終わったら記念にあげよう」

「えっ、本当ですか！　嬉しいなー」

董充は上ずった声で礼を言い、頬を赤らめて客席に戻った。鬼棒を貰えることになり、天にも昇る心地で、腹の減ったこともすっかり忘れていた。

いよいよ後半だ。董充はまんじりともせず「鍾馗」「大江山」「大蛇」の演目に引き込まれた。人間を苦しめる鬼や人食いの大蛇を退治する神様はあこがれとなり、その都度ノートに説明文を書き、絵を描き連ねた。

夜がほのぼのと明け始めるころすべての出し物が終わった。董充が客席に残っていたところ、団長さんが鍾馗の鬼棒と本を手にニコニコして出てこられた。

「待たせたなあ。これはちょっと難しいかもしれんが、石見神楽の解説をした本だ。読んでみんさい」

「ウワー、本ですか、僕、本が好きです。ありがとうございます」

董充は胸をときめかせながら、貰った本と鍾馗の鬼棒を手に、朝もやの立ち込める益田川のほとりを、神楽歌を歌いながら家に急いだ。

途中空腹に耐えきれず、谷川に降り水をがぶがぶ飲んだ。

昭和三三年、15歳になった董充は益田東中学校を卒業した。成績は良かったから高校進学を勧められたものの、家では進学のことは一切口にしなかった。

6年前、父が大怪我をして仕事が出来なくなってからというもの、母にかかる負担は並大抵ではなく、

ＰＴＡ会費も払えなかったから姉も中学を卒業すると益田の紡績会社に就職した。

「手に職をつけるに限る。大工もええが、怪我が恐いけえ他の仕事を探してみんさい」

父の助言を受けて、就職担当の先生と相談をした。

董充の身長は１《メートル》60《センチ》、男としては小柄な方であったから、父のような建設業には向かなかった。そこで思案の結果、先生の勧めもあり、洋服仕立て職人になることとした。ちょうど大阪は道頓堀の「広瀬洋服店」が紳士服仕立て職人を募集していたから、迷うことなくここに決めた。いわば集団就職で、賄い付きの住み込み、月に５千円の手当で、この年の採用は５人であった。

朝は５時に起床し、掃除洗濯を済ませて食事をとり、７時には仕事場へ出るという厳しさであったが、三度の飯が食えるだけでも董充にとっては幸せであった。

董充は始めから、５年の任期が明けたら益田に戻ろうと決めていた。電気も引けず、風呂釜の修理さえできない我が家を何としても立て直したい、明けても暮れても董充の頭からそのことが離れない。だから、月々の手当は全部貯金した。大阪という大都会でも、街で飲み食いせぬかぎり金は要らない。大きな注文があった時に貰える褒美や、師匠の使いの際余分に戴ける交通費で小遣いの用は足りた。

師匠は口癖のように言った。「仕立ての勉強は、教えてもらうのではなく見て覚えるもんやで」と。また、仕事の合間にこうも言った。

「仕立ては言われて覚えるのでは半分ぐらいしか身に付けへん。自分で覚えようとすれば８割身に付く。繰り返しやって10割や」

「見て盗みー。大事なことは説明するさかい……。その都度いちいち口では言えへん。ほかの仕事をしながらでもわての手元をチラチラ見るんや」

菫充は、足は速かったが手先は不器用で球技なども不得意であった。だが、赤貧に耐えて成長した境遇から、忍耐力と負けん気は人一倍強く、不器用を補うのは努力以外にないとの自覚があった。だから師匠の教えを忠実に守り、丁寧に基礎の習得に取り組んだ。

ある朝、新人のうちの3人が、倉庫の片づけの仕事を言いつけられた。背広服の生地、裏生地、コートの生地、それに下着や足袋、段ボールなどの整理で、3人にそれぞれ同じ範囲が課せられた。手先の器用な2人は3時間程度で作業を終え、息の詰まるような倉庫から抜け出したが、菫充は昼前にようやく作業を終え一息ついていた。そこへ先輩がやってきた。

「いつまでやってるんや！　2人はとうに仕事場に戻っとるで」

ところが、午後になって洋服生地を探しに倉庫に入った先輩が、仕事場へ戻ってきて小声で言った。表情は和らいでいた。

「さっきは悪うおましたな。あんたはきちんと整理してたさかい簡単に探し出せたんやけど、あいつらのところは、生地も裏地もごちゃ混ぜにしてるさかいに、探すのに一苦労したで」

入社して3年目。同時に入った福岡出身の坂本、山口出身の神山、秋田出身の熊田、高知出身の吉岡は背広の製作に携わるようになり、裁断、仮縫い、裁縫、地のし（霧を服地に吹き付け、変形を修正する）

と着実に技術を習得していた。だが、董充には裁断、仮縫いまでしか許しが出ない。

「三原は馬鹿丁寧やさかいに手間がかかるわ。同期から水を開けられる一方や。仕立て屋には向いてへんとちゃーうか」

師匠の下で新人を指導する樋口は口が悪く、平気で董充をけなした。また、休日となると寮の先輩は朝から遊びに興じ、董充の糞真面目が気にいらなかった。同期の４人は先輩に誘われて遊んだが、董充は我慢した。そんな彼を先輩は嫌い、聞こえよがしに言った。

「付き合いの悪い奴ちゃ。映画だの芝居だの一緒に見て酒でも飲んだなら、仕事のコツぐらい教えてやるものを、暇さえあれば本や。放っとけ」

だが、董充は動じなかった。

――言いたい奴には言わしておけ、これがわしのやりかただ。

休日には本を読み、仕事の反復訓練をし、マイペースで過ごした。

このころ広瀬洋服店の評判は高く、師匠は同業者の集まりで講話を求められたり機関誌に執筆させられると、決まってこんな意見を述べた。

「人間は生来器用な人も不器用な人もいてはります。努力次第で不器用な人も服は作れるようになりはります。逆に、器用な人は才能があるさかいに、あんまり考えんようになりはります」

師匠のいう不器用人の典型だったのか、董充は４年目に入ったころから頭角を現した。裁縫、地のし、ボタン掛けにと、めきめき腕を上げた。この前までこき下ろしていた樋口も、「あいつはなかなかのもんや」と誉めるようになった。

――この分なら任期明けには益田に戻って仕立業ができるぞ。

董充には益田へ帰りたい理由が2つあった。親孝行と神楽である。

殊に神楽舞は、小学生のころから教室や廊下で友人と舞い、地域の師匠さんの家に押し掛ける熱心さであったから、なんとしても正式に習いたかった。だから大阪に来てからも、久城神楽団の吉村団長に何度か手紙を出した。

5年目に入った董充は、採寸から仕上げまで1人でこなせるところまで腕を上げた。身長163センチ、体重60キロ、色白にして目鼻立ちよく、自信にあふれた佇まいを感じさせる若者に成長した。

むせかえるように暑い夏のある日、董充が1人黙々と倉庫の方付けをしているところへ、たまたま在庫の生地を調べに師匠がやって来た。

「感心やなあ。君はなかなか素質があるよって。5年の任期が明けてもここで鍛えようと思うが、どや、三原君」

「ありがたいお言葉ですが、僕は益田に帰ります。父が病気なので早く帰って母を助けないと……」

「さよか、惜しいのう。手当もドーンと増やすさかいに考えとき」

その頃郷里では、就職先から久々茂に戻った日比や田中たち神楽好きが青年団を立ち上げ、活動を始めたとの情報も入っていた。

師匠の耳打ち通りその年の秋になると、会社は予定を繰り上げて手当てを倍に引き上げた。これまで形ばかりであった暮れのボーナスも驚くほど付けてくれたから、にわかに貯金通帳に金が貯まるようになった。そこで董充は、師匠の期待に応えるため1年延長したのだ。

――益田にも戻りたいが大阪もええ。もう４～５年ここで修業し、しっかり金を貯めてそれから益田へ帰ろう。

そんな気持ちに傾きかけた6年目の2月、母から手紙が届いた。

「父の病状が悪化した。できるだけ早く益田へ戻れ」と。暮れに益田へ戻った時は以前と変わらなかったのに、何故だろう。そんなに悪いのなら我がままは言えない。董充の大阪残留の選択肢は消えた。

結局６年が過ぎた昭和三九年の三月三一日、広瀬洋服店にいとまをいい、董充は益田へ戻ったのだ。

久々茂の家に戻った董充は驚いた。父の病状は以前と変わらず、家の周りの畑を耕したり食事の世話をしたりと、母の手紙に書かれていたような深刻さは感じられなかった。

「董充、ごめんよ。お前が大阪にのぼせてように戻らんようになるんじゃないかと、それを心配したんじゃ」

6年の間に両親は年を拾い、３人の兄弟のうち2人は中学を卒業して県外へ就職していた。母は心細くなったのであろう、なんとしても長男の董充を久々茂に戻したかったのだ。

正直言って董充は大阪の生活が面白くなっていた。手当を上げてもらい、休みには友人と映画を見て旨いものを食べ酒を飲むという楽しみも見つけた。だから大阪には未練があったし、母の嘘には内心腹が立った。

だが50前というのに痩せてやつれ、継ぎはぎだらけの着物にもんぺ姿の母を見ると、不憫《ふびん》で自分の心に蓋をする以外になかった。

「お母さん、心配せんでもええ。わしはここで働くよ。青年団にも入るし神楽もやりたい。やっぱり久々茂がわしには一番合っておる」

翌日、董充は意を決して益田に出て、働き口探しに奔走した。

この時期益田には洋服屋は5軒もあったものの、どこの店も三月初旬には新規採用者の面接は終わっていたから、判で押したように門前払いをくらわされた。とうとう夕方になったが、三原家の大黒柱と期待されている男がおめおめと久々茂に戻れない。そこで、今朝は来客で忙しく、ろくに話も聞いてくれなかった中村洋服店へ再度掛け合うことにした。

——益田で一番大きい老舗だ。大阪仕込みのわしの腕前さえ見てもらえば何とかなるはずだ。

大阪の6年間は、董充に生きていく上での度胸を植え付けていた。

「朝も言うたように職人は足りております。空きでも出たら連絡するけえ電話番号を書いておきんさい」

今朝、董充を邪険にあしらった店長が言った。

——うっ、電話だと。ようやく電気を引いたばかりというのに、電話なんか……。ここが勝負どころだ、引き下がってなるものか。

「今朝は話を聞いて貰えませんでしたが、大阪の広瀬洋服店で6年間修行して久々茂へ戻りました。これを見てください」

董充は、風呂敷をほどき背広を取り出した。そのとき店の奥から初老の婦人が出てきた。

「あれ、今朝来た人じゃない？　どうしたん、どこも採ってくれんじゃった？」

「はい、僕は最初からこの店で働かせて貰いたいと思うとりました。大阪で6年修業しました。腕には自信があります」

「そう、大阪でなあ……」「今まで何着ぐらい縫った？」

「20着は下りません、この製品も自分が仕上げました」

董充は手にしていた背広を差し出した。

婦人と店長らしき男性は、蛍光灯の明かりに照らして襟元や袖付けなど、丁寧に眺めていたが董充に向き直った。

「大阪では月なんぼう貰うておった？」

「1万円です。それに実績で手当が付いておりました」

婦人は、店長らしき男性とひそひそ話を始めた。

「よっしゃ、採用しましょう、その代わりしっかり働いてよ」

2人は董充の仕立てた背広の出来具合を評価したのであろう。店長は一転して採用を決めると、店内や仕事場を案内してくれた。

手当は大阪と同じで1カ月1万円、それに毎月の実績に応じて別に出来高払いをするという。

董充は2人に深々と礼をして、夕闇迫る益田の町に出た。

自転車で帰りがけに上久々茂の友人、日比の家に立ち寄った。日比は益田の大和紡績に就職していたが、三交代勤務とのことでこの日はまだ戻っていなかった。そこで、同級生で自動車修理工をしている寺戸の家へ行った。

「おー董さん、戻ったらしいのう、男前になったと評判じゃが……。まっこと、ええ男じゃー」

寺戸は、頭のてっぺんから足の爪先までじろじろ眺めた。

大阪の6年間は、董充を自信にあふれた笑みを浮かべる若者に成長させていた。

「今日は仕事を探しに益田へ行ったんよ、特別じゃーね」

「へえ、仕事探しか、そいであったかや」

「ああ、なんとかのう、中村洋服店に拾うてもろうた」

「中村？　へー、あすこは人使いが荒いことで有名よ。この頃みんなが背広を頼むんで景気はええようだが。早よー独立しんさい」

「いやー、まずは恩返しよ。ところで、青年団は今、何をしておる」

「たいしたことはしとらんよ。盆踊りや祭りの世話、それに小学校の宿直の手伝いぐらいなもんよ。あっ、そいから今年松江で青年大会があるらしく、そこで神楽を舞おうかと話しとるところよね」

「神楽、そりゃーええ、わしもやる。で、誰に教えてもらうんじゃ」

その時玄関の方で大声がした。

「おーい、董充、もどったか！」「家に来たらしいのう。ここじゃないかと思うて来たんじゃ」

酒の臭いが鼻を突き、日比と田中が入ってきた。日比は背の高いやせ形で、田中は中肉の色白タイプであった。

「董充、えらいパリッとしとるのう」「6年前とは大違いだ」

「今日は職探しよ、中村洋服店で働くことになった。また背広を作ってやんさい」

小学校の廊下で神楽の真似ごとをした仲間だ。何の前触れもない董充のセールスに、日比が嬉しい反応をした。

「ああ、お前が縫うてくれるんなら頼んでやってもええぞ。そいから神楽のことだ。松江で舞う話は聞いとるか？」

「今、その話をしとったところよ。わしも仲間に入れてやんさい」

「仲間だと？　お前がリーダーよ、久城社中に顔がきくじゃろうが」

小3の時、董充が久城の団長さんから神楽の本を貰った話は校内に知れ渡っていた。

「ああ、吉村団長さんとは今も繋がっておる。そいで松江の大会はいつなら、間に合うんかや」

「9月だ、間に合うかどうかはリーダー次第だ。わしは3交代勤務じゃけえ交渉役は請け合えん。その代わりメンバー集めはする」

日比が自信ありげに胸を叩くと、田中や寺戸も続いた。

「青年団の連中はみな舞いたがっておる。戻った早々で悪りーが久城の交渉は頼むで。メンバー集めはこの3人に任せー」

意気投合したところへ、寺戸のお母さんが徳利の熱燗と塩サバの焼いたのを持ってきた。4人は再会と、董充の就職祝いを兼ねて、久々にうまい酒を飲んだ。以前は貧乏な董充のことを袖にしていた彼らも、成長した董充を目の当りにし態度を改めた。


翌日、中村洋服店の初仕事を済ませた董充は、なつかしい囃子の聞こえる久城社中の神楽殿を訪ねた。董充が団長の吉村に会うのは、大阪へ出発する時以来6年ぶりであった。

「おお、立派になって、よう戻りんさった。そいで噂によれば松江で舞いたいと?」

日比は顔が広く、友人に久城社中の団員も居たから、久々茂の青年団が松江で神楽を舞いたいとの話は吉村団長の耳にも届いていた。

「はい、久々茂の青年団で参加しようと思います。九月頭ですけえまだ半年あります。舞った経験者は居りませんがみんな大好きです。一から教えて下さい。それと衣装も貸してほしいのです」

「やれやれ、こりゃー大変なことになったのう。皆ええかや」

「ええよ、協力するよ」「この際久々茂にも神楽社中をつくりゃーええ」

吉村は、成長したかつての少年が12年経った今、変わらぬ情熱で教えを乞おうとしていることに感激し、団を挙げて応援しようとしているのだ。董充は吉村団長の熱い思いがひしひしと伝わり、松江公演は何としても成功させると心に誓うのであった。

５か月後の九月五日、松江の公会堂は大入り満員、メインは豊川青年団久々茂支部による石見神楽「大蛇」であった。

三原董充演ずる須佐之男命《すさのおのみこと》が４匹の大蛇を退治し、大蛇の尾から剣を発見し天照大御神《あまてらすおおみかみ》に捧げ奇稲田姫《くしいなだひめ》と結ばれるこの演目、そのど迫力の演技に満場は湧き上り、割れんばかりの拍手に包まれた。

数日後、董充をはじめ14人の若者が、松江の土産を手に久城社中の神楽殿に赴いた。

吉村団長をはじめ、10余人のメンバーが出迎え、マスコミを賑した若者にねぎらいの言葉を掛けた。

この日は、お礼と共に借用した衣装、面、囃子などの道具を返す用向きであったが、吉村団長から思いも掛けない言葉がとび出した。

「君たち、それほど舞が好きならこの際神楽団を立ち上げてはどうか。古い衣装でよかったら舞えるだけの物を一通り揃えてあげる。一旗揚げたらどうだ」

「えっ、衣装を一通り、ですか。それはまた願ってもないことです」

「やろう、やります、やります」

董充が即座に応え、同席した者も次々に同意した。

董充らにとって、この上もない朗報であったものの、狭い久々茂で果たして神楽団の立ち上げが可能なのか、一抹の不安もあった。だが、董充ら燃え盛る炎のような若者に後戻りの選択肢はなかった。

以前、豊川地区で神楽指導をしていた黒谷、松本の両氏を口説いて師匠役に迎え、町内の世話人などの協力も取り付け三九年九月、会員14人で「久々茂神楽社中」を立ち上げたのだ。

使命との出会い

ファッション界の第1人者、森英恵は隣町の鹿足郡《かのあしぐん》六日市町の出身で益田にも拠点を置くなど、昭和四〇年代の益田は高度経済成長期の真っ只中にあり勢いがあった。大和紡績工場を筆頭に、合同庁舎、警察、市役所、学校などで、紳士服の需要は急速に伸びていた。

田舎町であり、仕事で着る背広は既製服が主流であったが、遊び着、それに礼服などはオーダーメイドブームに沸き、3つボタンやダブルの襟、ズボンはシングルの裾が流行となっていた。

董充はこのチャンスを逃さなかった。益田に戻って3年目の昭和四二年、市役所前の通りに「たくみ洋服店」を開店したのだ。

貯金を元手に借金をしての開店だ。従業者は董充の他に2人、いずれも腕に自信のあるベテランで、董充の方針で客の求めに応じてデザインを工夫したり、体形に合わせた提案をするなど、親切で丁寧な商売に徹した。

その成果は意外と早く現れた。開店して2年後、オーダーメイドのスーツが毎月7・8着注文されるようになった。神楽の仲間が応援してくれたことや、董充が市役所や学校など男性の職場を訪ね、大阪仕込みを宣伝した効果も出たのだ。

そこで董充は、長年の懸案であった自宅の新築に取り掛かった。

決断を強いられたのは、ひとえに父の健康であった。近年急速に弱り、入退院を繰り返す父を見るにつけ、不便な山の中から抜け出し日当たりの良い集落に住まわせてあげたい、その一念に駆られた。とはいえ、まだ洋服店の開店費用の借金も残っている。土地を求め建物を新築するには住宅ローンだけでは遠く及ばず、益田に嫁いだ姉や、静岡で働いている弟からも応援を受けることとした。

董充はかねてより目を付けていた上久々茂町大垰《おおとう》のほぼ中央、集会所上手の空き地を、１５０坪求めた。休日夜間を利用し、友達の応援を得て笹倉境の一軒家を解体し、その古材を１・５キロ離れた新しい宅地へと運んだ。

幸運にも、そのころ母が近くの製材所で働いており、廃材の再利用は手間賃のみで、商品価値の低い柱材などは格安で手に入った。

天候の良い春先から斜面の地盤を固めて基礎を築き、柱を立てて棟上げをし、梅雨前に屋根瓦を載せるなど、工事は順調に進んだが、予期せぬことが起きた。建て始めて３カ月後の昭和四五年の九月五日、父が他界したのだ。

赤貧に苦しみながら５人の子どもを育ててくれた父にせめてもの恩返しと、新居の建築に心血を注いだ董充であったが、その望みは叶えられなかった。享年五七歳、戦争の犠牲となり、苦労の堪えない父の幸薄い人生であった。

昭和四六年の春、間取りは3間と、小さいながら新居が完成した。父にせめてもの孝行をと、眺めの一番良い間に仏壇を据えた。

翌年の夏、董充に縁談が舞い込んだ。

独立する以前の勤務先である中村洋服店の元同僚から、「いい人がいるから嫁に貰わないか」と口がかかったのだ。

元同僚は道川の臼木谷《うすきたに》の出の栗栖という女性で、縁談の相手は栗栖家の近所で育ったという24歳の竹田法子《のりこ》である。

彼女は、道川の中学校から松江の宍道町にある高校に進学し、洋裁や簿記などを学び、大阪の紳士服製造メーカーで働いていた。

法子の育った道川の臼木谷地区は、益田市久々茂から南東約20キロの山間へき地で、寒暖の差の激しい寒村であった。農家が30軒程点在し米や山葵《わさび》を作り隣近所同志が助け合いながら生活していた。法子は、そんな農家の5人兄弟の4番目としてのびのび育った。

人懐こい性格で、幼少のころから隣近所に遊びに行き、殊に栗栖家の住人から可愛がられていたから、大阪に就職したとはいえ放って置かれなかったのだ。

年は董充と5歳違い、山家育ちのうえ大阪で仕事をしていた境遇まで一致しており、話はとんとん拍子に運んだ。

新居を整え、待ち受ける董充の下へ法子がやって来たのは、その年の一一月五日であった。

親友の日比の心配は、真面目一本の董充が果たして初夜を乗り切れるか、であった。

「董さん、あんた、女の経験はあるかな」

「い、いや、まあ、本で読んだりして、一応は……」

「そがーかや、まあ、困った時にゃー相談してよ、手解きするけ〜」

が、心配ご無用、神楽仲間の塩田、田中、日比、寺戸らが急ごしらえながら披露宴にこぎつけたのその日には、董充と法子が玄関に並び満面の笑みで世話人を迎えた。

「おい、こりゃ心配ない、何もかも終わっとるわ」

４人はつつきあい、笑いながら座敷に上がりお祝いの口上を述べた。

その夜、三原家では熱々ムードのなか、地域を挙げた盛大な披露宴が催された。集まった集落の誰もが、頑固で職人気質の董充と、人懐こくふくよかで愛嬌のある法子は似合いの夫婦である、と羨ましがりながら夜の明けるまで飲み明かした。

二年後の四九年、法子は待望の第1子を出産した。

目鼻立ちの整った元気な女の子で、董充はこの頃熱中していた神楽舞から考え付き、この子に「摩弓」と名付けた。

良いことは続く。董充の経営する「たくみ洋服店」は固定客がついて軌道に乗り、当初、団員が集まるかと心配した久々茂神楽社中には益田市内からも入団希望の手が挙がり団員は20数人、演目も10を超し実力を付けた。団長は勢いのある董充が抜擢され、石見神楽特有の八調子のエネルギッシュな舞が人気を博し、休日のみならず夜から朝にかけての座敷も掛るなど、まさに引っ張りだこであった。

そんな中、法子が第2子を身ごもったのだ。董充はまさに幸せの絶頂にあった。

そのころの益田は、企業を中心として人手不足に陥っていたから、神楽団も御多分に洩れず人員のやりくりに苦労していた。

五一年の晩秋の土曜日、鹿足郡の六日市から公演の口が掛った。

遠征には15人は必要のところ、13人しか団員が揃わない。そこで董充は、団員ではないものの無理の言える田原輝美に「しっかり飲ませるから」と頼み込んで六日市に連れて行った。

土曜日の夜でもあり、神楽団には期待にたがわず法外な御馳走がふるまわれた。若い田原はしこたま飲んで食ってすっかり上機嫌、眠りこんでしまった……。

「おい、輝美、出番だ！　姫の役だ、支度しろ！」

「あー、董充さん……。えー、わしが？　舞を？　わし1回も舞ったことがないにー、出来んよ」

「心配すんな。舞わんでもええ、面を付けて立っとりゃええ」

寝ぼけ眼で口車に乗せられた田原は、衣装を着せられ、姫の面を付けられた。続いて手に丸い大きな輪を持たされ背中を押されて舞台に出た。突っ立っている田原の周りを男女2組の神様が取り巻いて勢いよく舞いあげる。やがて囃子が止まり４人が田原の前へひれ伏した。

酒の酔いでうとうとし、気が付くと４人はいなくなり、１人残された田原はきょろきょろと廻りを見回した。

「おい田原、入れ！」「輝美、終わったぞ！」

幕の中から２人が飛び出し、突っ立っている田原の手や衣装を掴み、楽屋へ引っ張り込んだ。

演目は「岩戸」で、田原の役は「天照大神」であった。

面を付けて立っておるだけと言われ舞台に上がったが、幕間に入るタイミングを聞かされていなかったのだ。

ハプニングの六日市公演であったが、董充は笑って言った。

「天照大神も、酒を飲みゃ酔うわーや」と。

その一カ月後、昭和五一年の元旦の昼過ぎ、法子が第２子を出産した。元気な女の赤ちゃんだった。３度の飯より神楽舞と、石見神楽に心酔していた董充は、迷うことなく「舞子」と命名した。

「わしは、いつかこの子と舞うんじゃー」

そう言いながら、嬉しそうに舞子を抱く董充は33歳の男盛りであった。

天国から地獄とはまさにこのことである。

障子の破れから雪が舞い込み凍える寒さの夜、親子が１枚の布団にくるまって寝た。田んぼで蟹やドジョウを、山に入って野イチゴや桑の実を採って飢えをしのいだ。そんな笹倉での生活から抜け出し、ここ久々茂の大垰だ。借金ながら家を建て、妻を娶り、子どもをもうけ、幸せの絶頂にあったあの日、突如不幸が襲った。眼の中に入れても痛くない溺愛していた舞子、その舞子が突如として目の前からいなくなったのだ。

4カ月経っても苦しみから抜け出せぬ董充、そのふがいない戸主を何としても立ち直らせようと、母と妻は旅だった。

仕事場から空っぽのわが家に戻り、今日から誰にも遠慮することなく舞子と話せる、そう思いつつ舞子の写真の前へ座った董充だった。が、仏壇の片隅に見慣れぬ1冊のノートがあることに気付いた。

法子は思慮深い女で、普段から筆まめに日記を付けていた。いつも手放すことのない日記帳代わりの大学ノートが、何故か仏間に……。

――何でここへ置いているのだ。

始めは気にも留めなかったが、そのうちだんだん気になり始めた。いったい何が書かれているのだろう。

董充は、我慢出来ずそっと日記帳を開いた。

四月二〇日

舞子さん、あなたが亡くなって丸4カ月が過ぎました。今日から私はあなたに日記を書きます。

舞子さん、天国はどんなところですか？

あなたの大事にしていた犬のマロンは、子犬と別れたり手術をしたりで元気がなかったけれど今はすっかり回復し、ホッとしています。貴方が可愛がっていたマロンを大事にするからね。

四月二一日

舞子さん、あなたと一緒に植えたチューリップが、今きれいに咲いています。一番先に咲いたのはあなたに祀ってあげます。あなたとお姉さんと３人で花壇を眺めたかったのに……。もう一緒にお花を植えることもできないなんて、お母さんは悲しくて涙が止まりません。

四月二二日

舞子さん、あなたのあの一瞬のことを想像するだけでお母さんは辛くなります。さぞ怖かったでしょうね。痛かったでしょうね。何であなたがあんな目に合わなければならなかったのか、お母さんは今でもわかりません。大きなタイヤが迫ってくるときのあなたの気持ちを考えると……。ごめんね、助けてあげられなくて。

四月二三日

舞子さん、あなたがいなくなってから時々見せるお父さんの悲しそうな顔を見ると胸が痛みます。人前では強がりを言って明るくしているけど、お酒が入ったらすぐわかります。早く元のお父さんに戻ってほしい。でも、もうしばらくそっとしておいてあげましょうね。

四月二四日

舞子さん、昨日はお姉さんと益田に出て、帰りにあなたが事故に遭った場所に、あなたが好きだったふわふわカステラの鶏卵饅頭を祀っておきました。お姉さんが「鶏卵饅頭がいい」と言ってくれたのですよ。お菓子を供えて、2人して手を取り合って泣きました。

お母さんは35歳です。なのにあなたは8歳にも満たない命、どうして神様は不公平をされるのかね。出来ればお母さんの命を半分あげたかったのに。

「法子……。法子〜」

菫充は声を出して泣いた。普段は母の手前もありあまり口に出さない妻が、どれほど舞子を愛し、菫充のことを気遣っていてくれたのかが、孤独な今、その胸にひしひしと伝わったのだった。

——法子、お母さん、摩弓、ごめんよ。わしが弱かった。悲しいのは自分1人じゃーない、法子は腹を痛めて生んだ我が子を失い、悲しみに耐えてなお自分を気遣ってくれている。何と弱い菫充であったろうか。死んだ舞子のためにも前を向いて生きよう。

舞子が死んで丸一年、一二月上旬の夜のことである。仕事から帰った菫充のところへ摩弓がやって来て一通の手紙を差し出した。

「お父さん、右近さんが『これをお父さんに』じゃと」

その手紙は6人の連名であった。

「久々茂神楽かっこいいです。僕たちも舞ってみたいので、是非教えて下さい」

何れも大垰地区の少年で、メンバーの中心は董充が可愛がっていた島田右近であった。舞子の死から丸一年が経ったとはいえ、このころの董充にはまだ心の整理はついていなかった。

――我が娘を守ることさえ出来んだったわしが、人様の子どもの面倒などとてもとても……。

それから一週間後、董充は自宅近くのバス停でその子ども達に出会った。董充を見つけた少年はニコニコしながら近寄ってきた。

「おじさん、僕らの手紙を読んだ？」「みんな舞が好きじゃけー舞いたい、ねー教えてー」「お願いします」「お願いします」

いたずら盛りの男の子が頭を下げて頼むのだ。１人１人の顔をじっと見ていた董充の脳裏に、いつしか舞子の面影が重なった。

「なあ、お父さん、いつんなったら舞を教えてくれるん、舞子も舞いたーい」

「ああ、もうちっと大きゅうなったらなー」

舞子の頭をなで、笑顔でいつもそう答えていた董充であった。

――舞子は神楽が好きだった。教えてやると約束しておきながら果たせなかった……。

「君たちの気持ちは分かった。だが、今は雪で練習できん。春まで待って、今の気持ちが変わらんだったらその時は一緒にやろう」

「分かった」「約束だよ」「必ずお願いします」

ところが二月下旬の日曜日のこと、子どもたちが三原家にやってきた。

「おじさん、もう大分温《ぬく》うなったが、まだ練習せんの」

子ども達はとても待ちきれない様子で、畳に正座をして頼むのだ。董充は遂に子ども達の熱意に負けて、その日の夕方から指導を始めた。


さすがに6人の少年は熱心で、一生懸命練習に励んだから、刺激を受けた同級生や後輩も少年神楽団に加入してきた。

「おじさん、秋祭りに舞いたい。おじいちゃんやおばあちゃんが、見たい見たい言うとるけぇ」

そんな要望が方々からあり、秋祭りには地域で最も人気のある「大蛇退治」を舞わせ、拍手喝さいを浴びたのだ。

それから4年、教え子の少年達の多くが中学校を卒業した。

――やれやれ、これで中学校とも縁が切れた。神楽の指導をきっかけに3年間やらされたPTAの役員も、ようやく降りられる。

董充は正直、肩の荷を降ろしほっとしていた。ところが……。

四月末のある日、職場に益田東中学校の教頭から電話が入った。

「実は、中学校に『石見神楽クラブ』を立ち上げようと計画中です。その指導を三原さんにお願いしたいのです。この地域に伝わる文化を是非とも子どもたちに教えて下さい。当面の目標は秋の文化祭です。子どもたちからの信頼の厚いあなたに是非とも協力していただきたいのです」

この頃、董充の神楽指導は地域で評判となっていた。歴史、理論、技術ともに優れ、指導には厳しさと優しさが備わっていたからだ。

董充は断ることもできず思案の結果、久々茂神楽保存会のメンバーで時間の余裕のある豊田、杜内《もりうち》、塩田3人の団員の協力を取り付けて引き受けた。

それから数日後、友人から愕然とするような電話が入った。

「三原君大丈夫か、今あの学校は荒れておって大変らしいぞ」

学校で子どもたちに教えることなど全くの未経験、その上に校内が荒れていると聞きにわかに不安の募る董充であった。

――うーん、どうする……。承諾した以上後戻りはできん。どんな様子か分からんがまあ当たって砕けろだ。

学校からの連絡で、六月の上旬、神楽部に入部した18人と対面し、文化祭の出し物や配役を決めることになった。

予定された日に学校へ行ってみて驚いた。授業時間中なのに廊下や階段でうろついている子、廊下の壁に落書きをしている子、石段に寝転んでガムを噛んでいる子などなど。廊下ですれ違う教師も、注意するでもなく放任しているのだ。

――なぜだ？　ＰＴＡの役員をしていた頃はこのような光景に出会ったことなどなかったが。そうか、役員会はいつも夜であった。これが現代風の子どもか？　こちらが子どもに合わせるほかはないのか。

この日は生徒たちと自己紹介を交わし、文化祭における発表演目の選定に入った。演目は地域で一番人気の、須佐之男命の大蛇退治にすんなり決まり配役も決定した。

「どの役でも欠けたら舞にならん。18人全員でひとつの物語を作り上げるのだ。最後まで全員で頑張ろう」

董充は、子どもたちの態度の悪さが気になっていたからことさらに大声で指示した。ところが2学期になると子どもたちが本性を現した。

指導員の話は聞かず私語し、勝手に教室から出て行く。神楽の衣装を身に付けた子どもが、5分もすると衣装を脱ぎ捨て外に出る。教師は何ら注意しない、そんな状態が何度か続いた。

「こら！　お前らー真面目にやらんか！　益田の子は、いつからこがーに悪うなった。わしらの子どもの頃なら、先生のビンタが飛んだぞ」

「お前ら鬼か！　何を言うても聞こうとせん、この面をよー見ろ、神様には耳があるが鬼には耳がない。言っとる意味が分かるか！　神様になれとは言わんが、お前ら、親に貰うた立派な耳があろうが。ちゃんと人の言うことぐらい聞け！」

董充は、耳のない鬼の面と耳のある鍾馗《しょうき》の面を子どもに向き合わせ、厳しく説教をした。

だが子どもたちの態度は依然として悪く、学校側の指導も期待できなかったから「今年限りでやめよう」との意見が出た。そうすると読書好きの塩田が言った。「最近読んだ本に『優れた指導者は子どもを引き込み、子どもの態度も変わっていく』とあったがどうだろう」と。

「うーん、そうだのう。叱るのははやめよう。まず我々がしっかりすることだ。とにかく初志貫徹で粘り強うやってみよう」

口元に笑みを浮かべた董充の一言で４人がまとまり、指導の仕方も変えた。そして文化祭の日がだんだん近づいてきた。するとどうだろう、十月終わりごろから子ども達の目の色が変わってきた。練習に熱が入り、話もよく聞くようになった。大蛇の動きなど分からぬことがあれば質問をし、技術もどんどん上達した。

いよいよ迎えた文化祭の日、衣装を着せ付けると、いつも賑やかな悪ガキどもが喋らなくなり、顔をこわばらせ不安そうにしているのだ。

「ええか、自信をもって慌てず落ち着いて舞え。緊張感は必要だが、過度に緊張すれば体が動かなくなる。まずリラックスすることだ」

子どもらに柔軟体操をさせ、笑顔で背中を押して送り出した。

なんということであろうか。本番は素晴らしい出来であった。会場を埋め尽くした生徒に保護者に先生、観るもののすべてが拍手喝采し、悪ガキどもは満面の笑顔を紅潮させて楽屋へ引き上げてきた。

「おお、良かったぞ、よう舞うた、１００点だ！」

「本当ですか、僕もよくできたと思いました」「先生の言われたことをマジ守って舞いました」

１人残らず、満足そうにはしゃいでいる。

――六月、練習を始めたばかりの頃のあの悪ガキぶりが嘘のようだ。やっぱり純真な益田の子だ。指導して本当によかった。

菫充ら4人は互いに目を見つめ合い、本番の成功を素直に喜んだ。

そこへ、校長と教頭が正装した紳士を伴ってやってきた。

「いやー三原さん感激しました。心からお礼を申します。こちらは教育長の大畑さんです」

「三原さん、はじめまして、大畑です。驚きましたよ。子どもたちの熱心さに。ほかの子らもあんなふうになってくれればええんじゃが……。引き続きご指導をお願いします」

「当校の神楽は、今後も益田市内中学校の目玉として続ける考えです。もちろん三原さんあってのこと、この上ともよろしくお願い致します」

満面笑みをたたえた教育長と校長の心からのねぎらいの言葉に、菫充は感激し、躊躇することなく答えた。

「承知致しました。力不足ですが頑張らせてもらいます」

このイベントが終わって数日を経たある日、公民館で教頭と会う機会を得た。教頭は、顔を紅潮させ笑顔で近寄ってきた。

「実は嬉しい話です。神楽舞をやっている子どもの親から『最近生活態度が良うなった』との連絡がありました。また、担任教師からも『神楽をやった子が勉強に打ち込むようになった』との報告が上がっています。我々にとってこれほど嬉しいことはありません」

菫充は正直感激した。あの乱れた悪ガキ、教師もさじを投げ放任していた彼らに神楽を教えたことで、子どもたちに改善の兆しがみえてきたというのだ。5年前、熱心な摩弓の同級生の頼みで始めた子ども神楽の指導は、何度か挫折しそうになったが、中学校の部活にまで発展した。そして、益田東中学校の目玉として今後長く指導に携わってほしいというのだ……なんと嬉しいことか。

――舞子が天国で応援してくれたからだ。舞子ありがとう。これからも、ずっとずっと、舞子と一緒だ。

この指導を境に、董充は舞子の死から立ち直ることが出来た。と同時に、地域の子どもを守り育てることが舞子との約束を果たすことになる、これが己の使命である、そう意識するようになったのだ。


舞子の死を境に、行政や企業など意思の通っていない者に頼ること、その空しさを知った董充は、以前にもまして何事も自分でやるようになった。

「久々茂神楽社中」を「石見神楽久々茂保存会」に名称変更したものの拠点となる施設はなく、久々茂神社や集会所で我慢してきたが、年々衣装や道具が増え収納場所に困っていた。何よりも専用の練習場がなく、新しい演目への挑戦、地域の青少年の育成にも支障をきたしていたのだ。

――神楽団は地域のものじゃが、建物を建てるような金はない。仕方ない、団長であるわしが身銭を切ろう。

董充は生まれてこのかた、貧しさに耐えてここまでやって来たから金への執着心は人一倍強かった。だが、舞子を失った今、金よりも地域のために尽くすことが大事である、そう実感するようになった。

幸い、土地は斜面ながら自宅の向かいに80坪程度確保していたから、この土地に専用の神楽練習場を建てることとした。

練習場はプレハブで、見物客席付の40畳。建築資材は、広島で建築業を営んでいる妻の弟の会社から送ってもらった廃材や、仲間が提供してくれたアルミサッシなどを用い、格安で完成させた。

拠点が出来たことで董充は、久々茂神楽団の体制改善に乗り出した。まず、練習日を定め、出欠の確認、時間厳守、扉の開閉、冷暖房や照明のスイッチ、窓やカーテンの開閉に至るまで取り決めた。

生来、曲がったことの嫌いな董充は、経理担当者に適格者を据え、公私混同を許さなかった。規律面では、この頃近隣の神楽団の中にメガネや腕時計をつけたまま、更には下着や靴下のままで舞うものなど乱れが日常化し、これが久々茂神楽団にも伝播しつつあった。

「おい、天照大御神の時代に腕時計やソックスは無いぞ、時計を外せ、足袋を忘れたものは裸足で舞え」

先輩、若者、舞の上手下手にかかわらず厳しく指導した。

公演の準備、後片付けについては自ら手本を示した。団員は、本番前の会場づくりや衣装や面、囃子の道具の準備や点検には意を用いたが、公演が終わった後の片付けはおざなりで、衣装をろくに畳みもせず箱に投げ入れたり、洗うもの乾かすものをごっちゃ混ぜにした。

そんな場面に出会った時、董充は厳しく指摘し、それが履行されていないと黙って全部自分でやり直した。

ある年の夏、益田市の花火大会の行事に久々茂神楽団が招待され参加した時だ。一舞台終えて休憩に入り、何人かの団員がひいきの客から招かれた。このような場合、酒肴のご馳走になるのだが、団には次の予定もあり、団員は短時間で切り上げ楽屋に戻るのが習いであった。が、その日は予定の時刻になっても戻らぬ団員がいた。

「また祐司か、連れ戻せ！」

島田祐司は右近の弟で、董充が少年時代から鍛えた有望な団員であったものの、若いだけに酒が入るとルーズになった。

董充は怒りで冷静さを失っていた。そこへ祐司が戻って来た。

「祐司、どういうことだ、説明しろ！」

「何かね、少々遅れたぐらいで大袈裟な。先方に失礼だ！」

祐司は酒の匂いをさせ、赤い顔をしてふてくされた。

「先方に失礼だと！　いつも言っておろーが。組織を乱すなと！」

「……おお、解かった、辞めりゃーええじゃろ、辞めりゃー。辞めさせてもらうわ、団から引かせてもらいます」

兄の後を受けて、小学校低学年から練習に励んだ少年も20歳をすぎ、地域でも評判のやんちゃ者になっていた。

「な、何、お前、今何と言うた……。おお、勝手にせい！」

「祐司、お前が悪りー、ことわりを言え、謝れ、祐司！　祐司！」

先輩が引き留めたが祐司も後へ引かない。脹《ふく》れ面をしてその場から立ち去った。董充にとって一時の落度で祐司を辞めさせる訳にはいかないのであったが、他の団員の手前もあり妥協は許されなかった。悶々とした日々を送っていた董充の下へ数日後、日比や田中、塩田ら先輩団員が祐司を連れてやってきた。

「団長、私が悪うございました。以後気を付けますので、団に戻らせて下さい」

畳に手をつき、神妙に頭を下げるのであった。

「……そうか、気付いたか。酒が入ると誰でも平常心を失う。今回は先輩に免じて大目に見よう。今後、同じ轍を踏むことのないように」

思慮深い先輩の仲介で、祐司の退団を食い止めることが出来た。乱れかけていた団の統制も、これを機に改善の方向に向かったのだ。


平成の世に入ると、神楽の世界に「国際貢献」という新たな課題が到来した。神楽を通して外国との交流を図ろう、日本の文化を世界に広めていこうという気風は、神楽熱の高い益田をも包み込んだ。

当初は市内神楽団の中から、数人ずつ選んで益田神和会神楽団として編成し国外公演していたが、方々から口がかかるようになったこともあり、やがて久々茂神楽団独自の編成で派遣するようにもなった。

殊に、久々茂の団は発足して20余年、中心メンバーが40代と、まさに新進気鋭であったから、団員は求められて外国で舞が舞えることに大いなる魅力を感じ、積極的に打って出た。

平成四年のドイツ公演を皮切りに六年トルコ、八年イタリア、一〇年バルト三国、一一年オーストラリアと立て続けに国外のステージを踏んだ。

石見神楽久々茂保存会　前列右から２人目が三原董充

石見神楽久々茂保存会　ブラジル遠征

「法子、お早う」

「……ちょ、ちょっと、どうしたのよ、朝から！」

菫充ははにかみながら法子の手を取り、体を引き寄せ抱きしめた。トルコから帰った翌朝の、三原家の食堂であった。

「西洋では、朝の挨拶にハグするんだ。男も女も関係なしにのー」

「やだー、恥ずかしい……。貴方も外国ではこんなことしとるの」

「向こうが求めたらなー。日本人は変な意味にとるが、向こうでは当たり前の挨拶だよ」

以来、三原夫妻の一日は、他人がいない限りハグで始まった。

言い出しっ屁

平成八年一二月、待望の益田美都道路「国道１９１号バイパス」22・８キロが全線開通した。

大きな構造の変化は、上久々茂から西へ１、５００メートルの地点に伏谷トンネルが掘られたことと、上久々茂の益田川に橋を架けて直線としたことで、橋の西詰で旧国道と直角に交差することになったのだ。

だがトンネルの中の歩道は南側のみ通行可能であったから、北側の集落から豊川小学校へ通う児童は、好むと好まざるとにかかわらず、久々茂橋西詰の交差点を横断しなければ学校へ行けない。

ところが、この交差点には横断歩道のみで信号機はなかった。

バイパスが開通して間もなく、２件の人身事故が起きた。１件は久々茂橋の欄干に乗用車が衝突した事故、もう1件は交差点の西側で追い越しを掛けた車が田んぼへ転落したのだ。

――「何で信号機がない、信号機があれば防げたではないか。早く信号機を付けさせぬと、舞子のような犠牲者が出てからでは遅い――」

久々茂町の自治会長の役にある董充は、何としても信号機の設置をと意気込んだ。役員と協議して、陳情書に教育委員長、豊川小学校長、益田東中学校長、久々茂町自治会長の印鑑を得ると、益田警察署に持参し署長に直談判した。

「バイパスが出来て2件の事故が起きました。子どもたちはこの交差点を横断せぬと豊川小学校へは行けません。広島方向から下ってくる車は猛スピードで交差点を突っ走ります。横断歩道では役に立ちません。なんとか早急に信号機を付けて下さい」

「三原さん、久々茂町に限らず信号機の要望はたくさんあります。我々は交通量を調査し、優先度の高いところから設置しております」

「なんと言われようと、あの交差点は危険です。重大事故が起きてからでは手遅れです。1日も早く信号機を！」

「だから今後の交通量の変動を見定めてと、言っております！」

難しいと予測はしていたが、署長の反応は予想以上に厳しかった。しかも、県警の判断だという。ということは、ここ2年や3年で方針が転換するとも思えぬのだ。信号機が付かぬとなれば、それに代わる安全対策が必要であるが、いったい如何にすべきか。

以来、寝ても覚めてもそのことが頭から離れなくなり職場への往復の間ずっと考えた。そしてある日、はたと思いついた。

未明に自宅を出発し、広島県境を越え安芸太田町や戸河内の町で車を止めた。しばし信号機のない交差点の様子に目を注いだ。と、どうであろう。益田では見かけたこともない人の動きなのだ。

朱色の上着を纏った数人の男女が、交差点の左右に立って赤い旗を振って車を止める。停まったところで子どもを横断させている。

交通整理を民間人、しかも年寄りや婦人が早朝の街頭に立ってだ。董充は感心してしばしみとれた。

――久々茂でもこれをやればええんじゃ。だがやる者がおるかな。毎朝の事で他人に頼んで出来ることではない。となれば自分だが、まだ大借金があり仕事は辞められん。あと10年は働かぬと。

やむなく董充は横断歩道の南北に柱を立てて箱を取り付け、手製の交通安全横断旗を20本、また、大人の夜間横断用にと、夜光反射テープ付の大型横断旗10本を備え付けた。

次に、安全な横断についての訓練である。休日の朝、子どもたちを交差点に集めた董充は、横断旗の用い方、手の挙げ方、安全な横断の仕方について繰り返し指導した。

平成一六年の正月明けのことだ。董充はたまたまその日は仕事が休みであったため、通学時間帯に久々茂橋交差点の南側の空き地に車を停め、児童の横断の状況を観察した。ところが驚くような光景に出会った。子どもたちは横断歩道の脇に集まると、メンバーの確認もせず手も挙げずに横断するのだ。遅れてきた子どもは、リーダーのいない状態で安全確認もせず、仲間に向かって走り出した。

「何をやっている！」

思わず董充は大声を上げ車から飛び出すと、たむろしている上級生を叱り飛ばした。

「下級生が死ぬぞ！　何をやっとる、お前らちゃんとせんか！」

その日董充は、単身警察署に乗り込んだ。署長は不在で、代理で対応したのはかねて顔見知りの永見交通課長であった。

「もう我慢できん、早う付けてくれんさいね、信号機を」

「三原さん、またその話。以前と状況は何ら変っておーませんがね」

「いや、今朝も危ない場面がありました。わしの娘のように死んでしもうてからでは手遅れです。何なら、父母の陳情書を出しましょうか」

「陳情書ですか。手を変え品を変え要請されても……。県の予算は限られておーますよ」

「二言目には金だ、それならどうでしょう。ものは相談ですが、我々の金で信号機を付けることが出来ますか？」

「自治会の？　金ですか。聞いたことがありません……。無理でしょうね。あの交差点が危ないということは分かりますが、県下にはもっと切迫しているところが何カ所もあります。よほど事情の変化でもない限りここ数年は無理でしょうね」

「ここ数年は無理……。困ったなー」

菫充には信号機の設置を急ぎたい理由がもう一つあった。7年前に結婚した長女の摩弓夫妻が子ども3人を連れて同居しており、今年孫の紫輝《しき》が小学校へ入学するのであった。

「……仕方がない。自分で何とかしましょう」

「自分でなんとか？　どういう意味です？」

「自分が交差点に立って、子どもの安全誘導をするちゅうことです」

菫充は、数年前広島県で見て以来、いつかは自分でやろうと心に決めていた。だが、借金のこともあり、決断しかねていたのである。

が、つい口走ってしまった。

「ほう！　そげですか。だーも、三原さん、仕事と両立できますか。危険も伴いますのでねえ」

「それは承知の上です。とにかく、子どもを守らぬと」

永見が、菫充の眼を覗き込み笑みを浮かべた。

「やる気になってくれましたか……。というか、やっと気が付きましたか。ハハハハハ」

「やっと気付いたかですと？　失礼な！」

「あんたねえ、保護者らが自分で動いて子どもを守っておるところはいっぱいありますよ。要は、やる気の問題です。ついでに言わせてもらいますが、あんたの娘さんが亡くなられた時だって、久々茂の父母は、誰一人子どもの送り迎えをしちょらんだったと聞いちょります……。違うかね！」

「なっ、何！　う、うーん……。」

菫充はショックであった。忘れようとしていたあの惨事、己の無力さを痛感したあの事故をズバリ指摘されたのだ。

３カ月後の平成一六年早春、菫充は「たくみ洋服店」を廃業した。

菫充は61歳、同僚や顧客のこともあり、繁盛している店を畳むには勇気がいったが、舞子の死を無駄にすまい、地域の子どもを守り育てることが自分の使命である、その信念を貫くためにはそうするより他はなかった。

「本当に畳むの、あんたは言い出したら聞かんからねー」

「仕事を辞めてまで？　まあいいか、紫輝《しき》も今年から1年生、舞子のこともあるし」

法子も摩弓も菫充の決断に疑問を呈したものの、最後は賛同した。

幸いなことに、自宅から３００メートルの北寄りに益田川ダムの事務所があり、丁度この頃守衛を欲しがっていたから菫充はこの仕事に飛びついた。守衛の仕事は夕方から早朝までで、日中の子どもの通学の時間帯は空いていたから、好都合であった。

一人見守り

何事も他人に言われて腰を上げる董充ではなかったが、今回は氷見交通課長の耳に痛い指摘が、先延ばししていた己の曖昧な心を前に向かせた。

〝見守りをする〟そう宣言した董充であるが久々茂地区にその先例はない。そこで、手法を見出すために豊川小学校までの道を1人で歩いて何回も往復した。

大垰の集合場所から学校までの3・2キロには橋あり、交差点あり、山あり谷あり、トンネルありだ。低学年が支援なしで歩行するにはあまりにも危険が多すぎた。実査の結果出した答えが〝同行見守り〟である。単に横断歩道の安全誘導だけでなく、小学校までの全行程を子どもに寄り添い、安全を確保しながら歩こうというのだ。やると決めたら徹底する、これが董充の長所であり短所でもあった。

そしていよいよ本番当日。守衛の仕事を終え我が家に戻った董充は、帽子、見守りジャンバー、腰に小型のカバン、手に「停止」の旗をもって我が家を後にした。

通学路の危険箇所は3カ所、久々茂橋西詰交差点、伏谷トンネルの入り口、トンネルの中である。

一つ目の危険個所、久々茂橋西詰交差点には信号機はないから誘導して横断歩道を安全に渡らせることである。これは理屈ではない、慣れさせることに尽きるのだ。

大垰地区から向かう10人の児童のうち、高学年を先頭と中間と最後尾に配置し、董充の合図で横断を開始させる、途中で東西南北から車が接近する、そのタイミングで、横断を中断させたり、車が完全に停止したのを見届けて、速やかに横断をさせる、最初の３日間は、この訓練を徹底した。

また、強風の日には傘を差させなかったし、停まってくれた車の運転手には帽子を取って深い礼をさせ、感謝の心を態度で表現させた。

横断歩道の向こうには山根地区の子どもが待っている。そこで合流して、18人が学校を目指してトンネルの方向へと向かうのだ。

二つ目の危険個所は伏谷トンネルの手前約１００メートルにあった。幅約２メートルの歩道の南側、すなわち山手には側溝があり、蓋がないうえに溝が深いのだ。風のきつい日など、足を滑らせて溝にはまったなら大怪我をしかねない。また、山の接近したトンネルの入り口付近には季節を問わず落ち葉が溜まり、歩行や自転車の妨げになっていた。そこで転落の恐れのある溝には、道路管理者に要請して蓋を取り付けさせた。また、落ち葉や枯草対策として、トンネルの入り口に竹箒や塵取りなどの掃除用具を備え付けた。折に触れて董充が軽四貨物でやってきて掃除をし、枯葉や雑草は自宅に持ち帰るのであった。

三つ目の危険個所は、全長５５１メートルの伏谷トンネルだ。

過去幾多の問題を惹起させたジグザグの旧国道から直線のトンネルとなり、距離は３００メートルも短縮されたが新たな問題も浮上した。

照明が薄暗いうえに風は冷たい。何よりも1分間に10数台も走り轟々と鳴り響く車の騒音は小さい子どもにとっては骨身に応える。入学当初はどの子も耳を手で塞ぎながら歩いた。また幅3メートルの歩道は凸凹の繰り返しで、道路管理者に要請して土砂を入れ平らにしてもらったが雨が降ると水が歩道を流れ、せっかくの整備は元の木阿弥、いたちごっこであった。トンネルの中の歩道は南側1本しか利用できない。しかもその歩道は自転車も利用する。董充は入り口に「自転車は内側を、歩行者にはベルを鳴らせ、声を出せ」と看板に書いて指導したものの、ニアミスが何度もあり、その都度ひやりとさせられた。

同行見守りは、子どもたちの荷物や健康にも注意が必要であった。

子どもたちが毎日背負うランドセルは、教科書、ノート、筆入れだけでなく道具箱やら何やらで、全部詰めると7キロにもなり、体重の半分近くにも達した。入学直後は重くて泣きべそをかく子もいる。董充は重くて歩けない子のランドセルを左右の肩で背負ってやったし、時には、高学年に支援させることもあった。だが、親も学校もこのことを知らない。

董充はＰＴＡの会合の度に、声を大にして荷物減らしを訴えたものの効果は初めだけ、年度が替わり新1年生が入ると振出しに戻った。

梅雨時分は連日のように雨が降り続くから、路面はぬかるみ子どもたちはよく転倒し手足を擦りむいた。

そんな時は腰のカバンが活躍した。チャックを開けると、カットバンやティッシュが入っており、董充は素早くティッシュで傷口を拭きカットバンを張ると、擦りむいた手や足に自分の手を添えて、今度は投げるポーズだ。「痛いの痛いの、飛んで行けー、飛んで行けー」

途中で排便をもよおした子どもを、付近の農家や山の中へ連れてゆき、用を足させることもあった。

厄介なのは初冬である。手袋をしていないから手はポケットに。ところが道は凍《し》みていて滑る。転倒しても手は出せないから顔や上半身や膝が受け身をする、顔を擦りむいている子は漏れなくこのせいだ。

「ポケットから手を出せ、小股で歩け、スケートはやめろ」

滑らぬコツを教えるのだがすぐに忘れて遊ぶ、子どもとはそういうものである。

董充は幼少のころから雪深い谷間で育ったから、雪には慣れていた。しかし子どもを誘導するとなると話は別だ。長靴を超すほどの積雪をスコップで左右に掻きながら2キロの道を40分もかけて歩く。そこでようやくトンネルだ。

「やれやれ、ここで一休みだ」

ジャンパーとカッパを脱ぎ、上着の前をはだけて胸の汗を拭き一息入れる。気を取り直して奥に進むのだ。

伏谷トンネルは幸いなことに直線で、はるか向こうに小さく出口が見えた。轟音と危険と不安の中で子どもは大声で雑談したり、算数の九九を唱えたり、歌を歌ったり、とにかく一歩一歩出口へと向かった。やがて大きく視界が開け目の前がまばゆいほどの明るさになるから、低学年から高学年まで、どの子も元気を取り戻す。

トンネルの向こうは夢の国であった。春ともなると周囲には花が咲き、４００メートル先の左側にはカラフルな建物の豊川小学校が、その横には公民館が、小川のほとりを南に進むと保育所や大谷土居跡があった。

校門の入り口には校長先生、それに公民館長、地域の老人などがニコニコ顔で子どもたちに手を振り、出迎えるのである。

「おはよう、みんな元気かい」「今日も頑張って歩いたねー。疲れただろう」「校長先生、館長さん、お早うございまーす！」

子どもたちは、元気いっぱい、大声で挨拶をする。

「そいじゃーわしはここで失礼します」「やあ、三原さん、お疲れさん」「三原のおじちゃん、ありがとう」「おじちゃんバイバイ」

久々茂の子どもたちは後ろを振り返り、ここまで同行見守りをした董充にお礼の挨拶をする。

子どもを校長に引き継いだ董充は、伏谷トンネルの手前まで戻ると左手に進路を取り、益田川沿いにジグザグカーブの旧国道を進む。左手は断崖絶壁で、10メートル下を益田川が流れている。さらさらと音を立てて流れるせせらぎはカーブして白波を立てて瀬を走り淵に注ぐ。幼少のころ董充が水浴びをし、アユやハエを追いかけた思い出の川だ。

四季折々の移ろいを見せる紅葉の山道を通り抜けると、董充は歩を緩め、息を吸い込んで天を仰ぐ。

「舞子、お父さんはこの頃、毎朝子どもたちの見守りをしとるよ。天気の悪い日は、学校まで迎えに行く。あの日、お父さんが舞子を迎えに行っていたなら、事故なんか起きんかった……。お父さんは悔やんどるよ。ごめんな。お父さんはこの子らを舞子だと思って守るからな」

舞子が張り付きランドセルが巻き込まれたコンクリートの壁、その壁に手を合わせ、そして命を落とした現場のアスファルトに膝まずくと、手のひらで路面をさすり、深い祈りを捧げるのであった。


董充が見守りを始めて３カ月経った初夏の久々茂橋西詰め交差点である。草刈り機で交差点周辺の除草をしていた時のことだ。

１台のパトカーが益田方向からやって来て横の広場に停車し、１人の制服警察官が降りてきた。

「三原さん、やっちょますねー」

作業着姿の董充に声を掛けた。

――わしの顔を知っておる警察官などおらぬはずだが？

董充は怪訝な顔で警察官を見た。とするとその男は、帽子を取ってにたっと笑った。

「あっ、永見課長さん！　いやー、よう分かりましたね。わしが」

「三原さんの顔は忘れませんよ……。まさか、本気で見守りを始められーとは……。恐れ入りました」

出雲人の永見は石見の勤務が多く、董充が知る数少ない警察官であった。信号機の件で痛いところを突かれ、忸怩《じくじ》たる思いで別れて以来の再会であった。

「実はね、三原さんに背広を作ってもらおうと店に行ったんよ。そげしたら看板がないなっちょって、まさか廃業されたとは……。本に責任を感じちょます」

「いやー。お得意さんには連絡しましたが、警察は敷居が高こうて」

「ハハハ、お陰で背広代が浮きました。それにしても、店を畳んでまで見守りとは、みんなびっくりしちょーます」

「わしには課長さんの一言がききました。今思えば、あの時わしが子どもを守っておれば舞子は死なんだった。罪滅ぼしです」

「そいで今、1人で学校まで？　あんたのは普通の見守りと違う、3キロの道を同行だ。立派立派！　早やー仲間を作ることですなー」

「みんな朝は忙しいけー、それに自分1人の方が気楽じゃーね」

「交差点あり、トンネルありです。1人では、負担が大きすぎーわね。そーに、子どもの指導にも無理が来ーでね」

「はあ……」

「まあ、何でも相談して下さい、信号機以外はね、ハハハ」

永見課長は笑いながらそう言うと、安全誘導の旗やパンフレットの他に、温もったコーラ1本を董充に手渡し帰っていった。

課長がくれたパンフには、1枚の黄色い付箋が貼ってあった。

「心ここに在らざれば視《み》れども見えず、聴くとも聞こえず。この頃、居眠り運転や飲酒運転が多いです。見守り、くれぐれもご用心を」

バイパスが開通してから、久々茂で速度取り締まりや夜間の検問が増えた。永見課長の話では、飲酒事故が多いという。

菫充は、課長からもらった付箋を小さな額におさめて机の上に置き、朝夕眺めた。

「見守りに仲間を」の永見課長のアドバイスは嬉しかった。だが菫充は仲間探しをしなかった。自ら手を挙げたものでなければ本気で取り組めぬし長続きせぬ、それに指摘の通り危険を伴うからだ。

ある年の初秋、18人の子どもを誘導して伏谷トンネルに差し掛かった時のこと。菫充の前方の路上に、血を流して横たわる３匹の狸がいた。車にはねられたのであろう。

——このまま放置しておけば、子どもの目の前で後続の車にズタズタにされる、そんな光景を見せるわけにはいかない。

「みんなちょっとストップ！」

菫充は旗を振って、上下の車を止めると車道に走り降り、まだ温もりのある３匹の狸を素手で拾い、両手で掴《つか》んで歩道の隅に置いた。

「ウワー、おぞい（怖い）」「血が出とる」「おじちゃん、これ狸？」

「そう、親子の狸だよ。みんな、よー見ときんちゃい。道路に飛び出しゃー、人間でもこがーになるよ。わかったかな」

「わかった」「気を付ける」「車道には絶対に飛び出さんけえ」

このように動物が犠牲となることは年に数回もあり、道路パトロール車による回収もままならぬことから、やむなく死骸は董充の手によって山の中に穴を掘って埋めた。

墓を造っていた時のこと、董充の脇を1人の夫人が通りかかった。

「いつもご苦労さんです。枯葉集めだけではのうて、墓まで造られるとは頭が下がります」

「いやー、死骸を子どもに見せるわけにいかんもんで……」

夫人はしばらくして、菊の花を手にしてやって来た。

「交通事故の犠牲とは狸も可哀そうじゃねー。これはわしが作った花です。供養させて下さい」

夫人は、手にしていた赤や黄色の菊を狸の墓に供えた。

月日の経過とともに、董充の活動は徐々に地域住民に浸透して感謝されるとともに、支援を申し出る者も出てきた。

豊川公民館の田原輝美館長は、董充の活動を見かねてか、箒《ほうき》を持参した。董充は「大変だから手伝いは結構」と断ったものの、田原は作業を始めた。1時間程度で終わるものと思っていたのであろう、だが、2時間経っても3時間が近くなっても黙々と作業をする董充に、腕時計を気にしながら田原が言った。

「なんと……。そろそろ終わりにしょうじゃないかね」

「ああ、先に引き上げてよ、わしはもうちーとやるけー」

万事がこの調子で徹底していたから、さすがの田原も舌を巻いた。

向けては言わなかったが、董充の活動に批判的な者もいた。

「過保護だよ、子どもが育たん」「我が子が死んだからだ、やらせておけー」「目立ちたがりやよ、表彰が欲しいんだ」「もし子どもが事故に遭うたら誰が責任を？」「自分の趣味と健康管理のためだろ」
こんな批判組に出会うと田原は言った。「そがーに言うんなら1回でええけーあんたらもやってみー。手伝わぬ者は口出しするな！」

董充が見守りを始めて3年が過ぎたある雨の日、1人の夫人が伏谷トンネルの入り口に立っていた。赤い雨カッパに長靴姿だ。

「お早う、みんな頑張ったね。あと1キロじゃけーねー。頑張りんちゃい」「おばちゃん、誰」「空の家（上手の家）の石山ちゅうばあさんよ」「ありがとう」「行ってきまーす」

列の1番後ろから見守ってきた董充に、夫人が丁寧に挨拶をした。

「三原さん、わしは空の家の石山シゲ子です。今日から仲間に入れてくれんさい。一緒に歩くことは出来んがここで声を掛けることぐらいは出来ますけえ」

石山と名乗ったその女性は、伏谷トンネルの東側入り口から山の斜面を登った一軒家、石山家の夫人で1人住まいであった。

夫人は、数年前狸の墓に花を手向けてくれたその人であった。

「おーそれはそれは……、大歓迎です。奥さんの顔を見たなら子どもらー元気百倍学校に向かいましょう。嬉しいです」

予期せぬ仲間の出現に、董充は大いに喜び笑顔で迎えた。

久々茂橋西詰交差点からここまで約2キロ、子どもたちも董充もそろそろ疲れが出るころである。そこへ女性の優しい声で「トンネルの向こうは学校じゃけーねー、頑張りんちゃいよ」の励ましは心に沁みる。殊に梅雨時分や雪の日などはへとへとでたどり着くから、石山夫人はまさに天女にも女神にも見えるのであった。

石山夫人が見守りに加わって半年後、同級生で神楽仲間の日比が新たに仲間に加わった。

「董さん、わしも仲間に入れてごせー、あんたほどの馬力はないが、神楽で鍛えた足腰はまだまだ役に立つ」

40年余り大和紡績の交代制勤務に励んだ日比もめでたく退職となり、これからは地域のために役立ちたいとの奇特な志であった。

「おお、ええぞ、子どもを可愛がっておきゃーし、神楽の後継者探しの手間も省ける。忙しい時は交代でやろう」

董充にとって気の置けない同級生であったから、大いに歓迎した。

董充は、日比にはバイパス通りの子どもを担当してもらうことにした。大垰の子どもとの2班編成による同行見守りとなり、久々茂橋西詰交差点で合流した際は横断を2人で誘導出来、安全性が高まった。

董充は見守りを始めて4年後の平成二〇年、豊川地区連合自治会長の要職に担《かつ》がれた。

ところがその翌年、益田市当局から「益田市立小中学校再編実施計画」が示され、豊川小学校が他の小規模校と共に統廃合対象校に指定されたのだ。現在の児童数68人が10年後には34人になるという、児童数の大幅な減少見込みが理由だった。

そもそも董充は職人であり、行政や政治とは縁がなかったものの、神楽指導や見守りにより地域の児童とのかかわりは深く、小学校の統廃合問題は何としても阻止したい、その強い気持ちを持っていた。

だが豊川の人口減少は著しく、「少子高齢化は時代の流れだ」「豊川には企業もないから仕方ない」といった諦めムードも漂っていた。

——冗談を言うな、このような消極的な姿勢ではなる事もならぬ！　これを乗り切るには、柔軟な発想をもった若いリーダーが必要だ。

董充は周囲を見渡し、要件に叶った格好の人材を見つけた。豊川出身の河野利文市議会議員である。30代で市議に当選した河野は、行政手腕に定評があった。

「河野さん、わしが組織を作るけー益田の手本となるような活動をしょうじゃーない、あんた、その先導役になってやんさらん」

「ええー、それは自治会長がやられりゃーええに」

河野は、心底から董充のリーダーシップに惚れこんでいた。だが言い出したら聞かぬ董充であった。

「いやいや、頭の柔らかいあんたしかおらん、頼んだで！」

河野議員を引き込んだ董充は、豊川地内の有識者や関係機関に働きかけて「豊川地区つろうて子育て推進協議会」を組織した。

この組織で、いち早く導入したのが「通学合宿」である。

その名の通り、子どもたちが学校と合宿場を往復しながらの異色の体験学習である。統制を執るのは豊川公民館、対象は4年生以上の高学年約20人、2泊3日親から離れて寝起きし、自立心を養い、地域を知り、郷土愛を育むという多面的な目的をもつ学習であった。

董充は、合宿場を自らの拠点である久々茂の集会所とした。学校から3・2キロ、通学に程よい距離で学ぶ教材や指導者も多かった。

初日、学校が退けると児童は教員と共に出発、伏谷トンネルをくぐり、宿泊場所までの道を歩く。食事、入浴、夜間学習、就寝、朝食、登校、勉学、この2日間の学習を地域住民挙げて支援する。風呂は独居老人宅を使わせてもらい、食事は主婦が集まって地域の食材で腕によりをかけて料理し、董充らは夜間学習を担当する。

上久々茂には中世益田氏の館があったといわれ、周辺には五輪塔など6～7基も分布するから郷土史の研究にもってこいであった。

夜7時、子どもたちは暗闇の中、提灯を手に竹藪の坂道を登り墓地へ。祖先の霊に祈りをささげるのである。そこへ突如「うらめしや～」地域の若者が扮した幽霊が出てくるのだ。

「きゃー、怖い」「逃げろ逃げろ」「心配せんでもええ、わしじゃよ」

日頃から墓地を見せて郷土史を学ばせているが、夜の墓参は初めてである。肝試しを兼ねた夜学は、強い豊川の子を育てるのであった。

ある夏の朝、子どもたちは寝室代わりの研修室で、寝具を丁寧に畳んで寝袋に詰め、１カ所に積んでいた。そこまでは良かったが、１人の少年が投げた寝袋が別の少年に当たった。これをきっかけに子どもたちの寝袋投げが始まった。

「やったなー、こいつ、これでも食らえ！」「何をする！」「やめろ！」「逃げろ！」「この野郎、許さんぞー」「今度はこっちの番だ！」

児童が入り乱れて乱闘を始めた。それを４～５人の父母が笑いながら見ていた。その中に、公民館の石田女史もいた。

〝バシーン〟〝バリバリ、バリーン〟

左右の少年が力まかせに投げた寝袋が、突如ガラス窓を突き破った。これを避けようと衝突した複数の児童が転倒し、１人の児童の足が破れた窓ガラスの外に。足から激しく血が吹き出した。

「うーうー、痛っ、痛いよう～」

研修室はガラスが飛び散り、足の踏み場もない。子どもと大人が入り乱れて大騒ぎとなった。

「救急車、救急車を！」「バカを言え、親を呼べ！」

そこへ騒ぎを聞きつけて自治会長の董充が現れた。

「こら！　何の騒ぎだ。大の大人が５人もおって！　早う傷の手当てをせんか！」

この雷で我に返った父母は、慌てて救急箱を探しに走った。幸い父母の中に看護婦経験者がおり、すぐに傷を調べ手当を始めた。一時は救急車と騒いだ者も口をつぐみ、壊れたガラスや床の掃除を始めた。

「馬鹿たれが。益田兼高（中世の益田家四代目）殿も呆《あき》れておられよう。かすり傷ぐらいで騒ぐな」

現場を仕切っていた公民館の石田女史は、責任を感じて始末書を提出しようとした。

「子どもにとってこれは生涯の思い出になる。心配しんさんな」董充は笑い飛ばした。

だが人の口には蓋が出来ない。そもそも寝袋は市当局から借りていた共用品であるから、うるさ型の多い市教委は黙っていなかった。

「豊川は通学合宿などと理屈をつけて、大人が子どもの遊びを助長しておる、厳しく監督せぬと何をしでかすかわかからん」

「他の地域への影響もある、今のうちにしっかりお灸をすえぬと」

そんな噂が広まる中、河野と董充は幹部を集めて言い放った。

「スタートは成功だ。注目されてこそ地域が結束し盛り上がる」

案の定、豊川第2弾の「豊川寺子屋」は地域住民の固い結束のもと、歴史バスツアー・川遊び教室・ドローン教室など20もの教室が活況を呈し、中高生地域活動グループ「とよかわっしょい！」も郷土愛豊かな若者づくりに邁進した。

過疎地域において例のない意欲的な取り組みは、県内はもとより中央からも高く評価され、豊川地区つろうて子育て推進協議会は、平成二七年文部科学大臣表彰を受賞した。必然的に、当局は豊川小学校の統廃合問題を解消し、同校を益田市のモデル校に指定したのだ。

約束の履行

「おじちゃん、明日に地球がないようになるんだったら何をする」
「そうだのう、困っている人を助けてあげる」「ブーっ、まずトイレに行って出すものを出す。そいから腹いっぱい美味いものを食べる。地球が終わったら食べれんもん」「なるほど、そうか、考えたのう」
雨の日も風の日も終わりのない見守りだが、このように楽しい会話もあった。歩きながら交わす児童との会話には、父母の離婚問題や学校の重要課題など放置できぬものもあり、そんな折、董充は情報源を悟られぬよう、密かに地域の有力者等に働きかけて手を打った。掛け値なしに嬉しいのは三月、6年生が進級しその時にくれる礼状であったし、何年か経って突然声を掛けて来るかつての少年や少女との出会いであった。立派に成長して親となり、地域のために活躍している姿に出会ったとき、涙が出るほど嬉しかった。

董充が1人で始めた見守りは、平成一七年に「豊川地区子ども見守り隊」と呼称が付され、活動地域も久々茂・大谷と拡大、隊員の人数も増え、二七年には隊長は大谷在住の御神本《みかもと》康一に引き継がれた。御神本は、大学を卒業後青年海外協力隊員としてアフリカのケニアで活動した異色の経歴の持ち主であった。

この頃董充が会長を務める益田神楽団「神和会」の国外公演は、20年間で、アジア、ヨーロッパ、オーストラリア、アメリカの４大陸を踏破していたものの、アフリカだけは未だ未踏の地であった。

董充は国外渡航や豊川自治会運営の重責にあっても、見守り活動は誠実にこなし、御神本との意思疎通に隙はなかった。

御神本体制となり2年が経過した二九年の正月半ば、市の「とんど焼きイベント」で董充は御神本と出会った。

「会長、ケニアの大使館に話が通じました。要請を前向きに検討するとのことです」

「それは嬉しい。さすがは顔の広い御神本団長だ。まずは一献」

御神本は郷土文化の伝承にも熱心であり、神和会のアフリカ大陸公演に力を尽くしたから、その実現も時間の問題と見込まれた。


その朝、董充はいつもより長いハグをした。

「……子どもたちが待っていますよ」

法子の言葉で体を離し、名残惜しそうにニコッと笑う董充だった。

「そんなら行ってくるよ」

「気を付けていってらっしゃい。それと『心ここに在らざれば視れども見えず』ですよ……」

――？　法子の奴……。は、はーん、13年前の永見課長の忠告をまだ覚えていたのか。

小雨の中、石段の下まで降りて見送る法子を振り返り、笑いながら「今夜も酒がうまいぞ」と声を張る董充であった。

集合場所から１００メートル北側の丘の中腹、ここにF君の家はあった。重いランドセルを背負って坂道の上下は難儀と思えたから、1年生の頃は董充が坂を上って玄関まで迎えに行き、鞄を抱え手を引いて歩かせた。その少年も今や3年生に成長した。

「お早う、７人全員揃ったな。今日は月曜日、さあ元気に出発だ」

平成二九年一月三〇日、久々茂の夜はまだ明けきらない。

小雨模様で低学年は足元がおぼつかない中、バイパスと交わる交差点に着いた。ここで６・５メートルの横断歩道を渡るのだ。

右側は益田方面からの直線で、交通量も毎分2～3台と少ない。対して広島・都茂方面からの左車線は毎分7～8台、なだらかな右カーブのやや下り坂で速度が出易い上に、交差点の手前は長さ54メートルの久々茂橋だから、ドライバーからは橋脚と重なって歩行者が見えにくい。

董充がこの交差点で子どもを横断させるようになって早や13年、「止まれ」の文字のある一辺70センチ、三角の赤いビニール旗の付いた棒を左手に、横断歩道の中央に立ち、右手で子どもたちを誘導する。

この日の運転条件は最悪であった。しとしとと小雨が降って薄暗く、どの車も前照灯を点灯しワイパーを回していた。

――今日は雨で見通しが悪いぞ、だが雪道ではないからな。

この朝の董充は気分が高揚していた。近いうちにケニアの大使館から招待の朗報が入るのではなかろうか。アフリカを踏破したならば、５大陸すべてを経験したことになる。神和会長として、久々茂神楽団の団長としてこれほどの名誉なことはない、密かな期待が頭に浮かんだ。

横断歩道の手前で子どもたちを停止させた董充は、左右を確認した。幸い西から対抗する車両は見当たらない。東は久々茂橋の向こうあたりから西進する車のライトが１灯、１２０メートルもの距離がある。これほど離れていれば接近した場合でも、止まれの旗を見て停止するのが常である。

——アフリカ行きが実現できたならば、伝記でも書いて後進に道を譲るとしよう。いや、引退はまだ早いかな。

頭の片隅にそんなことを描きつつ、董充は道路中央に立ち右手を振り子どもの横断を開始させた。６人の児童は元気よく董充の前を通過したものの、Ｆ少年が１人遅れて横断を始めた。

——どうしたんだ。ランドセルが重そうだなー。３年生になったとはいえ、まだ手数のかかる子だなあー。

対向する車に目をやると久々茂橋に差し掛かったところ。董充は運転者に気付かせようと左手の赤い旗を大きく上下させつつＦ少年を誘導した。Ｆ少年の歩みは遅くやっと横断歩道の真ん中あたりまで進んだ時だ。東方に目をやった董充は重大な危険を察知した。橋を渡った白の軽四は全く減速することなく猛スピードで迫ってきたのだ。車との間隔は僅かに20メートル。

——危ない！

董充の体は咄嗟に車の走って来る方向へと反応し、Ｆ少年を右手で思い切り突き飛ばした。が、その反動で、己の体は突っ込んできた車の前へ。

瞬間、全身に激しい衝撃を感じるとともに、空中を飛んでいるような感覚に襲われたかとおもうと、硬いものの上に落下した。

軽四は董充の体に激しく衝突し10数メートルもはね跳ばすと、Ｆ少年のランドセルを引っ掛けて転倒させ、急停止した。

丁度その頃、日比は久々茂交差点の東方１５０メートルの山根広場を出発した。５人の児童を見守りながら歩を進め久々茂橋に差し掛かったところで、俄かに西進車両が渋滞を始めた。

——おかしい、何かあったな。

異変を感じつつ橋を渡り終えた時だ。横断歩道の先に白色の軽四貨物が斜めに停まり、運転者らしき男が頭を抱えて路上に座り込んでいるではないか。その向こう10メートルのところに人だかりが。

——事故か？

日比は、急ぎ異変の現場へと走った。

「どうしました、事故ですか？」

見守り隊のジャンパーを見て人だかりが前を開けた。路面に男が横たわっている。男が身に付けている黄緑のジャンバーに日比は目を見張った。

「おい、た、董さん、どがーした！」

左顔面が破れて血が流れ、ジャンバーの左側が大きく破損している。顔が微妙に揺れている。

「救急車、急げ急げ！　動かしてはいけんぞ」

「董さん！　董さん！　しっかりせい！」

日比の声が届いたのか、董充が糸筋の如く目を開け口を動かした。

――何か言いたそうだな。

「どがした、董さん！」

「こ　ど　も　は……こ　ど　も　は……」

――子どもだと？　董は、子どものことを気にしておるな。


この日、長女の摩弓は父親より10分遅れで家を出たものの、交差点の手前で渋滞に巻き込まれた。その時友人から「おっちゃんが大変！」との急報が。交差点に駆け付けた摩弓の目に、アスファルトの上に仰向けに横たわる父の姿が飛び込んだ。顔面や腹部からおびただしい血が流れ、道路脇では子どもが泣きじゃくっている。

「お父さん、お父さん！」

「こ　ど　も　は、こ　ど　も　は……」

薄目を開け摩弓を見た董充は、うわ言のように繰り返した。

「董さん、子どもは全員無事だ、心配ない、心配ないぞ！」

「全員無事よ、大丈夫。子どもは無事よ！」

日比と摩弓の声が届いたのであろう。董充の顔が僅かに揺れ、頬が緩んだ。

董充は34年前、同じ通学路で小学2年になる次女の舞子を失った。危険を予測し手を尽くしたつもりであったが、己の力のなさで舞子を守れなかった。そのことを悔やみ見守りを始めて13年、凍えるような雪の日も地域の子どもを守り続けてきたのだが……。

目の前に七色の虹が弧を描き、その向こうから歌が流れてきた。董充がゆっくりと虹の橋に差し掛かると、美しい少女の歌声が……。

〽来たぞ来たぞ　あられちゃん
　　キーンキンキンキンキンキーン
　　　テケテケテッテッテー

あー、あの声は、ま、ま、舞子だ。虹の向こうから、神楽の衣装を身に着けた笑顔の舞子が手を振っているではないか。……董充は満面笑顔となって、ゆっくりと虹の橋を渡っていった……。

天国の舞

董充さん、法子です。貴方は今、天国で舞子と楽しく舞っていることでしょうね。貴方がこの世を去っ

（第3種郵便物認可）　山陰

児童見守り男性死亡

益田市久々茂町の国道191号で30日朝、集団登校の児童に付き添って横断中、軽トラックにはねられて重傷だった同町、無職三原董充さん(73)が31日未明、搬送先の病院で死亡した。益田署によると、死因は急性硬膜下血腫。

同署は、自動車運転処罰法違反（過失傷害）と道交法違反（酒気帯び運転）の疑いで現行犯逮捕した同市匹見町道川、会社員山口伊佐男容疑者(62)の同処罰法違反容疑を過失致死に切り替えて調べる。

同署によると、三原さんは小学生9人の登校の見守り活動を行い、小学3年生の男子児童(9)と横断歩道を渡っている際、左から来た軽トラックにはねられた。男子児童は腕などを打つ軽傷を負った。

同署によると、今年に入って管内で発生した交通死亡事故は初めてという。

小学生だった娘失い活動

益田・登校中事故

安全確保へ往復6キロ　地域に目配せ

地域の子どもたちの安全を見守り続けた三原董充さん（2015年6月）

事故で娘を亡くして34年。通学の安全確保に尽くしていた父の命が奪われた―。益田市久々茂町の飲酒運転事故で亡くなった同町の三原董充さん(73)は1983年、今回の事故現場近くで、当時7歳だった次女を交通事故で亡くし、子どもたちの安全を守る強い思いを胸に見守り活動を続けていた。家族や一緒に活動していた知人は、怒りと悲しみを募らせた。

雨の日も、風の日も、登校の児童に付き添い、自宅から約3キロ離れた豊川小学校（益田市大谷町）まで送り届ける三原さんの姿があった。歩いて帰宅し往復約6キロ。優しいまなざしで通学の安全を見守っていた。

妻の法子さん(68)によると、豊川小2年生だった次女の舞子さんは83年12月、同町内の道路を下校中、ミキサー車にはねられて亡くなった。

三原さんが登校の見守りを始めたのは15年ほど前。児童の通学の安全に心を砕き、地域にも細かく目を向けた。同校近くの豊川公民館長、田原輝美さん(68)は「歩道に落ちている木の枝や枯れ葉の掃除もしていた」と話す。

長年の活動の中で、次女の事故と見守りとの関わりについては一切語らなかったという。見守りとともに、行政に対し交差点への信号機設置や歩道の整備といった要望も繰り返した。

それなのに―。再び家族を交通事故で失った三原さんの長女、摩弓さん(42)は「またかという気持ち。飲酒運転は許せないし、本当に悔しい」と声を詰まらせた。

事故当日、別に児童の見守りに当たっていた同市久々茂町の無職、日比勇さん(74)は事故発生から3分後に現場に駆け付けた。道路に倒れている三原さんに、「大丈夫か」と声を掛けると、うなずいた気がしたという。三原さんとは小、中学校の同級生で、一緒に地元社中の石見神楽久々茂保存会も立ち上げた仲。三原さんは「これからも（見守りを）一生懸命やっていこう」と話していたといい、日比さんは「ショックだ」と悔しさをにじませた。

（中山竜一、小村海）

平成29年2月1日　山陰中央新報

て7日、毎日泣き明かしました。今、ひしひしと感じているのは貴方の人物の奥深さ、貴方の死が周囲にもたらした影響の大きさです。だから今日から暇を見て手紙を書きますね。

それにしても、三原家は運が悪いですね。34年前最愛の舞子を、そして今度は大切な貴方までも交通事故で亡くしました。以来私は毎日考えました。そして辿り着いたこと、それは、朝の見送りをする私の言葉「行ってらっしゃい」がいけなかったということです。「行ってお帰り」と言うべきであったと、そのことに気付いたのです。


では、あの日のことに話を戻しましょう。

始めに、貴方が心配したF君ですが、軽傷であったとのこと、今は元気に通学しています。また、貴方たちをはねた男は、飲酒運転だったようで、事故を見た人は「三原さんがF君を突き飛ばしたことでF君は衝突を避けられた、三原さんは命の恩人だ」そう言っています。貴方と過ごした44年間、本当に幸せでした。家族のため、地域のために全力で生きてこられた貴方に心からお礼を言います。

平成二九年二月六日

菫充さん、今日は、子どもたちから頂いたお礼についての報告です。

先ず、豊川小学校の5・6年の児童15人からの寄せ書きです。

「6年間、ずーと見守って下さったこと心から感謝します。大晴」

「トンネル前の落ち葉の掃除、本当に助かりました。愛菜」

「これからも天国で私たちを、ずーと見守っていてください。さくら」

次に、出雲の塩冶《えんや》小学校の児童147名の皆さんから千羽鶴を頂きました。先生のお手紙から紹介します。

「三原様の事故のニュースをテレビや新聞で知り、居ても立っても居られない気持ちになりました。三原様が雨の日も風の日も、子どもたちの登校に寄り添って下さったことは、誰にでもできることではありません。6年生の子どもたち147名が心を込めて千羽鶴を折りました。せめてご霊前に感謝の気持ちを捧げさせて下さい」

頂いた美しい千羽鶴は、貴方の仏前に飾っています。

平成二九年二月末日

董充さん、早いもので貴方が亡くなってから丸1年、今日は嬉しい報告が2件あります。

貴方の悲願であった久々茂橋交差点に押しボタン式の信号機が付きました。天気の悪い日でも車がきちんと止まってくれるので、子どもも大人も安全に横断しています。

次に、二月四日、三原董充没後1周年を記念して「石見神楽久々茂保存会追悼公演」が開催されました。会場の豊川小学校体育館は一杯のお客さんでした。

貴方の跡を継いだ島田祐司会長様の謝辞の後、「久々茂保存会」が2演目を、孫は「道返《ちがえ》し」を舞いまし

中央新報　（第3種郵便物認可）

遺志継ぎ広がる見守り活動

益田・久々茂 事故から5年

２０１７年１月に益田市久々茂町の国道１９１号交差点で、登校中の児童の見守り活動をしていた近くの三原童充《たかみつ》さん＝当時(73)＝が飲酒運転の車にはねられ死亡した事故から30日で5年を迎える。事故後、地元では見守り活動の輪が広がり、地域の危険箇所を把握して改善につなげる活動が続く。住民は、地域の安全に力を注いだ故人の遺志を継ぎ、事故撲滅の誓いを新たにする。（石倉俊直）

三原童充さんが亡くなった交差点で黙とうする児童たち＝益田市久々茂町

住民や児童が三原さん追悼

三原童充さん

28日午前7時10分。豊川小学校（益田市大谷町）に通う地元の児童や住民ら約40人が事故現場付近で、事故発生時刻に合わせて1分間の黙とうをささげ、三原さんの冥福を祈った。

事故後、毎年この時期に行われる追悼行事。現場には、三原さんが願った押しボタン式信号機が設置され、交通安全に役立つと同時に、悲しい事故の記憶を伝える。

児童を見守る住民組織「豊川地区子ども見守り隊」代表の御神本康一さん(70)＝益田市大谷町＝は「地域を良くするため小さな事から一つずつ行動し、次の世代につなげていくことがわれわれの使命であり、三原さんへの一番の恩返しになる」と語った。

実際に事故後、住民の安全意識は高まり、見守り隊のメンバーは15人から30人に増加。地区内の危険箇所を洗い出して関係機関に要望する動きが活発になった。

この5年間で、起伏があり通行者が転んでけがをしたトンネル内歩道の整備、見通しを悪くする木の伐採、通学路のガードレール設置が進み「以前より安全になった」との声が多数寄せられるようになった。

御神本さんは「地域の宝である子どもを大切に思い、安心して暮らせる環境をつくる大切さを三原さんは教えてくれた」と話した。

三原さんは38歳の時、小学2年生だった次女・舞子さんを下校中の交通事故で亡くしており、子どもたちを守りたいとの思いは人一倍強かった。登校の見守り活動に携わったのは02年春から約15年間。自宅から約3キロ離れた豊川小まで児童の登校に付き添っ

2022年１月29日　山陰中央新報

た。新《あらた》が武神を、紫輝《しき》が鬼を、優奈は笛を、それぞれ貴方に教わった通り立派に演じてくれました。私としても久々に嬉しく楽しい1日でした。

平成三〇年二月六日

月日の経つのは早いもので、貴方が亡くなってからはや5年です。去る三月九日、摩弓の長女優奈が赤ちゃんを出産しました。とっても可愛いい女の子で、名前は「琴空《ことあ》」と付けました。私たちの曾孫《ひ》に当たるのですよ。

次に、摩弓が貴方の意思を受け継いで見守りを始めたことについての報告です。今はまだ信号機の脇で安全の声掛けをする程度ですが。

私は、摩弓を送り出すとき「行ってらっしゃい」ではなく「行ってお帰り」と声を掛けることにしています。貴方のように、出て行ったきり帰ってくれないと困りますからね。

令和四年　初秋

親愛なる董充様

終

第二話

パトママ 愛の一声

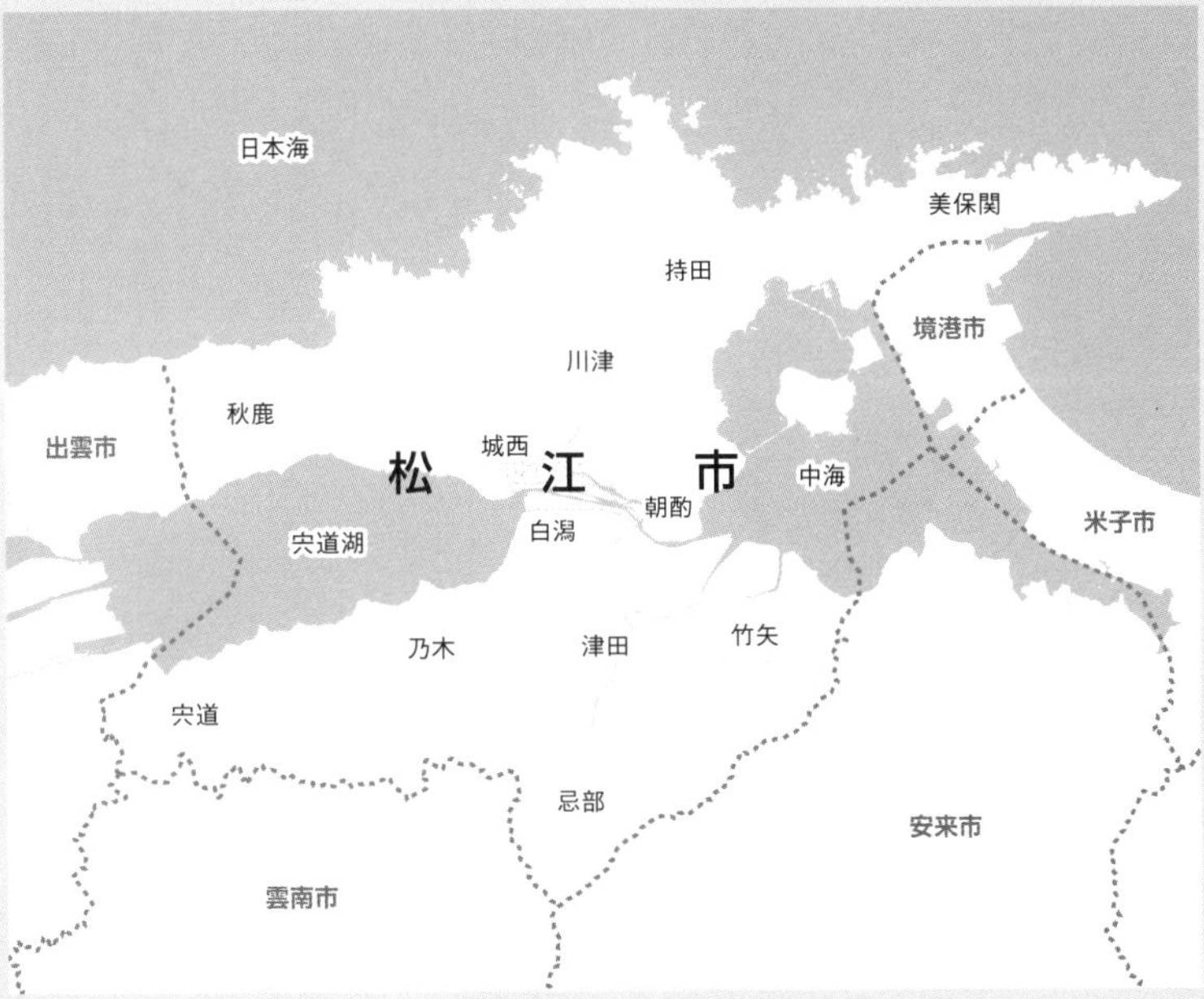

パトママ活動範囲「松江市全域」

エプロンおばさん街頭へ

そのバス事故は、松江大橋を北西に２００メートル進んだ京橋北詰交差点で、多くの市民の目の前で発生した。２人の女子園児が、東側の横断歩道を北から南へ手を上げて渡っていたところ、北方から交差点に入り左折したバスが後輪に巻き込み、１人が死亡、１人に重傷を負わせるという大惨事であった。時に昭和四三年一二月一八日午前一一時五五分のことである。

〝ウーウーウー〟〝カンカンカン〟

西から東から警察のジープや消防の救急車が到着した。血が路面を赤く染め、原形のなくなったリュックサックや帽子・靴・着衣が飛散して足の踏み場もない。現場は事故目撃者、幼稚園関係者、家族、マスコミ取材陣等でごったがえしている。

「わしは見ちょーました。２人の子どもがこうやって手を上げてニコニコしながら横断歩道を渡るのを……」

「私も見ました。赤い布で髪を結んだ可愛いい女の子がこげなふうに手を上げて……町内会の人も立っちょられました。なのに、なのに……子どもたち、いったいどこを歩いたらええの……アーアーアー」

バスの運転者は、西側から交差点に差し掛かった直進車に気を取られて園児に気付かなかったという。

父親は泣きながら怒った。

「わしは娘が入園する何カ月も前から、横断歩道の歩き方を教えちょーました。あの子は、教えた通りやっ

「……てったに……」

拳で己をたたき、嗚咽《おえつ》した。

急を聞いて駆け付けた松江パトロールママの副リーダー工道《くどう》文代に園児の母親は抱き付き、激しく泣き泣き叫んだ。

「アアーアアー、どげしてくれる、どげしてー」

松江パトロールママは、交通事故や池や沼への子どもの転落事故を防ぐために昭和四〇年一二月、松江に誕生した市社会福祉協議会傘下のボランティア組織で、工道と死亡した園児の母親は親しい間柄にあった。彼女を抱きしめて一緒に泣いていた工道であったが、やがて眉を吊り上げきっと前を見据えた。

事故のニュースは、テレビ放映はもとより、ラジオ、新聞各紙に大きく報道され〝どこを歩いたらいいのか〟と厳しく追及されるところとなった。工道らは、交差点における歩行者誘導不備の責任を感じつつも、事故の直接的な原因は信号機の不設置にあると結論付け、いきり立って集団で警察へ押しかけた。

「何で信号機を付けないの、警察の怠慢ではありませんか！」

「バスの運転手の免許を取り上げてよ」「車掌はどこを見ていたの！」

現場の京橋北詰交差点は、その頃松江で最も交通量の多い幅員9・7メートル《メートル》の交差点で、横断歩道のみで信号も歩道橋もなく、歩行者を保護するためには道幅を広げて信号機を設置することが最良の策と指摘されていた。

どこを歩いたらいいの…..

幼稚園児二人が死傷

手を上げて横断中

松江 バスにひかれる

幼稚園から帰宅途中の園児二人が、横断歩道を手を上げて渡っていてバスにはねられ一人死亡、一人が軽いけがをするという事故が十八日松江市で発生し幼い子供をもつ親たちにショックを与えている。

手をあげて横断中の園児がはねられた痛ましい事故現場（円内は死んだ山岡正子ちゃん）

十八日午前十一時五十五分ごろ、松江市殿町の県道京橋交差点で、幼稚園から帰宅途中、横断歩道で手を上げて渡っていた同市末次本町、鳥大付属幼稚園児山岡正子ちゃん(5)=洋服商山岡良忠さんの長女=と、同園児三成和賀子ちゃん(5)=洋品店経営三成明文さんの長女=が、北松江発八雲別所行き一畑バス=福間国夫運転手(5)=にはねられ、正子ちゃんは頭や左腕などの骨を折り午後二時二十分ごろ、松江赤十字病院で死んだ。和賀子ちゃんも右足に十日間のけがをした。

松江署の調べでは、福間運転手が左折するとき、右側からくる直進車に気をとられ、正子ちゃんらが歩いているのに気がつかなかったらしい。

同署は福間運転手を道交法違反と業務上過失致死の疑いで検挙、取り調べている。

これで県下の交通事故による死者は九十五人（昨年同期八十五人）となった。

注意力欠く運転者

早急に信号機の設置を

「毎日毎日口ぐせのように〝歩くときは道路のはしっこを、横断するときは手を上げて〟と教えていた。正子はその通り手を上げて横断歩道を渡っていたのにはねられて死んだ。いったいどこをどう歩けばよいのですか。けさまで一緒に元気でいたのに…。正子はもう帰ってこない…」―父親の良忠さんは涙ぐみながら怒りを訴えていた。

正子ちゃんがはねられた現場は、松江市内でいちばん自動車の通行量の多い京橋交差点。左折する車、右折する車、直進する車がひっきりなしに走り、その間をぬって歩行者が横断する。

この事故の直接の原因は福間運転手の過失だと松江署はいっている。同運転手は同署の調べに対し「正子ちゃんらがバスの後方を歩いていたのは知っていた。交差点に入る前に一時停止し、さらに横断歩道に入るまでに直進車をかわすため二回停車し、三回目に発進したとき、車外で大声がしたので事故だと知った」といっているが、同署では「バックミラーで正子ちゃんらを見ることはできる。右方からくる車に気をとられたからだ」という。金築県警交通部長は「運転者は〝先に行こう〟という意識が強すぎ、歩行者を守る気持ちが足りないようだ。歩行者、特に子供と老人をみたら赤信号と思ってほしい」と運転者の注意力の不足を指摘している。父親の良忠さんも「私も長い間運転しているが、運転者は子供や老人を軽視している。もっといたわりの気持ちを持たないと…」と訴える。

だが、事故のかげにはいろんな誘因、遠因がある。

たとえば、車掌が窓から顔を出して安全を確認していたらこの事故は防げたのではないか―。

この点について竹田操天一畑バス教育管理部長は「左折するとき車掌がドアをあけて外の安全を確かめようとすると歩行者が停留所でないのにとび乗ろうとして事故になることがあるので、ドアはあけなくてもよいことにしている。しかし、運転者も車掌も安全確認は何より優先するよう教育している。とくに、道路や各種施設の改善整備を関係当局に要望するとともに、われわれとしては現状のなかでどうしたら事故を起こさずにすむかということを主題に、毎月一回、事故例をあげて法規上、心理学上から教育している。いたましい事故を起こし申しわけない」

吾妻山

今冬初めて

島根県仁多郡と広島県の県境にある国定公園吾妻山に登山した広島県庄原市の市教委職員一人が十八日遭難、死亡した。吾妻山で遭難者がでたのは初めて。

同市教委職員原学さん(…)で、十五日朝「吾妻山―比婆山を縦走し十六日に帰る」といって広島県比婆郡比和町森脇地区から一

昭和43年12月19日　島根新聞

このころの堀川は悪臭を放つヘドロの沼で、「埋めて道幅を広げよう」という派と「城の堀は歴史的遺産、埋めるなどとんでもない」と反対する両派が激しく対立しており、斎藤強松江市長は埋め立てには消極的であった。

渋滞を嫌って信号機の設置を渋っていた警察や市、さらに運転者や車掌への安全走行指導の徹底を欠いたバス会社に、抗弁の余地はなかった。

事故発生3月後　信号機の設置された京橋北詰交差点

「うーん、信号機を付けておれば……かえすがえすも悔やまれる」

警察署長の藤野侶章《ろしょう》は大きくため息をつき、目をむいた。

「放置しておれば同じような事故が起こる。よし、信号機を急ごう、渋滞より人の命だ。まずは交差点の改良だ」

県警の幹部が走り出し、当面の緊急対策として24時間制服警察官を配置するとともに、南北の交通は南進のみの一方通行とした。さらに、巻き込みの危険のある交差点北東隅に歩行者保護のガードレールを取り付けた。

魔の交差点に信号機が設置されたのは、事故から80日も経った年明けの三月であった。

昭和三〇年代から我が国にもたらした高度経済成長の波は、山陰地方にも経済発展と人口増加の余恵をもたらし、市民の移動手段は徒歩から乗り物へと移行し、自転車はバイクに、バイクは乗用車にとマイカーブームが到来した。

島根県下を東西に貫く国道9号をはじめ主要道路は不完全ながら改良舗装され、隠岐・出雲・鳥取空港が相次いで開港した。

交通網の整備は企業の進出を活発化させ、必然的に輸送や移動手段の充実が求められ、汽車・電車・バス・トラックなどの公共輸送機関の整備も急ピッチで進められた。

また、松江市役所庁舎の新築や島根県民会館の開館、国立島根医科大学の開学、国鉄松江駅の高架化と駅前広場整備、松江しんじ湖温泉の開湯など、地方都市づくりが着々と進展していった。

県内の整備が進展したことから、四〇年代に入り植樹祭や国立公園大会などが催され、天皇・皇后両陛下や皇太子ご夫妻をお招きしたことから、後進県であった島根の知名度も徐々に高まってきた。

社会は第一次産業から第二次産業へと急転換し、市民への金回りもよくなると、生活の充実を求めて百貨店などの大型商業施設が開業した。テレビも茶の間を賑わし、遅れまいと娯楽施設のボーリング場・ゴルフ場・パチンコ店などが軒を連ね、酒場・飲食店・食堂・喫茶店・レストランが先を競って進出するところとなった。そこで〝待っていた〟とばかりにはびこってきたのが暴力団である。

昭和四〇年代前半、松江市に拠点を有する暴力団三鬼組の絡む交通事故が連続して発生した。そのほとんどが被害者であり、長期入院の最中にパチンコや飲酒を繰り返し、加害者から現金を脅し取るなどから、四五年二月警察の手入れとなった。故意に急ブレーキを踏んで追突させたのでは、と推測していた事故の大半が、あらかじめ加害者役と被害者役が綿密な計画のもと、軽く追突させた偽装交通事故であった。ある夜の住宅街での事故は、当事者が現場で激しく喧嘩口論し、近くの住民に１１０番通報させるという手の込んだ偽装追突事故であった。県警による手入れは半年間にも及び、芋づる式に16人が逮捕されたことから、三鬼組の組織は壊滅状態となった。

いつの時代にもアンバランスはつきもの。後れを取ったのが道路整備である。まず松江市内、南北に町の広がる松江市だが、宍道湖から東西に流れる大橋川を跨ぐ動脈は松江大橋と新大橋の２本のみ。しかも道幅は昭和初期のままで、バスが１台通れば対向車も歩行者も左右へと追いやられ、クラクションは鳴りっぱなし、町のいたるところで渋滞と交通事故のシーソーゲームであった。

県庁所在地の松江市がこの有様であったから、他の地域も推して知るべし、県下一円で交通事故防止対策は大きく後れを取っていた。

昭和四〇年における島根県下の交通事故を追ってみよう。

一月一五日斐川村の山陰本線の踏切でトラックが列車にはねられ２人が即死２人が重傷、２日後の17日大田市三瓶町でスキー帰りのバスが３回転して泥田へ転落、重軽症33人を数えた。

四月二一日、松江市外中原の月照寺に近い市道でよちよち歩きの男児が、免許停止中の若者の運転する大型ダンプに轢かれて即死、五月六日には松江市新庄町の県道で、小学校１年の女児がバスの後ろから飛び出し、対向してきた大型トラックにはねられ即死、五月一八日には松江市東津田町の国道で、貸し切りバスから下車してセンター・ラインに飛び出した3人の園児が、対向してきた通勤バスにはねられ重軽傷を負った。

更に、八月四日には八束郡玉湯町布志名の旧国道で乗客30人の乗ったバスが田んぼに転落、16人が重軽傷を負った。負傷した乗客は窓や非常口から血だらけで脱出した。

一〇月までに死者は80人を超え、県下の死亡事故の増加率は全国第3位という不名誉な記録となった。安全を二の次にして開発や企業誘致に主力を注いだことへの反動で、死者をはじめ負傷者のおびただしい増加に行政は打つ手を欠き、警察による取り締まりに頼るのみであった。

目を全国へ転ずると、オートバイで爆音をまき散らし猛スピードで走り回る、いわゆる「カミナリ族」が各地に横行した。

三六年には全国の交通事故死者が1万人を超え、以来増え続けたから、「交通戦争」という言葉が実感として受け止められるようになった。

また、経済発展と人口増加は交通事故のみならず、刑法犯罪をも増加させ、その犠牲者の多くは女性・児童・幼児など社会的弱者で、殊に通学途上の児童が被害者となるケースが目立った。

現状を憂慮した国は、昭和四〇年歩行者保護の整備に関する交通安全対策と、児童遊園施設の設置や社会福祉の充実を全国に指示するところとなった。

松江市社会福祉協議会は、人身交通事故の増加に危機感をつのらせ、窮余の一策として街頭に主婦を駆り出す新手を考案したのだ。

「街頭活動は男性のもんだが、男は仕事で暇はない。この際発想を変えて女性に頼んでみらこい」「出雲の女は目立つことを嫌うと言われちょーが反応はどげだ……呼び名は『松江市パトロールママの会』がよかろう、まあ、交渉してみーだわ」

方針を固めた社協は、警察や市教委などと連携して人選と説得を試みたものの、控えめを身上とする出雲の女性は腰を引き容易に承諾しない。

「なんで主婦が？　男の人を差し置いて……」

「ママポリスと間違えられるよ、嫌だわ！」

この頃注目されていたのが婦人補導員「ママポリス」で、松江、浜田の警察署に数人が配置され成果を上げていた。

婦人会幹部が躊躇している中で、城東公民館の館長山本信次郎が社協の方針に反応して動きだした。山本は民間の出ながら2年前に館長を委嘱されると精力的に活動していたから、弱者の救済に戸惑いはなかった。城東地区の婦人会幹部に働きかけて四月には松江市のトップを切って「城東地区パトロールママの会」を発足させたのだ。

城東地区に先を越された他地区の婦人会幹部も遅れてはならぬと適任者の人選に乗り出し、冬休みを目前にした一二月一〇日、城北・城西・白潟・松南・朝日の婦人会員が母衣町の社会福祉会館で佐次芳市社協会長から委嘱状を手渡されるところとなった。

「パトママ？　なんじゃそら」

エプロン姿の女性が見慣れぬ腕章を付けて松江の街に姿を現すようになると、市民の間にそんな噂が流れるようになった。

発足当初のこの組織、名前は格好良かったが、袖なし、もんぺ、長靴を履いた者もいた。北堀・母衣・内中原・雑賀・白潟・朝日の各小学校校区を３～４に地域割りし、面積や児童数によって３～10人の活動要員を置いた。全体を取り仕切る役員体制は敷かず、社協の指導の下に地区単位に活動するシステムであった。

パトママは、非行少年の補導を主とした婦人補導員とは異なり、グループで分担地区をパトロールして交通事故を防ぐとともに、子どもが事故に遭いやすい危険な場所を見つけて改善を要請するのだ。

彼女らに専門的な知識はないものの、母親の感性があった。
○ 通学路で交通事故の起こりそうな歩道や交差点
○ 子どもの遊ぶ児童公園や空地などで危ない場所
○ 街路や川・池・沼で柵のない個所、街灯のない暗い道
このような危険個所を発見すると調査用紙に記入し、社協に持参した。社協はそれを整理し、市や警察、土木事務所、町内会など関係方面へ改善を働き掛けるのだ。

「おっ、大橋川に第３橋を架けだと」「バスの走る幹線道路の道幅を倍に広げろ？」「内中原小学校の前に横断陸橋だと？」「知識も金もないものが何をいう」「夢のような話だ。言うことだけなら誰にでもできる」

「金のことなどかいしき頭にない！」

彼女らの指摘には、歯に衣着せず盲点をズバリ指摘するものもあった半面、専門的知識も、過去のいきさつも無視した無理難題も多く、行政からは煙たがられ軽くあしらわれることが多かった。

金のない行政がまず取り組んだのは、危険な池や沼の改善であった。この頃、市内の至る所に池や沼があり、古志原や津田、黒田のため池に子どもが転落して死傷する事故が相次いだ。

危険な沼や川と事故防止柵

ある時、内中原の堀川に転落した児童は、背負っていたランドセルが浮き輪となって必死にもがいているところを通行人に発見され、竹竿で救助された。

「これは放っとけん。池や沼の安全対策だ」

市助役の門脇憲次郎は元松江警察署長で執行力に長けた人物であったから、大声を張り上げた。相撲取りのような太鼓腹をゆすりながら受話器を握り、建設省や県の幹部にねじ込み、効かぬとみるや警察を動かすのであった。

門脇助役の一喝でにわかに市の係官の動きが活発になり、危険な池のほとりに赤い旗を立てているその最中であった。

朝日地区のパトママ孝忠《こうちゅう》李影子《りえこ》は、朝日小学校南側の柵のない天神川沿いで子どもたちが魚取りに興ずるのを目にし、その危険性を文書で指摘した。だが、市は赤い旗を立てたのみで放置したから、たまりかねた孝忠は門脇に直訴した。

「助役さん、今に犠牲者が出ますよ！　行政の責任を問われてもいいんですか！」

「いやそれはまずい、善処いたしましょう。うちも松戸市には負けておれぬ」

門脇助役は、間髪を入れず立派な柵を張り巡らせた。そのころ松戸市が「すぐやる課」を立ち上げて全国の耳目を集めていたというタイミングの良さも手伝った。

パトロールするボランティア集団

ところが、交通事故防止対策には手間がかかった。殊に目立ったのはバスによる人身交通事故である。この頃の松江の道は、舗装と非舗装、水たまりにガタガタ道と典型的な悪路で、歩車道の区別などなく、京橋北詰に横断歩道が出来たのは三六年、信号機は朝日町交差点など数機が点在するのみであった。
バス停は、丸い表示板や時刻表があるだけで、道路幅を広げることなど全く眼中にない。遊戯施設といえば、平田市の一畑パークや美保関の五本松公園、松江城山、白潟公園などで、幹線道路とは離れており交通事故防止にはあまり役立たない。子どもたちが手軽に遊ぶ校庭や空地、寺や宮の庭、バス停の付近に横断歩道などなく、子どもは車を避けながらボールを追った。
「よし、次はバス停の改良だ」

門脇の二の矢で、市内に数１００もあるバス停の点検が始まり、安全対策の不十分なバス停の移動や、横断歩道の設置なども徐々に進んだ。だが、狭い道をぬうように走るバスの事故はいっこうに減らなかった。

そんな最中、京橋北詰めの園児死傷の重大事故が発生したのだ。

「やると決めたからにはしっかりやろうよ」「私らが頑張ったから信号機も付いた、やればできる」

パトママはマスコミを味方につけることや、幹部に直接交渉して動きの鈍い行政をその気にさせるなど、徐々に対策のコツをつかんでいった。

「子どもが死んでもいいの、横断歩道付けるぐらい訳ないでしょう」

社協を通り越して市の幹部にねじ込み、効き目がないとみるやマスコミから背を押させた。

また、バス会社にも変化が見られた。この種のバス巻き込み事故の全国的な多発を契機として、一部のバス会社ではタイヤをボディで覆う泥除けを改造した。更に、バス運転者の悪習も改善させた。この頃バス同志が対向する際片手を上げてあいさつを交し注意力が散漫となり非難されていたが、やがてこの習慣も禁止されるところとなった。四〇年代半ばともなると人々の監視の目も着実に向上していった。猛スピードで走る車、窓からたばこの吸い殻を投げたり逆行する車のナンバーをメモして通報したり、交通事故現場から逃走する車を追尾するなどの行動に出た。

人々の意識をかえ、悪習を改めさせるにはいつの時代にも大きな犠牲を伴う。２人の園児が死傷した京橋北詰めの悲惨なバスの事故こそ、行政に手厳しい罰を与え、松江市民を目覚めさせ、そしてパトママ一人ひとりを奮い立たせるという、大きな分岐点となったのである。

工道体制と愛の一声

待望の宍道湖大橋が開通したのは、京橋北詰めの死亡事故から3年半後の四七年七月一日のことである。渋滞解消に大きな力を発揮したものの、有料道路であったから利用は限定的であった。

その年、パトママの組織は津田、本庄・朝酌・持田・竹矢にも拡大した。発足以来、日夜心血を注いできた交差点の改良やため池の柵の設置などハードな対策が成果を収め、子どもたちが被害に遭う交通事故や転落事故は徐々に減少に転じていった。

一方、新たな課題が生じた。少年による犯罪や少年が犯罪の被害者となるケースが急増したのだ。三八年三月、東京台東区の公園で遊んでいた村越吉展《よしのぶ》ちゃん4歳が誘拐され、身代金50万円が奪われた。2カ月後の五月一日には埼玉県狭山市で女子高校生が誘拐され、3日後に遺体で発見された。吉展ちゃん事件の犯人は2年後に捕まったものの、吉展ちゃんは荒川区の寺院境内から遺体で発見されるという痛ましさであった。

このような模倣型の犯罪は、いつどこで発生してもおかしくない。急速に情報の発達したこの時代、社会や家庭、学校が絡む根の深い問題であり、松江でも全市を挙げて取り組む必要が生じた。

そこでパトママの活動目標に子どもの健全育成を追加し、責任体制を明確にするために四九年、全市を取り仕切るパトママの役員体制を敷いた。

委員長莢崎《いがさき》綾子、副委員長工道文代・孝忠李影子の体制である。

「私らは子どもと一番近いところにいる。これからは子どもが非行に染まったり、犯罪の被害に遭わぬよう、視点を変えて活動しよう」

委員長に就任した莢崎は、明るく朗らかな性格で、何事につけても前向きであった。

国内では大学紛争が一段落したものの、青少年被害の凶悪事件や薬物事犯が急増していた。そんな状況に着眼したパトママは、その温床となる遊戯施設や、ショッピングセンター、空き家、神社などの点検や警戒を強めることとした。

「何ぼやれやれ言っても私ら女よ、腕章やバッジを見せたぐらいで、相手は恐れるどころか、逆に高飛車になる。私らが被害を受ける」

当然のことながら女性では手の届かぬ問題も多かった。そこで娯楽施設の取り締まりの強化を警察に要望、空き家や廃屋については複数でパトロールするとともに、管理者を突き止め、公民館長などの支援を得て改善を要請した。こんな時頼りになるのが交番の警察官であった。

「なに、パチンコ店での少年補導だ。任せ、我々が先に入るから、後ろから付いてきなさい。胸を張ってなあ」

彼らは、パトママにはない権限と法律を盾にして強制力をちらつかせた。

昭和五六年に入ると、会は川津・古志原・古江にも組織され14地区に拡大、総勢３４１人にも膨らんだ。

また、この年、待望のくにびき道路が開通して南北を結ぶ「くにびき大橋」が架かり、交通渋滞が大幅に緩和された。

そしていよいよ、五七年「くにびき国体」を迎えた。県を挙げた一大行事である国体には、パトママの多くが開会式の運営や交通整理などに参画した。

だがこのような最中にあっても、子どもたちの犠牲となる不幸な事件は後を絶たなかった。

六月、パチンコ店の駐車場で赤ちゃんが死亡した。パチンコ好きの母親が、1歳の赤ちゃんを車の助手席に放置したまま遊戯にふけったのだ。昼過ぎに様子を見たがよく眠っていたので窓を少し開け、再びパチンコに熱中。3時間後に車に戻ったところ様子がおかしいため病院に駆け込んだだと。正午の気温は31度、3時の車内は40度を超していたと思われる。車内に取り残された赤ちゃんは、気温の上昇とともに脱水症状となり死に至ったのだ。初夏の太陽の下、窓を少し開けていたとはいえ、冷房のない車の中にいることは大人でも耐えられない。

島根県における世紀の祭典、くにびき国体は大成功のうちに幕を閉じた。だが、一大イベントのその裏で、青少年を巻き込んだ凶悪犯罪や薬物犯罪、暴力団の絡んだ風俗事件や有害図書は巷にあふれた。いじめや不登校、万引きなど非行に手をそめる少年は年々増加していった。

六〇年七月、萊崎委員長から会を引き継いだ教員出身の工道文代は、細やかな気遣いをもって時代にマッチした会の運営に踏み出した。

「少年の非行が問題になっているが、子どもが悪いのではない、社会の責任だ。何はさておき子どもたちに声を掛けよう、心を通わせよう」

　工道は、青少年の健全育成を図るために「愛の一声運動」を提唱した。この運動を全会員に浸透させるため、環境調査用紙の下欄に標語をしたためるとともに、各種イベントでは所狭しと看板を掲げＰＲに力を注いだ。

「より健全に、より安全に、より美しく、愛の一声を！」

　ハードな活動から大きくカーブを切ったこの運動は、まずパトママの心をとらえ、短期間のうちに会員に浸透するところとなった。

「おはよう」「行ってらっしゃい」「気ー付けてね」

　心のこもったあいさつで子どもたちの心を和ませ、励まし、勇気づけていく。工道によるこの運動は、非行の早期発見、早期補導という狙いとともに、これまでとかく敬遠されがちであったパトロールママのムードを和らげることにも大きな効果があった。運動の輪は、会員から保護者、民生委員、隣保のおじいさん、おばあさんにも広がった。何よりも嬉しかったことは、子どもたちの心に届いたことで、それは朝や学校帰りの挨拶に現われた。

「お帰り、学校、楽しかった」「うん、カレー全部食べた」「おばちゃんの顔、先生に似ちょーよ」

　これまで一方通行であった声掛けが、この頃では声を交わしあうだけでなく、会話にまで弾むようになった。

「今朝まだあの子が来んねえ」「あの子、この頃集団から外れちょー。大丈夫かねー」「いじめられちょーだのだ。

だないかね」

「風邪をひいて休んどったんと。今日は列の中におったよ」

「元気に通えるようになって良かったね」

週6日、朝に夕に絶え間なく児童を見守るからこそ、子どもの内面にまで意識が及ぶこととなったの

こんなパトママの活動に応えようと、雑賀の児童たちは「しあわせありがとう会」という謝恩の会を立ち上げた。夏休みに入って10日後、公民館にパトママたちを招待してくれた。

歌や劇などの出し物の他に、プレゼントまで用意していてくれた。それだけではない。会のあと児童からパトママに感謝の手紙が届いたのだ。

「パトママのおばちゃん、私たちの歌を聞いて下さりありがとうございました」「人形げき上手だったよ、ていってほめて下さり、とっても嬉しかったです」「おきゃくさんがいっぱいはくしゅしてくれて、みんなで喜びました」「しあわせありがとう会にきてくれた人に本当にかんしゃしています」

その翌年、卒業して中学に進む雑賀の児童からパトママに手紙が届いた。

「パトロールママの皆さんは、雨の日も雪の日も毎朝私たちを出迎えてくださいます。暑い日も寒い日もあいさつで出迎えてくださいました。私たちに元気がない日でも、パトロールママさんに声をかけていただいて、明るい気持ちで学校へ行くことが出来ました。いよいよ小学校も卒業です。中学校に通うとき道であったら、あいさつしたいと思います。本当にありがとうございました」

手探りで進めてきたパトママの活動であったが、工道会長の「愛の一声運動」は子どもたち、そして父母や教師にまで届くこととなり、雑賀地区に限らず、パトママに感謝する会はやがて市内一円に広がっていった。

国体を契機として道路の整備は進んだものの、横断歩道橋やガードレールなどの安全対策の遅れとともに、街灯のない暗い道の問題が浮上してきた。会員からの報告を受けた執行部は、まず市に訴え、市の仲介で県や国などの道路管理者に話を回すのだが、対策は遅々として進まない。

〝検討する〟〝予算がない〟〝パトママに何の権限がある〟などと軽くあしらうのだ。この頃になると、工道会長の情報網も徐々に広がった。

「わしから聞いたと言ってもらっては困るが、あれらを動かす秘策は、行監を利用することだ」

「ぎょうかん？　何ですかそれ」

「行政監察局のことだ。国や県や市の仕事を調査し、改善を勧告する組織だ。まあ、騙されたと思って試してみないね」

パトママの中には連れ合いが役人をしているなど実力者もいたから、工道会長はこれら情報網も活用して行監を訪問した。

「よろしい、一度、詳しい話を聞かせてもらえませんか」

こんな経過を経て、パトママ幹部は「行監に訴える会」の開催にこぎつけた。

それから半年、地域の方々で街灯が設置され、小学校に近い道路でガードレールの設置や横断歩道橋の工事が始まるところとなった。行政監察局から県や市当局、建設省などの道路管理者へ厳しい指導がなされ、遅れていた安全対策が急速に進展するところとなった。

パトママは、このように知恵を絞り経験を積み重ねる一方、現場の活動でも、交番や学校、青少年支援センターなどと連携して成果を上げるテクニックも覚えた。

昭和六三年、パトママの増設は進み、20地区456人に、数年後には市内21全地域に組織されたのだ。

平成に入ると少子高齢化問題が取りざたされるようになり、松江のまちづくりの重点課題は「少年の健全育成と高齢者の福祉を高める地域福祉の推進」の二本柱となった。

パトママにとって何といっても大きな味方となったのが、六〇年五月、社協会長に就任した元市議会議長の井戸内正であった。

「おい、困ったことがあれば言えよ。金でも何でも聞いてやる」

井戸内は口は悪いが心は優しく、何よりも顔が広く、誰にも物怖じすることなく堂々と意見を言う男であった。かねて懇意にしていた工道は遠慮なく相談し、なんでも頼んだ。

「会長、我々パトママには活動服がありません。すべて手弁当です」

「よっしゃ、年度末も近い、しばらく待て」

井戸内が胸をたたいて3カ月後、工道ら役員は社協に呼ばれた。

「どう、どんなデザインがいいの。人数が多いから一度にという訳にはいかんけど」

工道らの目の前に、青や黄緑、エンジ色の活動服の見本が並べられた。

「えっ、活動服！　服を支給して下さるのですか。本当ですか、でも、いったいどうして？」

「声の大きい人からねじ込まれたんよ。あんたらが頼んだのでしょう……市から叱られたわよ」

環境美化に励むパトママ

不機嫌そうな社協の職員が言った。結局、全市まとめてという訳にはいかなかったが、地区ごとに順次活動服が支給されることになった。

やがて、カラフルなジャンバーを身にまとった女性が街に出現するようになった。またこの頃、お茶代ということで不定期ではあったが各支部に数万円程度の金が支給されるところともなった。井戸内は、他の市議会議員と違って親分肌で、公私混同もなく、実にパトママの面倒をよく見てくれた大恩人であった。

行政の指導支援を受けてパトママの組織は順調に発展し、工道の指導の下、地区の責任者として活動しようという勇気あるリーダーが次々と出現した。このようにして時流に乗ったパトママは、爾来、平成二〇年代まで、松江市の交通・防犯・青少年健全育成・環境の整った街づくりのために懸命に取り組み、大きな成果を上げた。

横断陸橋清掃ママ

待望の宍道湖大橋が開通したのは、四七年七月一日のことで、その年パトママの組織は津田・本庄・朝酌・持田・竹矢にも拡大した。

生来明瞭闊達で、物事にとらわれることなく良し悪しを迅速に見極め行動する木谷美智子は、五五年津田公民館の職員となり、同時にパトママの津田地区代表に指名されるところとなった。パトママのリーダーにうってつけの女傑であった。

津田地区パトママの守備範囲は、国道9号――松江藩初代藩主堀尾吉晴の御代に参勤交代の街道として整備した津田街道――沿線であった。東津田町を3分割して3区、西津田町は全町で1区、東方の高台にある東光台は全町で1区の計5区、46人体制である。

木谷は、その数年前から幼稚園の白鳥クラブで、園児の父母の登園指導をしていた。父母は登園降園時に横断歩道を渡る子どもたちを安全に横断させるため交代で車道に立つ。なにぶん幼い園児のこと、旗振り役がうまく誘導しないと事故を誘発する。だから春休み入園前、また夏休みを利用し、父母を幼稚園の庭に集めて整列させ、笛を鳴らして大声で指導したのだ。

「ピー！　はーい、車を止めて」「旗を大きく振って」

中には大きなお腹を両手で支えながら参加する母親、目立つ服装が良いことから、旦那が着古しただぶだぶのカッターシャツをぞびくように着て参加した母親もいた。

園庭での訓練が一段落すると小学校の西側にあるメイン道路へ移動して横断歩道を挟んでの実地訓練に入った。この訓練は危険を伴うことから、知り合いの交番警察官の応援を得た。

「木谷さん、なかなかやるじゃないですか。婦警になりません？」

「ふ、婦警？　ホホホ、もう10歳若かったらね」

こんな行動力が目に留まり、木谷に白羽の矢が立ったのだ。

津田地区会長、木谷の初仕事は街を明るくすることであった。

五五年の一二月、東本町の路上で暴力団組長による拳銃殺人事件が、五六年七月鹿島町で若妻殺人事件が、そのしばらく後寺町で料理屋ママ殺人事件が発生するなど、凶悪事件が相次いだ。

明るくする対象地域は、国道9号と直角に交わり、小学校前を南下し、通称石切り場の坂道を抜け古志原へ向かう道路と、新設の西山団地であった。以前の石切り場は狭い道で、拡張されたものの街灯はなく、また、西山団地も山を切り開いて造られた団地であったから暗くて、地区住民から〝犯罪が起きねば良いが〟と心配されていた。

木谷は、仲間9人を集めて対象地域の実態調査を始めたものの、すぐ諦めた。

「ダメだわ、こりゃー、夜、暗いところでないと調査にならん」

「となると、男性がいるよねー　交番の巡査に頼むかね」「うーん」

そう度々交番に頼ることもできない。木谷は、仕事を終え、一杯ひっかけていた地域の男性をも応援させた。5～6回の調査で50灯もの新設必要箇所を割り出し、さっそく市に要望した。

設置までに時間はかかったものの、徐々に町は明るくなった。

完成状況を見届けるために、超勤で疲れて帰宅した主人に無理を頼み夜道を歩いた。新興住宅団地も、恐怖の坂道も見違えるように明るくなり、何とも言えぬ嬉しさがこみあげてきた。当然のことながら住民は喝采してくれた。

「さすがはパトママさんだ、有難う」「ところで、車からポイ捨てする人、どうにかなりませんか」

地域の住民から新たな仕事が舞い込んだ。公衆衛生の向上も仕事のうちだ。切通しにつながる道路の脇の溝は幅１《メートル》もあり、車から投げ捨てされた空き缶、風に飛ばされた食品の袋などが所狭しと散乱していた。

「よし、今度の日曜の朝、ごみ拾いをするよ。支度して出てよ」

ゴミ拾い作業員は交通事故に遭わぬことが肝心だ。そこで腕章をつけ、長靴、チョッキで身を固め、早朝の街頭に繰り出した。だが、この戦いに終わりはなく、捨てる者とのいたちごっこであった。

辛くてもやりがいのあったのは横断陸橋の清掃である。子どもたちが登下校に用いる小学校西側の歩道橋は、高さ約７《メートル》、幅１・５《メートル》、長さ12《メートル》、階段は33段もある。風が吹くとごみや泥がたまり、雪の季節ともなると階段や橋上が凍結する。子どもたちは面白がって滑って遊んだものの、大人は転落を恐れて陸橋を嫌った。殊に、泥やごみのたまった陸橋が雪に覆われるととても滑り易いのだ。そこで冬になる前に清掃しなければならない。

鉄の橋とはいえ、隅の方には草も生えるから、まず足元のゴミや草を取り除く。次に手すり、階段と磨いていく。小春日和なら高いところから見下ろす津田の町並みは絶景で鼻歌も出るが、雨や風の中での高所作業は女性にとって骨が折れた。

木谷は新人のパトママが加入した年は、度胸を付けさせるため陸橋の上に立たせた。地上7メートルの歩道橋に立ち車道を見下ろすと、さすがに足が震える。新人の多くは〝怖い怖い〟を連発しながら、手すりにつかまって歩道橋の上に座りこむ。それでも徐々に恐怖感が薄らいでやがて草取りをはじめるのだ。

この作業で注意せねばならぬことは、ごみを落さぬことである。誤って土砂を落下させ、走っている車にでも飛び込ませたなら、叱られるだけでなく事故の原因になりかねない。

ある晩秋のこと、寒さに震えながら、やっと作業を終えて階段を下りた時だ。

「いやー、ご苦労さん。これわしの手作り、少ないが飲んでごしない」

陸橋の脇に焼肉屋があり、作業の間ずっといい匂いがしていたと思ったら、店主が袋を手に出てきたのだ。

この頃のパトママは市からの助成はなく手弁当であったから、のどが渇いても腹を空かしても作業が終われば自宅へ直行、味気なかった。

「えっ本当！　まあ嬉しい。美味しく頂戴させていただきます」

一同は予期せぬ差し入れに大喜びした。差し入れは店長手作りのジュース2瓶であった。〝さて、どこで頂こうか、ああ、今日は日曜日、公民館はお休みだ。木谷は近くの食品店でおやつを求め、100メートル先の津田公民館にみんなを誘い店長から頂いたジュースを美味しく頂いた。

新人の仲間は、このようにしてリーダー木谷に歓待され良き仲間となり、やがて地域の活動家として一人前の働きをした。

昭和六〇年、わが県の少年非行は戦後第3のピーク期に入った。殺人、放火、凶器準備集合などの凶悪犯罪、暴行、傷害、恐喝などとともに窃盗、詐欺などが多発し、県警はこれを封じ込めるために六一年七月「ＹＰ《ヤングプロテクト》運動」なる官民挙げた封じ込め作戦に打って出た。非行は少年を取り巻く社会環境に大きな原因があり、それを取り除き非行の発生しにくい環境を作り、少年を逞しく育てようというもの。県警は小中学生の心にこの運動を届かせようと、まず、県下の全小学校の校庭の片隅に「少年の樹」なる欅《けやき》の苗木を植樹させた。

環境改善として自転車には鍵をかけさせる、万引きの対象となる商店陳列の玩具やエロ本などには鎖を付けさせる、風俗営業などで若年者が働かぬよう「少年指導委員」制度を敷き店への立ち入りや指導を強化するとともに、非行の多発している地域を「重点対策地域」に指定して、取り締まりや健全育成の施策を集中的に打つというもの。非行の増加や低年齢化に頭を痛めていた県、県教委も歩調を合わせたことから、この運動は急速に県内に浸透していった。

この運動でパトママが期待されたのは、４５０人の婦人パワーであった。〝非行の入り口は万引きから〟と言われていたから、その予防のために放課後から夜間、少年のたむろする大型スーパー・書店・用品店・

電気店・自転車小屋・空き家・公園などのパトロールするのだ。ある日、木谷が仲間と一緒にスーパー店内を巡回していた時だ。

「キャップ、あの３人、怪しいわよ」

仲間の１人が木谷に囁いた。３人は学生帽を冠っているが校章は折り曲げ、服装も乱れていた。

「あんたたちどこの学校、そろそろ期末テストでしょう」

木谷はパトママの腕章を見せながら、３人に声をかけた。

少年らはぎょっとして顔を見合わせると、手にしていた商品を通路に投げ捨て慌てて出口へ走っていった。放任したならばおそらくレジを通らず外に出たであろう。それを見つけて店に通報すれば間違いなく警察沙汰である。だがパトママは捕まえるのが目的ではない。予防が役目である、木谷はそう信じていた。


平成一〇年を過ぎたころからパトママに活動費が支給されるようになった。始めのころは１人１、０００円程度であったが、市の財政が豊かになったのか井戸内会長の手腕によるものなのか、すこしずつ上積みされていった。木谷は〝何かせぬと〟と追い詰められるような心境になっていた。

ある日手土産をもって津田地区の東にある高台の東光台団地へ清掃活動を視察に行った。見慣れぬ男女が東光台のパトママと一緒に草刈りやごみ拾いをしていた。不思議に思って地区責任者の山口洋枝ママに問うた。

「ええ、新しくこの団地に来られた方です。数か月前から手伝って下さっています」

聞けば、ママらの作業を見かねてか、自主的に手伝いに出るようになったとのこと。

――ああ、やっと私たちの町にもこんな殊勝な人が現れるようになった、苦労の甲斐があった。

木谷は嬉しさのあまり、顔中を笑顔にして声を掛けた。

「私、津田地区会長の木谷です。どうも有り難うございます」

そうするその男性が名刺を取り出した。「日立金属安来工場田村幸雄」と記されてあった。

「私は日立を退職してしばらく前にこちらに移りました。見晴らしの良いこの団地が気に入っています。これからも参加させて下さい」

「大歓迎です。是非とも協力してください」

「それなら、あまり役には立ちませんが家内も参加させます」

田村は日立の時代、工場の交通安全部長として、従業員の通勤事故を防ぐため、マイカーの後部ガラスに「日立安来」のワッペンを貼ることを提唱し、社員の安全意識を高めた。こんなアイデアが功を奏し、数千人いる社員の事故が大幅に減少したことから、安来警察署長から表彰されていた。

以後、田村は街頭に、妻は自宅前で見守りを続け、木谷一家とも交流が深まった。

田村はやがて松江警察署長から地域安全推進員を委嘱され、青パト隊員――警察の赤色灯パトロールならぬ民間人による青色回転灯によるパトロール――としても活発に活動するなど、東光台団地の安全安心の中心人物として頼りになる存在となった。

当然のことながら地域の子どもたちは敏感に反応した。田村や、その仲間に津田小の児童から「ありがとうメール」が届いたのだ。

「いつもとうこうのとき、げんかんにきてもらってうれしいです。さかでこけたとき「だいじょうぶ」っていってくれてとってもうれしかったです。一年二組男子」

「見守りたいのみなさん、いつもとうこう中みまもってくれてありがとうございます。ぼくが大人になったらこどもをあなたみたいにみまもります。これからもよろしくおねがいします。二年三組男子」

「いつも横を見ない時注意してくれてありがとう。ほかにもとう校下校の時あいさつしてくれてありがとうございます。これからもよろしくおねがいします。三年三組男子」

「いつも見守ってくださってありがとうございます。あいさつを言ってくれたり、そこすべるからきをつけてね、といってくれたりして、うれしかったです。これからも見守り隊としてがんばってください！　四年二組女子」

「東光台ことぶき会のみなさま、毎朝おはようと声をかけてくださってありがとうございました。見通しが悪いきりがかかった朝も、東光台入り口でみなさんが立っているのをみると、こんな朝もすごいなあ、とおもいました。私たちは卒業だけど東光台入り口で毎朝会うと思います。これからもお体に気を付けてがんばってください。六年二組女子」

田村の活動はパトママに触発されたものであったが、そもそも日立で手腕を発揮した逞しい男性であった。仲間を作り、地域安全の担い手として東光台から、やがて橋南地域に活動の範囲を広げていった。

木谷が公民館職員として、パトママとして地域のために汗を流し続けて23年、平成一五年一二月、一抹の寂しさを覚えつつ公民館を退職、同時にパトママ会長を三島美津江にバトンタッチした。

江戸時代の初期、参勤交代の街道として有名な津田海道筋には1里に亘って植樹された400本にも及ぶ見事な松の並木があった。その名残として津田交差点に数本残っていた大木も、木谷がパトママをやめたしばらく後台風で倒れ、今は小学校の校庭の片隅に切り株が残るのみである。

あの雪山のように綺麗な心を

秋鹿村は松江の西方15キロ、宍道湖の北岸にある人口3、300人の農村で、昭和三五年松江市に編入された。

パトママ秋鹿支部長の高麗《こうらい》洋子は安来の生まれで、縁あって秋鹿に嫁いできた。

歴史家は、出雲と鳥取の民族気質は「泥と砂」で表現することが出来ると言う。

「春先、泥に水を加え籾《もみ》を撒き、苗を植え、雑草や害虫を退治し、やがて実りの秋を迎える。これが出雲の地に代表される泥の文明だ。一方、砂地に水を引き野菜を育て、砂丘で貝を獲り、舟を操って魚を捕る、これが砂丘の国、鳥取に代表される砂の文明である。米作りは豊凶判定に1年かかるから功を焦らず、悠長にして争いを避ける気長な民族が育つのに対し、漁業はその日のうちに豊漁、不漁の判定が付くから、戦略戦術を練り活路を求めて戦いを挑む、気短な民族が育つといえる」と。

大山のふもとで育った高麗は、出雲人というより鳥取人気質で、人の噂などを気にすることのない太っ腹な女性で、二〇代で運転免許を取得し、石油スタンドを営む夫を助けてバリバリ働く地域でも評判の働き者であった。

そんな彼女が、パトママの秋鹿支部長を引受けたのは昭和五九年、37歳の働き盛りであった。

この頃、怖い存在として一目置かれていたのが防犯警察に所属する「ママポリス」で、それとよく似た呼称の「パトロール・ママ」はしばしば警察の組織と間違われた。これを嫌って内部でも呼称の変更が囁かれていた時期もあったが、市民の警戒も後押しとなり次第に実力をつけ安全なまちづくりに威力を発揮するようになった。高麗はこの役目が好きであった。

秋鹿支部12地区を取り仕切るその以前から、松江署の要請を受け少年補導員を、また交通安全協会の役員もしていたから、学校・公民館・駐在所・子どもの親からも頼りにされていた。

平成六年四月、秋鹿・古江・大野の3中学校が合併し、松江湖北中学校が発足した。秋鹿地域は農家が多く、親は農作業に追われ教育にまで手が回らず朝から晩まで働いた。

そんな春先のある日、近所でなじみの中学生が、高麗が店番をするスタンドに1人で石油缶を手に提げてやってきた。

「おばちゃん、お父が油を買って来いと……。田仕事しちょったら油が切れて」

「それはそれは、田起こしの手伝いかい、親孝行なことだね」

顔馴染みの子でありさっそく給油と思ったが、高麗には解せぬものがあった。百姓の手伝いというのに衣服も靴も土など付いておらず、何よりも落ち着きがなく、店の後の方を気にしてそわそわしているのだ。

「ちょっと待っちょってや」

この頃は店の後に裏通りがあったから、高麗は少年を待たせて裏手へ走った。案の定、そこには4～5人の少年が1台のオートバイを囲んでたむろしていた。

「ちょっと、あんたら、そのオートバイどげしたもん。今、仲間が油を買いに来たが……」

「仲間？ そげんことは知らん。関係ない」

「何を言う、この頃オートバイ泥棒が流行っているらしいがあんたやつもその一味か、警察に突き出すよ！」

高麗は素早くバイクの鍵を抜き取った。そのころ、少年らの興味は喫煙、エロ雑誌、バイク乗りであった。大方が無免許で、近くの路上などに放置してあるバイクに手を出し、または親のバイクを無断で持ち出し乗り回した。油が切れると年下の仲間に買いに行かせたのだ。

「このバイク、誰が持ってきた。免許を見せなさい」

高麗に厳しく問い詰められた少年達はしどろもどろ、免許証はだれ一人なく要領を得ない。高麗は少年らを連れて店の前へ、そこには油を買いに来た少年が1人うなだれていた。

「ほら見なさい、嘘がばれたがね。このバイクはどげしたもの」

「そこんとこにあったもんだわ……。こらえてごしなはい」

「こらえたらまた同じことをする、内緒にはできん」

そうすると1人の大柄な少年が開き直った。

「おばさんパトママ？　警察の手下か！」

「ああ、何とでも言いない。おばさんは、あんたやつが人の道に外れたことをせにゃなにも言わん。だーも、道に外れたら許さんよ！」

この頃の親は生活が手いっぱいで、子どもの躾まで手が回らない。だから近所の大人が、道に外れた子どもを見つけて叱ってやるのであった。しかし、これがいったん表沙汰になると、親は傍目を気にして子どもをかばうのだ。

「うちの子に限ってそげんことはあーません」「何でうちの子？　あの子もこの子もやってお一がね。あんたに何の権限があーの」激しく抵抗し、学校へでも知れると大騒ぎをした。

その点父親は比較的冷静で、子どもの非を認め、高麗の力を借りて解決しようとした。

「この鍵はお父さんに渡す。さあ、帰りない」

夕方、高麗は、田仕事をしている少年の父親を訪ね、事の次第を明かした。

「すーません、初めて知りました。厳しく指導します。学校へ言ってもらってもええです。上級生も居ーますけん」

父親には〝学校に言う言わぬは明確にしなかった〟が、高麗は物事を広げすぎると逆効果であると考えていたから学校には告げず、父親と緊密な連絡を重ね、再発がないことを確認するまで目を離さなかった。

そのころ子どもたちのたむろする空き家で、エロ本やタバコの吸い殻が大量に発見された。エロ本は近くの酒屋さんが販売しているものと同じで、子どもたちが万引きしたものと思われた。そこで高麗は酒屋の店主に頼み込んだ。

「エロ本の取り扱いをやめてもらえませんか」

「うーん、そげですか……。うちだけではないが」

店主は高麗の熱心さに負け、思案の挙句、九州の卸元に掛け合い販売することをやめた。

また、タバコについてはどの少年が吸っているのかわからないまでも、火災の危険性があるため、グループの親に一人ひとり説明して回った。しばらくして母親と顔を合わせた。

「すみません、この頃は家の中で吸っちょーます。外では吸わせませんけん、大目に見て下さい」

母親は本音を語り、高麗は笑って見逃した。

高麗は、自分の子が成長する同じ時期に地域の子を育てた。地域には非行に手を染める子が毎年のように出たから、夜も昼も息つく間もなかった。松江署の刑事やママポリスと夕方から深夜にかけて非行少年のたまり場を巡回する夜間パトロールを実施し、発見した少年を補導して親に引き継ぎ、昼は乱れた環境の改善に精力を注いだ。

そんな三月のある日、非行を重ねていた子ども数人が、スタンドに高麗を訪ねてきた。

「おばちゃん、高校を卒業するよ、就職が決まった」

「僕は四月から高校だ。タバコはやめた。バイクの免許をとったら乗るけんガソリン注いでよ」

高校、中学を無事卒業できることとなり、迷惑をかけた高麗のところへ挨拶に来たのだ
「そげか、卒業かい、そーはおめでとう。就職したらしっかり働きない、親に孝行するんだよ。高校に入ったら気持ちを入れ替えてしっかり勉強しない」

「わかった、一生懸命働くよ」「はい、勉強頑張ります」

「ちょっと、後ろを向いてごらん、松江の空を」

このスタンドは宍道湖の畔にあり、とても眺めがよかった。殊に、松江の町の上空に聳える大山の雪景色は絶景そのもので「出雲富士」とも呼ばれ、快晴の日は銀色に輝いた。

「ウワー、初めて見た、大山？　綺麗だなあー」

「あの山、真っ白だろう。あげな綺麗な心を持ちないよ」

地域の子どもは地域で育てて一人前にする、やがてその子が地域に戻り嫁を貰い子どもが出来たとき、親の苦しみや叱ってくれたうるさいおばさんのことが理解できる。これが高麗の信念であり、それでいいと思っていた。

高麗は会員から慕われ尊敬されていたから、平成一〇年代には工道委員長のもとで副委員長となり、組織を束ねるために東奔西走した。受賞のため東京にも行ったし、隠岐から招かれて青少年健全育成の講演もした。この間主人は、スタンドの経営に子育てに地域との交流にと精を出し、高麗の社会貢献活動を陰で支えた。そんな苦労が重なり夫は若くして世を去り、スタンドの仕事は息子と2人でこなすこととなった。

高麗は晴れた日、大山を眺めながら一人貝がら節を口ずさみ、先だった夫のことを思い浮かべ涙ぐむの

であった。

あれから40年、当時の少年は今この地にあって父親となり、時折ガソリンを注ぎに来て昔話をする。少年時代のやんちゃはどこへやら、どの男性も今は地域の担い手だ。

「行ってお帰り」

平成五年、神戸市助役を経て松江市長に就任した宮岡壽雄の頭脳はアイデアの宝庫であった、就任早々市内の南北を「8の字」に巡回するカラフルなワンマンバス、レイクラインを走らせて市民の心をつかむと、花と鳥の楽園を秋鹿に建設した。極めつけは堀川遊覧舟であった。30年前〝埋め立てるか残すか〟と大激論し、斉藤強市長も埋め立ての方針を決めかねて存続させた堀川、それが平成の世に宮岡によって観光資源として花開いたのだ。

〝狭い堀川に背の低い橋が何本も架かっているから、とても遊覧舟など〟その道のプロでさえ前に進もうとしなかった。

だが宮岡は、にやりと笑った。

「舟の屋根を上下させればいいじゃないか。橋の高さまで客に頭を下げさせれば」

宮岡は面白い発想をした。高齢者の働き場の少ない松江に、人生経験豊かな老人が実力を発揮できる一大観光産業を起業したのである。斎藤と宮岡、同じ隠岐の島の出身というのも何かの因縁であろう。

田村美智子の屋敷は松江城を仰ぐ内中原の百姓町にあり、先祖は松江藩の武士であったと伝わる。屋根裏には、古文書などが所狭しと重ねられていたと。夫は安来の大規模農家の出で、田村家へ婿に来た働き者であった。そんな家敷の奥方である田村は、お茶やお華をたしなむ出雲女であったものの、好むと好まざるとにかかわらず20代の後半から地域の世話役が次々と廻ってきた。頼まれると〝いや〟といえぬ性格から、気が付けば６つもの役を引き受けていた。

ＰＴＡ会長・婦人会長・民生委員・少年補導員・少年指導委員・地域安全推進員、そして平成四年、城西地区パトママの会長を仰せつかったのだ。

田村の活動で一日も欠かさなかったのは、園児や児童の見守り安全誘導である。毎朝7時過ぎには月照寺橋西詰の信号交差点に顔を見せ、旗を手に交差点に立った。

信号が黄色に変わったところで接近してくる車の運転手の顔を見て誘導の意思を伝え、相手が気付いたことを確認してから、赤い旗を高く掲げて停止の合図をし、車が完全に停ったのを見届けた後、笛を鳴らして子どもを横断させた。

田村の朝の声掛けは、ほかのママとは違い「行ってお帰り」であった。

田村が見守りを始めてしばらくたった時のこと、東京から松江に嫁ぎ親しくしていた女性の夫が、帰宅途中に交通事故に遭い帰らぬ人となった。急を聞いて田村は駆け付けた。

「あーあーあーあー。どうすりゃいいの、どうすりゃー、生きてゆけないー」

友人の女性の足元には1歳になる幼児が無邪気に笑っていた。聞けば、彼女は今朝、夫に「行ってらっしゃい」と声を掛けて送り出したという。「ああ、私が悪い、私が……ちゃんと帰ってね、っていうべきだった、私が間違っていた……」

彼女は田村に抱き着いたまま、離れようとしなかった。

乳飲み子を抱えた都会育ちの彼女に松江で生きてゆくすべはない。しばらく後、両親のいる東京へ帰っていった。

この事故があってからというもの、田村の口から「行ってらっしゃい」の言葉が出なくなった。帰ってくれなければ困るのだ。

――ああ、悲しい、彼女は今どうしているだろう。これから私は朝の送る言葉を改めよう。

田村は悲壮な決意を固めた。以後「行ってお帰り」と送り出すようになった。

平成五年ごろの松江は、スナックママ殺害やパチンコ景品交換所での強盗致傷事件など凶悪犯罪が多発するとともに、少年非行は高水準で推移し、無職少年や中高生による万引き、不純性異性交遊、薬物犯罪が横行していた。これに拍車をかけるのが暴力団などのからむ遊技業、いかがわしい風俗営業、それに男女を結びつける電話、すなわちツーショットダイヤルであった。

女子生徒の非行はその入り口として、服装や乱れた頭髪による夜遊びが顕著であった。少女らは、思い思いの色に髪を染め、閉店後の大型スーパーの庭で車座となり、みだらな格好で歌い、騒ぎ、飲み食いし、店員の注意も全く聞き入れようとしない。不良青少年はこれに目を付けて誘う。そんな危険な集団には、見て見ぬふりをするパトママもいた。田村は決して度胸の据わった女ではなく、むしろ心臓は弱い方であった。だがそこは3人の子の母親、勇気を出して前を向いた。

「もう、遅いからお帰りよ」

優しく声を掛けるところから入っていった。

「わかっちよーわね、おばさん、何だね！」

「パトママという役目よ……。きれいな髪じゃねー、どげして染めるの？」

「知らんの？　髪の色を抜くために白にして、次に色を付けるんよ。刑事さんもやーだわ」

赤や青、ピンクなどの髪毛は、触るとバリバリと音がした。

「この時間になると恐ろしい人が多いからね、もう帰ろうか」

頭ごなしに注意せず子どもの言い分も聞いてやる、田村のそんな細やかな神経が少女の反発を抑えるとともに、1人、また1人と立ち上がり、家路に就くのであった。

ところがある夜のこと、説得しても立とうとしない子が3人いた。

「あんたたちどげしたの、みんな帰ったよ」

「おばさん、何の権利でそげんことを……。いんでも、誰もおらんわね」

どこか寂しそうな横顔だ。田村は問いただした。1人の子は父子家庭で父親はパチンコ屋で働いていて帰宅は午前0時。2人の子は姉妹で、酒場に勤める両親は、午前2時でないと帰らないという。

聞き出したのは良いが、さすがの田村も困った。そこへ丁度警察署のママポリスが巡回してきた。彼女らは手慣れたもので、少女のカバンやポケットを調べ、タバコやライターを見つけると警察署に同行した。結局1人は近くにある親戚の家へ預け、２人は警察署で保護し、翌日親と面談のうえ今後の対応について相談するとのこと。

ある夜、女子中学生が若者と手をつなぎ暗い夜道を歩いていた。ママポリスの指図で自宅に電話したところ父親が迎えに来た。父親は恐ろしい顔をして娘を睨み付け、大声を上げた。

「この馬鹿め、恥をかかせやがって、許さんからなー」

田村は父親に「叱るだけですよ。手を出してはいけませんよ」と注意し娘を渡したものの、家に帰った後のことが気になり、その夜は何回も目が覚めた。


内中原小学校周辺は狭い地域に家が混在し交差点が多いのに比べ、月照寺橋を渡り北進した黒田町周辺は田園地帯で、小川やため池、急な上り坂やカーブが多かった。そんな危険な通学路や遊具のある遊び場を発見した時、田村は改善の要請文に必ず分かり易いように図面を付けた。

ある時黒田町の芹《せり》を栽培する田んぼの奥の高手に危険なため池があると聞き、見に行った。70メートル四方もある大きな池で、北側は土手に沿って幅3メートルほどの坂道が並行し、その途中に地蔵があった。水は青くよどんで深く、水をせき止める赤土の土手には草も木も生えておらず、足を踏み外したなら容易に上がれそうもない。これは危険だ！　そう直感した田村は仲間と、土手に赤い布の付いた竹を刺していった。

その時だった。下手から赤いランドセルの少女が帰ってきた。その子は田村らには気付かず、地蔵の前まで来るとお辞儀をし、地蔵に向かって手を合わせたのだ。

「お帰り、１人で帰ったの？　お地蔵さんになんてお祈りした」

「……えーとー、池に落ちても、助かりますようにって」

まずいところを見られたと思ったのか、しばし考えていた少女は、ぽつりとそう答え、ペコンと頭を下げると駆けていった。

何か訳がありそうだ。そうひらめいた田村は、近くで畑仕事をしていた老人に問うた。

「あのー、このお地蔵さん、どうしてここに……」

「ようは分かーりませんがその昔、子どもが遊んじょって池にはまり死んだらしいです」

田村は急遽自宅に引き返し写真機を持ちだすと、池と地蔵を写真に撮り、図面を付けて社協に提出した。地蔵と池、少女のお祈り、この因縁は早速社協を動かし、市や道路管理者による現地調査を経て、他に優先してこの池に柵を施したのだ。

困ったのは空き家であった。

外中原町には、数軒の空き家があり、夕方から夜にかけて不良青少年がたまり場として使用していた。タバコの吸い殻、エロ雑誌、弁当の殻、壊れた自転車等が散乱し、片付けても数日後には溜まる。注意して観察すると道路沿いの街灯があらぬ方向を照らしており、用をなしていない。そこで田村は電機会社に頼んで電灯を付け替えてもらった。だがそれでも数日後にはごみが散乱していた。空き家だから表札などない。「あーあ、困った」そこで田村は町内の古老を訪ね、土地の所有者を探しあてた。ここからが勝負だ。

「あのーあの空き家のある土地、お宅の所有と伺いましたが……。空き家が子どもの溜まり場になっています」

「あんたいったい誰だ。何の権限でそげなことを言う」

地主である老人は、眉間にしわを寄せて食って掛かった。

「パトロールママの田村美智子です。これを見てください」

田村はビニール袋の中身を老人に見せた。エロ写真に雑誌、たばこの吸い殻、ビニール袋、酒瓶、明らかに非行の残骸であった。

「私も言いたくはないのですが、何度片づけても同じこと。そのうち火事にでもなるのではと……」

「そ、そげですか、うーん、困まーましたなー……。よし、始末しましょう。ようこそようこそ……」

老人の反応は機敏であった。相手が悪ければ無視されるところ、その家主はすぐに空き家を解体し、やがて新しい家をそこに建てた。

このように物分かりの良い家主ばかりではない。探しても探しても所有者を突き止めることが出来ず、断念したことも一度や二度ではない。

嬉しかったことは、内中原小学校の「蜂の子校舎祭」への招待を受け、子どもたちからお茶の接待をしてもらったこと。

「蜂の子校舎」とは、校舎の形が6角形、すなわち蜂の巣の形をした全国でも珍しい小学校だ。招待してくれた子どもたちの中には、顔を知った子もいた。

「私の点《た》てたお茶、飲んでください」

「おばちゃん、ずーっとずーと、見守り続けてよ」

「ああ、頑張るけんねー」

子どもから感謝の言葉と手紙をもらい、感激に涙する田村であった。

それからしばらく後、市上層部とパトママ幹部との対談が実現した。席上、津田の三島美津江ママが発言した。

「津田の国道につながるＪＲの変則踏切はとても危険です。幼稚園から中学生まで朝晩利用しますが、ひやひやしています。事故が起きてからでは遅い、何とかして下さい」

「うーん、私も気にしている踏切だ。早速検討することにしよう」

松浦正敬市長が前向きな発言をした。この席には市ボランティアセンター所長山本寿子もいたことから、視察は時を置かず実現した。問題の踏切は、一日に上り下りの電車が１００本以上も往来するため、電車と車の間を潜り抜けて渡る歩行者にとって、まさに危険と隣り合わせであった。

「横断陸橋はどうだ」「道幅が狭いうえに膨大な経費が必要です」「安全のためには金など言っておれん。早急に対策を打て」

結局陸橋は見送られ、これに替えて交差点の拡張や路面の補修、警報機の取り換えなど大幅な改良が実現した。

この改善はマスコミでも大きく取り上げられたことから、パトママは地域住民から喝さいを浴び、その存在感はより大きくなっていった。

この頃パトママは、警察本部長表彰・県知事表彰・厚生大臣表彰・緑綬褒章など数々の栄に浴することとなったから、幹部は召されて活動報告や講演会の講師となり、田村もその一翼を担うところとなった。

「あーあ、やるだけやった。少しは家のことも顧みないと……」

田村家は外中原から国屋下の団地に移転したから、雑務に追われる日々であった。彼女は、後ろ髪を引かれる思いで平成二〇年、城西地区の会長を退いた。だが心はパトママから離れることはなかった。

あれから15年、80が近くなった今でも、彼女は新居の前で「行ってお帰り」と優しく子どもたちに声を掛けている。

パトママはくじけない

松江パトママの足跡をたどる時、これを支えた2人の男性の存在を抜きには語れない。1人は前出の井戸内正である。

井戸内は工道会長とは知己の関係にあり、昭和五〇年代、市議会議員となった頃からパトママの運営を支援し、六〇年松江社協の会長に就任すると、組織を発展させるために知恵を絞り、会の位置づけ、運営、予算獲得等あらゆる面に心を砕いた。全国にも珍しいこのボランティア組織の社会貢献度と知名度を、大いに高めていった。

今１人は小山昭である。

市議会議長を経て川津公民館長の席に20年近くも在籍した。頭の回転が良く即断即決、何事にものおじすることのない腹の据わった人物である。いつも笑顔を絶やさぬアイディアマンで、誰とでも気軽に面談した。

「館長、この問題は重要です。是非とも館長の力で前に進めてください」「よし分かった。気付いたものがやるのが一番良い。ちょっと待て、道を付けてやる」

そう言うと陳情者の目の前で受話器を握り、市の幹部にねじ込んだ。

「話はつけた、細部的なことは陳情書に書き折衝しなさい」

長く市会議員をやっていたから壺所を掴んでおり、いたって話は早かった。

平成一〇年ごろから国道４３１バイパス工事が進み、立体交差の下部には40メートルほどのトンネルが３本できた。すると、待っていたかのようにトンネルの壁一面に落書きが始まった。ある時、落書きの現場を見つけられ補導された中２の女子が、涙ながらに告白した。

「私は日曜日が一番嫌いだ。お父さんは昼から酒を飲んで騒ぎ、お母さんは怒ってばっかり。私はむしゃくしゃして、それを吹き飛ばすために、橋の下のトンネルに走っていく。白い壁にバカヤロウ、オタンコナスと書く。気分がスーとする。その時だけが私の心の中がすっきりするのです」

こんなありさまで、通学路でもあるトンネルの白い壁は、ペイントやスプレー、絵の具やマジックペン、泥などによる落書きだらけであった。

大人の取り締まりは警察に任せるとして、公民館としては非行を何としても抑えたい、そこで小山は少年達と対話することにした。

その頃、パトママ川津地区の会長に就任し、公民館の仕事を手伝っていた福田みよゑがいた。50歳にはまだ数年あった。

「みよゑさん、こげな事態を改善するためには中学生だ。あれらの気持ちを知ることだ。話し合いの場を持とう」

福田は邑智郡は沢谷の出で、昭和四〇年に親を説得して松江に飛び出し、松江北高で学びつつ演劇で青春を謳歌した情熱家であった。

ぱっちりした目で物事を正面から見つめ、大事なことは躊躇することなく立ち向かった。

平素は笑顔の館長が珍しく真顔なのだ。福田はすぐさま行動に出た。松江二中の生徒30人と大人30人でシンポジウムを開くこととした。

昭和から平成に移るころ、市内の中学校は例外なく荒れに荒れていた。

ある学校では過ちのあった女性教師を屋上に呼び出しリンチし、神経過敏な教師はノイローゼとなり辞職した。また、万引きをした生徒が警察に補導され、泣きながら告白した。「仲間外れにされるから仕方なくやった」と。

殊に、校舎が向島から西川津に移転した松江二中はその典型、筆頭であった。移転の直後から授業を放棄したり学習を妨害するもの、20~30人がぞろぞろと廊下や校庭、空き地などを徘徊し、芝生に火を放つのだ。教師の車にスプレーで落書きをし、非常扉や火災報知器を壊し、集団暴行から教師へのリンチが相つぎ、再発に備えるため警察や消防が校舎の近くに待機する事態となった。校長はほとほと手を焼き、毎晩父兄を集めて対策を練った。

ある時前日まで異常のなかった便器が、朝にはオール逆向きになっていたことも。また、子ども同士の喧嘩に親が介入し、やくざを雇って数人に暴行を加えて逮捕事案に発展したことから、少年院送致の中学生も出た。

そんな背景があったから父兄も子どもも公民館の意図することを理解し、すぐさま人選の上、6つのグループに分かれて話し合いは行われた。初めてのシンポジウムながら、生徒から鋭い意見が飛び出した。

「大人は子どものことをあれこれ言いますが、大人にも直してもらいたいことがたくさんあります」「毎朝通学するトンネルの壁の落書きは何ですか。大人は見ても知らん顔、早く消して下さい」

腕組みをして聞いていた小山が、口を開いた。

「よろしい、消してあげよう。その代わり、消した跡に絵を描いてみらんか」

小山の切り返しに、生徒は一瞬怪訝な表情をした。戸惑った生徒達であったが、やがて好奇心旺盛な1人の男子が発言した。

「あの大きな壁に描けるんだったら……やってみたい」

小山はさっそく市の幹部に交渉し、落書きの上に白いペイントを塗らせた。ペイントが乾くと、機を置かず松江東高の美術部の生徒に壁画の制作に入らせた。

40メートルのトンネルだから壁面は左右で80メートル、絵は高さ2・5メートルを上限とし一グループが8メートルを受け持つ。下絵は高校生が描き、後の作業は中学生と一緒にやる。これを支えるのがパトママである。福田は毎日7～8人のママをトンネルに配置し、交通整理、脚立組み、筆や刷毛で絵を描く手伝い、飲み物のサービス、後片付けにと精を出した。

毎日放課後2時間の作業を1カ月続け、やっと壁画は完成した。

宍道湖の夕日、堀川遊覧船、大根島のボタン、花火大会、松江大橋などで、それはそれは見事な出来栄えであった。

祖子分《そしぶ》にある2本目のトンネルは1年後に手掛けた。この時は中学生だけで描いた。

平成一二年七月、壁画描きはマスコミに大きく取り上げられるところとなった。以来、作業を一目見ようと方々から見学者が訪れたから、中高生もママもギヤを入れ替えて制作に打ち込んだ。有意義であったことは、この作業で大人と子どもの心が一つになったことである。

「おばちゃん、ごめんなさい。僕、これまで悪い人間でした。先生の車に落書きしたり友達に誘われて万引きをしました。でも、もうやめます」

「わかった、誰にも言わないから、これからはやってはだめよ」

皆が力を合わせたことで素晴らしい絵が描けた。トンネルを通る多くの人に喜びを感じてもらえた。もちろん、以後落書きはなくなり、非行を誘発していた条件の一つを取り除くことに成功したのだ。

パトママの面々はこの成功を大いに喜び、小山を囲んでビールで乾杯した。慰労会の席で、福田は嬉しさのあまり一人涙を流した。

——あのことは誰にも言わない。私とあの子の秘密だから。

福田は、今でも少年の涙の告白を忘れることはできない。

次に福田らが取り組んだのは、悪質情報誌の回収であった。

この頃高校や大学の門をはじめ、公衆電話の周辺、電柱という電柱に箱が置かれ、その中に10センチ四方大の小冊子が入れられていた。

「コンパニオン、1日働けば4万円、海外就学もらくらく、こんな嬉しい仕事はない。さあ、今すぐ電話しよう、若い女性よ来たれ」

これは女子中高生を狙った悪質な就業の情報誌であった。催しや宴会場で接待のバイトをすれば濡れ手に粟の如く現金が手にできるという誘いで、その裏には悪質なブローカーや暴力団が潜んでいた。ためらいがちな女子学生も、みんなで手を上げれば怖くない、と電話機を握り、甘い言葉に誘われて1人、また1人と騙されていった。

監視付きで働かされ、気が付けば大借金を背負わされ人身売買の被害者となっていたのだ。宍道町の児童福祉施設「わかたけ学園」には、このような甘言の犠牲になった婦女子の入所が後を絶たず、園長は対策に苦慮していた。

「とにかく、ペーパーが子どもの手にわたらぬよう、みんなで箱の中身を空にしよう。これ以上犠牲者を出してはいけない」

福田は、地域割りし、担当地域ごとに悪質情報誌の回収に取りかかった。が、回収した翌日にはまた入っている、業を煮やしたママの中には〝ええい面倒だ〟とばかりに、ケースごと持ち帰る者もいた。

「ちょっと、箱ごと回収はいけません」

交番の警察官から注意されたから、パトママの回収作業ははかどらない。ほとほと疲れ果てた。

「いくら大人数いるといってもこれじゃいたちごっこ、何とかしてよ！」

福田は目を吊り上げて、青少年サポートチームにねじ込んだ。このチームは、青少年非行防止のために県、教育、警察の連携により組織したもので、白潟本町のスティックビルの一角にあった。

ひと月後のことだ。今日も回収にと、重い足を引きずりながら仲間と市内に繰り出した福田であったが、無い、無いのである。大学の門や電柱に括り付けられていた箱が見当たらない？　そこへ県警派遣のサポートチーム係長が笑いながらやってきた。

「ハハハ、箱ごと撤去いたしました。道路管理者にやらせたのです」

なるほど、悪徳業者は、道路管理者の許可を得ることなくケースを設置していたのだ。以来、松江の町から悪徳就職斡旋のチラシは一掃されるところとなった。

松江パトロールママの会が発足して40周年の平成一六年四月二九日、長年社会に奉仕した功績が認められ、会は皇居で緑綬褒章受章の栄に浴した。全国に例を見ぬ５００人の戦う婦人集団、松江パトロールママが40年にして掴んだ栄誉であった。

翌年の七月九日、会員１７０人はホテル一畑で盛大に受賞記念祝賀会を催した。来賓のトップは、言うまでもなく長期に亘って我がことのようにパトママを支え発展させた井戸内正であった。

祝賀会のハイライトは活動歴20年以上の会員22名10年以上の会員50名に対する感謝状贈呈と、工道文代委員長による記念講演であった。

「これまで病を押して血の出るような活動をし、今日の良き日を迎えることなく先立たれた多くの先輩に、心から感謝を申し上げます」冒頭に一言を添え、永年活動した会員に感謝状を手渡した工道は、笑顔ながら、時として涙を浮かべ、声を詰まらせ苦難の日々を思い浮かべつつ40年の思い出を語った。スライドの写真に目を落とし、遠くを見つめ、目をつむり、涙し、はじけるような笑顔であった。

「……思い起こせば、苦しいこと悲しいことの多かったこと、でもその都度みんなで力を合わせて乗り越えてきましたね。そしてこんなにも素晴らしい賞をいただいたのです。これはひとえに井戸内会長様のご指導のたまものです。これからもみんなで力を合わせて困難を乗り越えていきましょう」

まさに工道文代77歳の晴れ舞台であった。発表が終わり拍手で迎える井戸内の胸に、工道は泣き崩れた。会員一同、感激にひたり新たな活動の決意を固めたのである。

松江市パトロールママは、この受賞を記念して平成一七年三月、四〇周年記念誌「愛の一声」を発刊した。

この頃の社会は非行の総数こそ減少に転じていたものの、逆に少年が凶悪犯罪の被害者になっていた。平成一三年、大阪の附属池田小学校で児童8人が殺され教職員など15人が怪我を負う大事件が、その4年後の一七年一一月には広島の小1女児が下校途中に誘拐のうえ殺害され、栃木でも一二月、小1女児が誘拐され殺害された。

社会のこのような風潮の中で、親も学校も〝他人を信じてはいけない、呼ばれても返事をするな、名札は隠せ、怪しいと思ったら防犯ブザーを鳴らせ〟などと指導した。だから松江の子どもは急にあいさつしなくなった。パトママがあいさつしても知らん顔、登下校の子どもには笑顔も元気もないのだ。

「これは正しい姿ではない」みんなが眉を顰《ひそ》めるなかで、工道は立ち上がった。20年前取り組んだ「愛の一声運動」を思い起こし、挨拶運動に力を入れることにしたのだ。緑色のジャンバーを作り、敢えて街頭にくりだし大声で挨拶するとともに、パトママをPRした。

「これを着ている人は大丈夫、ちゃんと挨拶しようね」

「おはよう」「行ってらっしゃい」「今日も頑張るのよ！」

やがて子どもたちに笑顔が戻り、大きな声であいさつするようになった。

平成も一五年を過ぎると、企業も行政も全国に通用する資格や技術を取得した専門家を必要とし、松江においても分野ごとに専門化が進んでいった。

この傾向は街頭活動にも及んできた。過去、パトママを中心に活動が展開されていた青少年の健全育成を目指す団体として、民生児童委員・少年補導員・少年指導委員・学校警察連絡協議会、それに精力的な

春の褒章

県内から1団体、9人

春の褒章受章者が二十九日付で発表された。県関係者のうち、県内在住者では団体に授与される褒状（緑綬）に一団体と、黄綬褒章と藍綬褒章に九人、県外在住者では黄綬褒章に二人が選ばれた。緑綬は一九五五年以来休止していたが、昨年秋に復活。緑綬の褒状は今回、全国の八団体が受ける。伝達式は五月十七日に関係省庁である。

子どもの安全守り40年

松江市パトロールママの会

40年間の活動をまとめる記念誌づくりを進める松江市パトロールママの会の会員たち

結成はモータリゼーションが進んでいた一九六年。松江市内の交差点で起きた交通事故によって小学生が亡くなったことに心を痛め、危機感を持った母親たちが立ち上がった。

六地区の会員約九十人自らが各地区をパトロールして信号機や横断歩道のない危険個所を調べた上で、市役所と毎年「対話集会」を開き、改善要望を続けた。「予算がない」と市側に断られ、行政監察局に駆け込んだことも。

普通の母親たちが「子どもたちのために」との思いに駆られて独自に始めた取り組みは、社会福祉協議会など関係団体の支援を受けるようになり、同じ悩みを抱えた全国の母親たちの手本になった。

交通安全の環境整備が進んだ後も、有害図書チェックや万引防止キャンペーン、愛のひと声運動など幅広い活動を展開。現在の会員数は四百七十六人で市内二十一地区すべてに組織が広がる。

会では来年の結成四十周年を前に記念誌製作の準備を始めたところ。結成メンバーである工藤文代会長(七七)は「母として子どもを守ろうと続けてきた。夢にも思わなかっ

◇褒状（緑綬）◇

【社会奉仕活動功績】

松江市パトロールママの会＝巡回等奉仕団体、松江市千鳥町

◇黄綬褒章◇

【業務精励】

上山繁俊さん(六五)＝元ウエヤマ社長、鹿島町御津

宿儀平さん(六五)＝知夫石油代表、知夫村

渡里勝広さん(六〇)＝匹見郵便局郵便集配受託者、匹見町石谷口

◇藍綬褒章◇

【児童福祉功績】

木原清さん(六五)＝肢体不自由児施設「島根整肢学園」園長、江津市渡津町

【消防功績】

児玉正雄さん(六八)＝美都町消防団団長、美都町都茂

澄川照一さん(六七)＝津和野町消防団団長、津和野町森村

【更生保護功績】

高岡勝子さん(七七)＝保護司、吉田村吉田

【地方自治功績】

福田正明さん(五五)＝県議会議員、松江市秋鹿町

【社会福祉功績】

堀江正俊さん(六四)＝民生・児童委員、出雲市大津町

〇…県外在住者…〇

◇黄綬褒章◇

【業務精励】

本山久義さん(六六)＝テーラーモトヤマ店主、大阪府豊中市庄内幸町

福田雅典さん(五六)＝福田雅美堂店主、姫路市網干区新在家

宿所にしたとされる出雲市大津町、市指定文化財の本陣遺構「山田家住宅」の修復が完了し、二十九日午後一時半から同五時まで現地見学会がある。

同住宅は治郷を迎えるため母屋西側に増築されたもので、座敷二間と雪隠（せっちん）、湯殿がある。老朽化に伴い市が昨年八月から修復工事に入り、屋根を薄い一枚板で創建当時の「こけらぶき」にするなどした。

当日は説明会も計三回開く。問い合わせは市役所文化財室（電話0853・21・6893）。

平成16年４月　パトママ発足40周年表彰

松江市幹部と工道会長

団体として、セーフティかわつ、島根大学のボランティア組織が誕生し活発に活動を始めた。

平成二一年下期のある日のこと、工道ら幹部は社協のボランティアセンターから招集がかかった。目の前の机には書類や段ボール箱が所狭しと積み上げられていた。幹部全員が集まったところで、所長の山本寿子が口火を切った。

「皆さんは初耳でしょうが、実は本年度をもってパトママの事務局を会へお返しします」

松江市当局はパトママの会の運営を見直すこととしたのだ。これまで社協傘下の松江ボランティアセンターで所管していた事務局を手離す、会へ戻すというのだ。

「ちょ、ちょっと、それってどういうこと、あまりじゃない、私たちが邪魔になったの？」

「邪魔という訳ではありませんが、パトママの役目が以前ほど重要ではなくなった、ということでしょうか。交差点には信号機は付き、防犯ビデオ、それにスマホの時代です……」

この年の三月、永く社協の会長の席にあった井戸内正が病気悪化のため加藤滋夫に会長を交代した。頼るところのなくなった工道の脳裏は千々に乱れ、言葉を失った。

「市上層部の方針です。ボラセンは事務局を担当しませんので、これからは会で持って下さい。予算も大幅に削減される様子です」

山本は終始落ち着き払って、冷静に言った。

この頃の松江市は国による行政の刷新に追われ、次々と制度改革を行っていた。全市21地区、483人ものパトママ、高額な活動費を必要とするこの集団が負担になったのも、時代の推移といえた。

「あーあ～　どげせって言うんだね、私らーがどれほど苦労してきたか～知っちょーでしょうが、何でまた！」

机の上に無造作に積まれたダンボール箱を叩きながら、工道はいきりたち大声で泣いた。同席した幹部も同様、怒り、泣いた。

昭和四〇年一二月一〇日発足して45年、雨の日も風の日も一日も休むことなく街頭に立ち続け、どれほど多くの市民の命を救い青少年を非行から守ったであろうか。延べ２千人もの婦人がひたむきに活動した。世間に名前の知られることもなくこの世を去っていった活動家は既に１千人近くにも上っている。

工道の涙は果てることがなかった。

この日をもって、「松江市パトロールママ」は実質的に幕が下ろされたのだ。

翌二二年の五月、名称こそ引き継がれたものの、会則は大幅に変更され、組織は新しく生まれ変わった。新会長に古志原の岡田志恵美が就任し、事務局長は元朝酌地区会長の佐伯ノブ子が、事務局所在地は佐伯の自宅となった。

松江市の支援が大幅に後退したことから、爾来、会も会員も減少の一途をたどり、平成二九年の組織は雑賀・古志原・大庭・川津の４地区、会員は53人、ピーク時の１割強となった。

新体制となって８年後の平成三〇年、元川津地区の責任者であった福田みよゑが雑賀地区の清水陽子から会長を引き継ぎ、以来5年の月日が流れた。

松江はボランティアブームに乗って大学生や青パト、企業ボランティアなど多くの組織が誕生したその一方で、少子高齢化の波も徐々に押し寄せ、パトロールママは以前のように負担を負わされることもなくなった。

だが、子を思う母親の心はいつの時代も変わらない。

存続する4団体は青少年の心を育むための環境づくり、見守り活動、有害図書の回収、地域行事の手伝い等に、他の団体と手を携えて精力的に活動する。

福田をはじめとした会員は、朱色の活動服を身に着け、令和となった新しい時代においても、仲間とともにさっそうと校門に、街角に立ち、子どもたちに愛の一声をかける。

「お早う、今日も元気で頑張ろうね」

終

第三話

川津の健男児「榮さん」

松江市橋北「セーフティ・かわつ」活動範囲

相撲取りから白バイに

「オウ、リャー、もういっちょう!」
「よし、きた、照国、根性出せ!」

小山榮は、昭和六年九月二二日、すなわち満州事変が勃発した4日後、松江市は嵩山の西方2キロの朝酌川の辺、西川津町大内谷の農家で、父正一、母サトの次男として生を受けた。

父は農業の傍ら造り酒屋で働いた。母は地域の世話人として生活改善や婦人会活動に取り組んだほか、寺や宮の世話に走り回ったから住民からあがめられていた。

小山は、幼少のころから相撲が好きで、自宅から200メートル北東にある住吉神社の土俵で暇さえあれば稽古をした。彼の少年時代は戦後間もない娯楽の少ない時代であったから、川津・本庄・朝酌をはじめとした方々の集落において相撲が盛んで、毎年秋には地域持ち回りの相撲大会が盛大に開催された。住吉神社の庭には、上段に戦いの本土俵が、石段を下りた下の庭に稽古土俵があり、本土俵には四本柱が組まれ、神社総代など役員によって管理されていた。

この頃の松江に野球などのスポーツは無いに等しく、小山ら若者は、方々の地で開催される草相撲に出場して賞金を稼ぐことが大きな楽しみであった。中学3年の頃の小山は〝川津の照国〟と言われるほど強く、その名は松江や八束一円に知れ渡っていた。得意技は、強靭な足腰を利しての押しや寄り、組んだなら強烈な左右の上手投げがあった。

相撲界は横綱双葉山が引退し照国の時代で、小山は照国が好きであったから、本場所が始まるとラジオにかじりつき、百姓の手伝いもそっちのけ。そんな彼だから、一時、本気で相撲取りになろうと心に決めていたものの、背丈が思うように伸びなかったことから涙をのんだ。当時の新弟子検査合格は１７５㌢であったから、あと数センチ伸びていたなら、間違いなくその世界に入っていたのだ。

物心ついたころから人一倍正義感旺盛な彼は、角界入りを諦めると、体力を生かし悪人を懲らしめる仕事をと、島根県警察の門を叩いた。

小山は、頭脳明晰であったものの内にこもることは嫌いで、出世欲はさらさらなく、警察学校ではもっぱら柔道や逮捕術に打ち込んだ。

半年後の昭和二八年三月、飯石郡掛合警察署の吉田駐在所に配属されると、幼馴染で同級生の喜美子を娶《めと》り、一年後に長女明美をもうけた。この頃の小山は公私ともに絶頂期で、仕事の合間に地域の若者を集めて神社の境内で相撲を取った。

「オウリャー、もういっちょう、ここからが勝負だ！」

父親譲りの太いだみ声は、どこにいてもひときわ目立った。

吉田にはたたら製鉄で知られる田部家があり、小山は当主の長右衛門に可愛がられた。また、その頃県議会議員に初当選し、政治の道に踏み出した竹下登――後の内閣総理大臣――とも交流が出来た。

当時、松江警察署は殿町の堀のほとりにあり、相撲好きの署長門脇憲次郎がいた。門脇は署の裏庭に土俵を新設し、土俵開きの相撲大会を開催した。その時小山は掛合署チームの中堅として出場し、チームを入賞させ、やんやの喝さいを浴びた。

昭和三〇年代の警察は、交通事故との戦いであった。小山は、事故防止の切り札は取り締まりと確信し、無免許運転、酒酔い運転の取り締まりに日夜奮闘した。彼の父は酒豪であったものの、小山はあまりいける方ではなかったから、死亡事故原因のトップである酒酔い運転には厳しい態度で臨んだ。特に飲酒事故の多い深夜を選んで取り締まり、月に10人も捕まえ、警察本部長から表彰を受けたこともあった。

三一年三月、島根県警察に白バイが導入され、野口、大草、藤原などの豪傑が配置された。新しいもの好みの小山は、負けじと訓練を重ね、翌年、晴れて警察の花形、白バイ隊員となった。

改築された国道9号を暴走するカミナリ族を追って命がけの仕事であった。身を削るような過酷な日々を乗り越え、36歳で浜田署に転勤しパトカー乗務に切り替えた。

もちろん武道を忘れたわけではない。毎年開催される県下の武道大会には柔道と逮捕術に出場し、旺盛な精神力と相撲で鍛えた足腰で敵をなぎ倒し恐れられていた。30代半ばまで選手で出場し、そこからはもっぱら指導に打ち込んだ。

小山は、武道であれ仕事であれ面倒見の良いことで定評があった。技の指導、道着や防具の管理、怪我の手当て、打ち上げの世話など、母親譲りの細やかな感性で相手の身になって心を砕いたから、武道愛好者からは高い信頼を得ていた。

そんな小山が島根県警察を退職、第2の職場である安全運転学校教官を終えて川津交番の相談員になったのは平成一一年三月、64歳のことである。

川津地区は、松江城の東に位置し、弥生時代、東西に流れる朝酌川周辺に集落が開け、８００年もの長期にわたって文明が栄えていた。昭和末期、10年がかりの発掘調査で、土笛・分銅型土製品・鳥型木製品・人面付土器・銅鐸等が大量に出土している。

小山が少年期を過ごした生家は、朝酌川から３００メートル南下した大内谷の神社の南西で、南北に走る市道を見下ろす位置に屋敷があり、市道脇には田んぼや畑が、庭の畔には古井戸があった。兄が農家を継ぎ、次男の小山は島根大学の校舎の南方１００メートルの公園を目前にした住宅街に新居を構えた。

昭和一四年松江市と合併した当時の川津の人口は２、５６９人、４３５戸ののどかな田園地帯であった。だが、10年後の昭和二四年になると旧制松江高等学校、師範学校等を母体として、地域の中心地に「島根大学」が誕生し文教の街として生まれ変わった。

二六年には、川津地区の人口は１６、０００人を超え、うち６、０００人が島大生、１、０００人は大学の職員で、まさに学園の町となった。

松江は、昭和五〇年代以降島根国体に向けた道路網の整備・「江島大橋」架橋による境港や米子への交通網の確立・島根原発の増設・北部区画整理事業・国道４３１号バイパスの建設などで町は急速に発展した。その一方で、殺人や強盗、保険金目当ての殺人未遂事件、人質立てこもり事件などの凶悪犯罪も多発するところとなり、人口増加の恩恵を受けた川津地区であったが、治安は悪化の一途をたどった。

殊に島根大学の周辺はマンション・学生アパート・大型スーパー・飲食店が軒を接し、深夜ともなると暗い裏通りは恐ろしくて女性が歩ける状況にはなかった。喫茶店で強盗事件が、スーパーマーケットで多額窃盗事件が、朝酌川の畔で痴漢が連続出没、島根大学周辺では鍵のかかった自転車でさえ盗まれるという悪質さであった。このように、平成一〇年代の川津地区は、島根県下でも最も危険な地域の一つとしてレッテルを貼られていた。

〝川津地区を立て直さぬと、このままでは大変なことになる〟市の上層部は考え、新たな公民館長として元市議会議長で腕利きの小山昭を据えた。昭は大学の東、「納佐《のうさ》」地区の生まれで、大内谷の小山榮とは同姓であったものの縁戚関係はなかった。

昭は川津の事態を打開するため、そのころ川津交番の相談員として地域住民と警察の橋渡しをしていた小山榮を、地区民生児童委員協議会の会長に抜擢し、治安の立て直しに乗り出した。平成一五年四月のことである。

「榮さん、頼みがある。なんとかして川津を安全な街にしてくれ。この街を夜、独り歩きできる街にしてくれんか」

小山は昭より2年先輩、知古の昭から声を掛けられたのであった。

「わしがですか。これは大役ですなー、警察署長もやっておらぬわしにこのような大役を申し向けるとは……。うーん、先祖代々お世話になったこの川津だ、よし、一勝負やってみますか」

小山は感激した。〝この仕事を冥途の土産に〟と決意を固めたのだ。

初代リーダー　小山榮

――昼間はまだ安全だが、外国人も増えてきたからこのまま放置すると犯罪常習地帯になりかねぬ。そうなってからでは手遅れだ、なんとしても平穏な川津を取り戻そう。そのためには誰も考えたことのない仕掛けで住民を引き付けることだ。

三役が寄って協議の結果、小山は「小中学生の安全登校」「大学の周辺を明るく」「朝酌川周辺の犯罪防止」この３つを当面の目的とした新たな防犯団体を発足させることとしたのである。

ひらめき

その日以来、小山は昼も夜も考えた。

３日目、自宅の庭からスタートしていつもの町並みを１５０メートル北に進んで、島根大学の正門前にたどり着き、大学の校舎を見上げた。その時信号が変わり校舎の側から学生がぞろぞろ横断歩道を渡り、小山の立っているコンビニの前を通り過ぎて行った。30秒後、信号が変わり大学の方向へはストップとなった。ところが、である。コンビニから出てきた若い男性２人が走って横断歩道に飛び出した。東西を走り抜ける乗用車やバス、その交通を妨げて大学方面にかけて行ったのである。小山はいきなり〝パチン〟と手を打った。

――そうだ、大学だ、大学をとり込もう。

川津地区の人口の３分の１を占める若者の集う島根大学、これを何としてもとり込もう。このことに成功すれば学園自体の治安レベルは向上するし若手の活動集団も確保できる、全国にだって情報発信できる、当然のことながら、たった今目の前で起きたような危険な信号無視はなくなる。これまで公民館も警察も敬遠しがちであった島根大学、それを参画させれば50%は成功だ、そうひらめいたのだ。

大学をとり込むためには公民館等の公的機関、各種防犯団体、小中高などの教育機関が範を示さねばならない。

小山の発想は膨らんでいった。

子どもの頃から〝ちまちま〟したことが嫌いで何でも大きく奇想天外なことも言った小山だから、友人からは〝大風呂敷〟ともいわれていた。

小山が声を掛けた組織や団体は16にも及んだ。

川津地区地域安全推進員連絡協議会・川津公民館・川津地区自治連合会・よりよい川津をつくる会・川津地区パトロールママの会・川津地区民主児童委員会・島根県立松江東高等学校・松江市立第二中学校・川津小学校などなど。

組織の次は活動指針である。小学生にでも分かる平易さが必要だ。

「自分たちの街の安全は自分たちで守ろう」

よし、これでいい。次に組織の呼称だ。

その以前、出雲大社のある大社町は〝日本一安全大社町〟を打ち出し「セーフティ大社」の呼称で地域安全活動を活発化させ脚光を浴びていた。相撲を愛する小山は、横文字は好きではなかったが、島根大学を所管する地域として横文字の使用も辞さぬ。

地域に新風を吹き込むために大社に倣って「セーフティ・かわつ」がいいではないか、「川津」は小学低学年でも読めるひらがながよかろう、よし、これでいこう。

一週間後、構想が固まったところで館長の小山昭に披露した。

「『セーフティ・かわつ』ねえ、名前がええなあ。島大を巻き込もうだと。この発想はグッドだ、よし、今晩早速首脳部を集めて検討会だ」

その夜催した発起人会には10数人が集まり、小山の構想に聞き入った。地域の近況に頭を痛めていた重鎮の顔に笑みが漂い、全会一致で「セーフティ・かわつ」構想は合意を見た。会長は公民館長の小山昭、副会長は小山榮と決まった。その夜は酒の大好きな館長の肝いりで、固めの杯を交したのだ。

この酒の席で「セーフティ・かわつ」運動の略称「ＳＫ運動」も決まった。

翌日から小山は発起人のメンバーと手分けして15の団体を巡回した。予想した通り各団体ともＳＫ運動を大いに歓迎し、与えられた立場で安全なまちづくりのために活動することを約した。

組織の中心を支える8団体への説明が終わると、小山は上等の背広にネクタイ姿で、背筋をピンと立てて島根大学の正門をくぐった。

昭和四四年五月、七〇年安保、学園紛争と混乱が続く中で、大学と島根県警察の間に決定的な確執が生じた。

「鑑識車事件」と称されたこの騒動は、県警の科学捜査研究所の幹部が転任の挨拶のために、赤色灯付きの鑑識車で島根大学の構内に立ち入ったことに端を発した。その頃はまさに学園紛争の真っただ中、警戒中であった大学生は目を吊り上げて赤色灯やサイレンの付いた鑑識車を取り囲んだ。

「おい、何の用だ、赤灯を付けた車に用はない、説明しろ！　学長の許可があるのか！」

「あのー、いつも解剖や事件の鑑定でお世話に……」

「だから何の用かと聞いておる、ちゃんと答えろ」

「幹部が転任するもので、挨拶にと」

「なんだと、挨拶だ？　嘘を言うな、降りろ、降りろ！」

車から降ろされた運転手は恐れをなして逃走し、学生は不審極まれりと鑑識車を奪取し、24時間見張りを付けたのだ。

数日後、機動隊員を先頭に県警数１００人が捜索差押許可状を手に校内に突入、鑑識車を取り戻したもののの大きなしこりが残った。

以来、島根大学は治安機関と一線を画した。


だが時代は変わり、地域と共にある大学を目指す今日、大学にとっても周辺地域の治安の乱れは看過し難い重要問題であった。

小山の要請を受けた島根大学学長は、ＳＫ構想に賛同し、共に活動する姿勢を表明、学生支援課長を窓口として設定した。

いよいよ運動のスタートだ。平成一五年七月一一日、16団体の代表が公民館に集まり「ＳＫ運動」のプラカードを掲げ開会式を行った。会長の小山昭が趣旨を説明し、澄川克治松江警察署長の挨拶で式典が終了し、50人の参加者は大型商店街にさっそうと繰り出し、広報車で運動をアピールし、道行く人々にチラシを配った。

運動はスタートさせたものの、ＳＫ運動独自の活動はこれからだ。

——さて、何をなすべきか。まあしばらくは16団体の自主活動を高めるべく気合を入れよう。その間に次の策を練ろう。

運動が発足して半年、参加の団体は、自らの立場を前面に押し出しつつ、独自の安全活動を展開していった。

○公民館～機関誌発行などによる運動の広報活動
○川津小～児童への安全教育の強化・校内への不審者立入り防止対策
○川津地区自治連合会～地域見守り隊員の募集と活動の支援・激励
○地区パトママの会～大型店パトロールによる少年犯罪の抑止
○よりよい川津をつくる会～交通安全や地域防犯の旗を掲出

だが核となる強い活動が不足している。

そこで小山桀は、一六年に入ると、運動の先頭に立って活動する強力な実働部隊作りに取り掛かった。

小山の頭の中には、赤と青の旗がはためいていた。

赤は赤い旗を手にしたパトロール隊である。大学周辺から商店街など、中心市街地をくまなくパトロールする徒歩集団だ。

次に青である。川津地区は朝酌川に沿って南北に街がひらけ、北は枕木山、東は嵩山、南は大橋川、西は松江城の近くまで広範囲である。この広大な地域を縦横無尽に走り、犯罪を防止する機動力集団、すなわち「青パト隊」である。青パト隊は、警察の赤色灯のパトカーにヒントを得て、平成一一年の三月、大社地区でスタートした防犯警戒集団で、大きな成果を上げていた。

まず徒歩のパトロール集団である。小山の頭には、自らが会長を務める民生児童委員のメンバーがいた。民生児童委員は、地域の推薦により委嘱された特別職の公務員で、地域住民に寄り添い、要介護の独居老人など困窮者を助ける役目を担っている。平均年齢も比較的若く人数もまとまっていたから、小山は初夏の定例会において自らの構想を切り出した。

「我々は困った人の世話をするのが役目、ちょっと違うような……」

「パトロールなら『パトロールママの会』がやっている。任せればよいではないか」

「みな仕事を持っており、早朝や放課後の活動は無理だ。子どもを守るのは親の責任ではないか」

彼らは小山の呼びかけに容易に首を縦に振らなかった。

いったん組織のナンバーツーが〝ノー〟と首を傾げると、長といえども簡単にそれを覆すことは出来ない。

月日は流れること一年余、一六年の晩秋、小山は例によって交番所長を訪ねた。

「どげですが、この頃は」

「なんと表には出ておりませんが、ここ10日の間に3回も女子児童へのストーカーが、今に大きな被害が出るのではと心配し、当番はもとより、非番・週休も引っ張り出して警戒しております」

「何だと！」

朝酌川や新興団地周辺で、小学生に対する声掛け事案、女子児童や生徒に対するストーカーが頻発しているというのだ。小山はこの機を逃さなかった。

「この前相談した件だが、どげだ、都合のつく者だけでもやってみらこい」

「参りましたなー、3回ですか、しかもうちの管内の児童だ」

「正直言って他所のことだと思っちょったども、うちの近所でも出たとなれば……。わしは都合をつけます」

1人が前向きになると空気が変わる。ベテラン委員の一言が追い風になり、数日後には全員の合意を取り付けることが出来た。見守り隊の呼称は「ほんそ子まもら会」である。「ほんそ子」というのは出雲弁で可愛い子という意味である。

小山は以前から青パトに魅力を感じており、自らもやりたくて友人に声を掛けていた。こちらの方は、「ほんそ子まもら会」に刺激されて次々と希望者の手が挙がり、一七年三月末には22名に上った。

これでよし、人は揃った。次は物だ。

四月上旬に街頭活動をスタートさせる腹を固め、公民館の職員とともにその装具集めに取り掛かった。

――人の気持ちを引き付けるのは形だ。帽子に腕章に活動服、青パト車。マスコミに大々的な広報を要請するためには看板や旗、プラカード、チラシも必要だ。

ここで小山は立ち止まった。かつて県警の幹部から住民運動の三原則なる話を聞いた。「人・アピール・金」だと。どんなに素晴らしい企画の下でスタートした運動でも金が尽きれば終わり、3年と続かぬという。

――そうか、後先になったがやむを得ぬ。金だ、金の算段をしよう。

毎日のように門を潜っている公民館だが金の算段となると足が重い。

「館長、金は出せますか、後先になりましたが」

「金だと？　何ぼだ」

「青パト車は公民館の車を代用するとしても、青色回転灯に活動服や帽子、腕章、それに看板やプラカードなど、先ずは70万、それから……」

「な、な、なんだと！　そげな金、おーい、会計さーん」

腹の据わった小山昭館長も、金は活動団体に依存するつもりであったのか顔を赤らめ、結局公民館としてまとまった金は出せなかった。

市社協に問い合わせたが、この時期国策による制度改革やパトママで金を使い果たし余裕はないと。地域でスタートさせた運動だから地域で賄え、そう非情なことを言うのだ。

――うーん困った。支払いは先延ばしするとしても、いずれ払わねばならぬ。それに島大の要請にも応えねば尻すぼみになる。

当初、活動には慎重であった島大が、昨年の一一月以降地域住民と連携して大学周辺の防犯灯新設のための調査を始める動きがあり、彼らが本格的に活動するためには、活動服や旗、看板などの装具一式がなんとしても必要であった。

――島大のマンパワーを街頭に出すとなると１００万は下るまい。うーん……。

そこで小山は、後輩の松江警察署生活安全課長の下へ走った。

「ええ、何ですか、金も準備せずにこんな大きな企画を？　しかも年度末ですよ。話になりません」

後輩とはいえ立場が代われればつれないもの、一笑に付されてしまった。

――まいったなー、こげなりゃ一か八かだ。

小山は時を置かず、勇をふるって治安の元締めである島根県警察本部の門を叩いた。

「あれ？　小山さん、お久しぶり」

「あ、あれ、勝部君、い、いや、勝部さん、ここに居られましたか」

「はい、あれから方々を歩き、去年からここにいます」

そう言いつつ応接椅子を勧めたのは、生活安全企画課課長補佐の勝部信光であった。若き日に小山が相撲を指導した見覚えのある顔がそこにいた。小山は、藁《わら》をもつかむ思いで、額に汗しながら川津地区の治安実態と「セーフティ・かわつ」構想をまくしたてた。

黙って聞いていた勝部は、大きく頷き受話器を取ると何やら話していたが、やがて席を立ち、5分後に戻ってきた。

「話は分かりました。今、参事官にも報告したところです。大急ぎで、この紙に企画概要を書いて下さい。まだ間に合う可能性があります。私の方から上局には電話を入れておきます」

それは、警察庁指定の「地域安全安心ステーション」モデル事業への指定申請であった。小山は、いわれるがままにその場で申請書を走り書きし、祈るような思いで勝部に託した。

一週間後、小山は松江署の生活安全課長に呼ばれ、「地域安全安心ステーション」モデル事業指定書の交付を受けた。

苦しんだ末に辿り着いたのが警察庁の「地域安全安心ステーション」モデル事業であった。これにより向こう数年間の必要装具や活動用品確保の見通しがたったのだ。

小山にとって何よりも嬉しかったことは「人」であった。

30数年前、心を鬼にして土俵で鍛えた若者、夜を徹して取り締まり現場で仕事を教えたかつての部下から恩を返されたのだ。

昼の務めを終え夕闇迫る土俵で、泥塗れになりながら励んだ稽古。古傷の痛みをものともせず七番勝負の相手をし、それが終わると飲酒運転の取り締まりだ。この頃の夜間の脇道は検挙しても検挙してもジグザグ運転の車は後を絶たなかった。午前3時を回ったというのに幕が引けず、新婚の彼を叱咤激励して働かせた。勝部は土俵の上では弟子であり、取り締まりの現場では部下であった。一緒に流した汗で築いた信頼関係は30年を経た今でも揺るがなかったのだ。

平成一七年四月、いよいよ「ＳＫ運動」の実働部隊が街頭に繰り出した。ピカピカの帽子、背に「みんなでつくろう安心の街ＳＡＦＥＴＹ・かわつ」の文字入りのチョッキ、「止まれ」の表示のある赤い旗を手にした隊員の笑顔がまぶしい。

小山は朝が待ちきれずに５時過ぎると物音をさせぬように床を離れて準備万端整え、７時過ぎになると「行ってくるぞ！」と大声を発してわが家の門を後にする。

小山の見守り集合場所は島根大学正門前である。西から、南からこの場所へ集合した川津小学校の児童が、この場所で20人位のグループを作り、グループ別に１・５キロ先の小学校を目指してスタートをするのだ。

「おはよう。背中ピーンとして、今日も頑張れよ」

子どもたちは小山ら見守り隊員の声に励まされ、手を振りながら朝酌川沿いの小学校を目指す。

立ち上がった島大生

「気をつけ、停止旗を開け・収め・警笛～一斉に吹け・休め」

今日も「ほんそ子まもら会」の見守り出動式が行われている。安全に効率よく誘導し、自らも受傷しないためには、整然とした平素の訓練が必要である。
「SK運動」がスタートし、町の新しい顔になった「ほんそ子まもら会」は、いよいよここから、管内全域へ活動を広げていくのだ。

川津には公民館を中心として46の集落が点在し、学校は川津小学校、持田小学校、島根大学付属小学校、松江養護学校、松江第二中学校、附属中学校、松江東高等学校、島根大学があるほか、市内の各高校への利便はよい。そこで小山は、大型団地である学園台・平成・四季が丘・嵩見などを重点として、自治会に呼び掛けて見守り隊員の新規獲得を進めた。

「みんなでつくろう安心の街　SAFETY・かわつ」とネームのある黄緑のチョッキには人気があり、口コミながら隊員が着実に増えていった。

そのころ、小山にとって力強い味方が出来た。県警の後輩で出雲市佐田町出身の安井眞である。安井は小山より一回りも若く60半ば。高校を卒業し航空自衛隊に入隊、浜松術科学校などで学び、23歳で転職し島根県の警察官となった。

2代目リーダー　安井眞

出雲人ながら歯に衣着せず発言する一面もあり、上司にとっては頼りになる存在であった。

安井の経歴で特に光るもの、それは昭和五七年のくにびき国体警衛計画づくりであった。

天皇をお迎えする秋季大会において、行幸路線をいかに策定するかの難しい仕事で、全国一安全な島根とはいうものの、念には念を入れた安全対策が求められた。

当初、離島隠岐への行幸コースが候補に挙がっていたが、船舶利用は空と海の警戒、更には予測し得ない荒天もありうることから、天皇が日頃から研究されている山野草の豊富な奥出雲や、日御碕コースを考案し、これが受け入れられるところとなった。

安井は、計画案樹立のために、休日返上で現地実査を重ね、最良の計画案を作成して知事部局や宮内庁と協議したのだ。

安井が、第二の職である松江防犯協会の事務局長を終えたときは、既に「セーフティ・かわつ」運動は発足を見ていた。

日頃から地域の安全に心を砕き、公民館の行事に積極的に参加していた彼は、必然的に小山の目に留まった。

「安井さん、このチョッキ、着てみてごいた……おお、よう似合っちょる。そーはあんたにあげる。明日から一緒にやらこい」

小山に見込まれた安井は、ＳＫ運動のメンバーとして街頭に立つところとなった。朝夕の見守り活動をはじめ、時として青パトの助手席に小山を乗せて管内を巡回した。地域で見守りをする隊員の激励のためであった。

小山にとってうれしい誤算は、島根大学の行動力であった。

何よりも急がれるのは、暗い夜の街を明るくすること、すなわち防犯灯を設置することであった。運動がスタートした当初は様子見であった学生も、1年余経った一一月、学生が主体となって「暗い道なくそう運動」を起こした。

まず、実態調査である。学生60人、地域住民30人が3人1組の班30組を編成し、夕方から深夜にかけて徒歩で調査をした。重点地域は島大周辺のアパート街、学園通り商店街の裏道、路地、公園、朝酌川の畔であった。

1か月がかりの調査により、「電柱に街灯がついていない」「街灯はあるが切れている」といった実態が次々と判明した。特に、大学南側の学生アパートの多い地区、朝酌川沿いや大学グラウンド東側は電柱もなく、樹木が生い茂り非常に暗いことが分かった。学生はこの調査結果を分かり易く川津市街地の地図に落とし込んで、ポイントには色紙を貼るなど「暗いとこマップ」を作成した。

一二月二一日、川津公民館にＳＫ運動の幹部、市職員、松江署員が集い、マスコミ立会いのもと「暗いとこマップ」を机いっぱいに広げた学生から説明を受けた。学生は、実に１７０カ所も犯罪の危険のある場所を指摘したのだ。さらに、学生と共に夜間調査をした市民も説明に加わったから問題が手に取るように理解でき、一同、額にしわを寄せて考え込んだ。

これらの地区では昨年喫茶店で強盗事件が発生していたほか、痴漢や声掛け事案が多発しており、地元商店街や大学では、急を要する危険個所には独自に5～１０本の街灯を設置するなど、応急の対策も施していたから説得力があった。

運動の副責任者である小山榮は、マスコミ取材の前でもあり、敢えて大声で言い放った。

「いやー、島大の諸君ご苦労だった。１７０か所は多くて大変だろうが、何年かかっても設置さんとこの街の治安は改善せん。市をはじめとした関係筋に強力に頼み込むから任せ！」

小山は胸をたたき、これを受けて自治会、町内会は市当局に設置を強く要請するところとなった。新設の場合、３分の２は市当局、３分の１は地元負担であるから、市も地元も大仕事であったものの、急を要するところから毎年着実に街灯は設置され、地域住民は島大生の活動に敬意を表するとともに、絶賛するところとなった。

次に、小山や安井が取り組んだのは青色防犯灯の整備である。

平成一七年五月某民放テレビが、スコットランド・グラスゴー市通りでオレンジ色の街頭を青色に替えたところ犯罪が激減した、と報じた。これを受けて奈良市秋篠台住宅地が青色防犯灯を試験的に導入したところ住民の防犯意識が高まり、夜間パトロールなどとの連携で街頭犯罪や侵入盗などが減少したと。また、白色から青色に替わり、麻薬常習者が腕の静脈が見えにくくなったことにより、麻薬関連犯罪が40％も減少したなどと、ややオーバーとも思える報告もあった。

安井は、国体対策室で勤務のころ、切れ者で鳴る上代義郎室長の薫陶を受けた。

「ええか、人を制するのは情報だ。早く正確に質の良い情報を多く集めろ」

県警を防犯部長で退職、島根県議会議員となり「竹島の日」を議員立法に導いた勝負師の上代、安井はその指導に感銘を受け、教えを心に刻んでいたから、いち早くパソコンの技術を身に着け独自の情報網によりこの青色防犯灯を知った。

「どげですか、公園は青色防犯灯にしませんか」

川津地域には大きな公園が数カ所あり、憩いの場として利用されていたが、時として浮浪者が住み着き犯罪者の潜伏場所ともなりかねなかった。小山は安井の進言を躊躇なく受け入れた。

一七年七月、マスコミ注目の中で、34基を青色防犯灯にチェンジしたのだ。これは県下では初、全国でも例の少ない試みであり、珍しさも手伝い近隣住民や識者からは評価を得た。

SK運動が発足して3年、町が見違えるように明るくなった。

また、公民館等の指導により広報紙、チラシの配布、立て看板やのぼり旗の掲出など、恒常的な広報啓発活動も定着した。

ここで肝心なことは、のぼり旗による広報である。これを必要以上に立てると他所から来た人に、この地域は犯罪が多いのか、防犯意識が低いのかと、誤った印象を与えることともなりかねない。小山は旗の立て方に至るまで、きめ細かい指示をした。


小山榮の心血を注いだSK運動によって、目に見えて犯罪の発生が減少し、これに気を良くした小山昭館長は、この際地域の文化力を高めこの運動を不動のものにしようと次なる手を打った。新手というのは、「川津故郷《ふるさと》かるた」の制作である。

川津には古から今日に至る優れた歴史があるものの、近年における高齢者減少傾向の中で伝統が失われつつあり、学園の町としてこれに歯止めを掛けよう、この際市民を巻き込んだ「かるた」を制作して地域

川津の青パトと集団登校

のムードを高めようとの発想であった。

「川津故郷かるた作ろう会」と銘打った5人のチームは、2年間かけてこの地域に伝わる故事来歴や著名人を掘り起こしたいろは順の作品を地域住民から募集した。そして、総数３０６点の応募作品の中から優秀作品44点を選出した。

作品の中には、見守り隊、青パト、学園の町、ヘルン（小泉八雲）、寝仏など力作ぞろいで、かるたの文字は館長自ら筆を執り、これに川津小学校児童に絵を描かせて制作、二〇年四月、地域住民のもとへ配布した。

この中から、ＳＫ運動に関連する5点を披露しよう。

あ　青パトさん　みんなを守り　今日も行く
　交差点を青パトが走り、手を上げて横断歩道を渡る歩行者の絵。

た　嵩山《だけさん》は　ヘルンも登って　ほめた山
　嵩山に登ったであろうヘルンが、山頂から景色を眺める姿絵。

ほ　ほんそ子を　みんなで守らや　育てらや
　学園橋のたもとで警戒する見守り隊と笑顔で歩行する児童絵。

ね　寝仏《ねぼとけ》さん　川津見守る　嵩・和久羅《わくら》

川津の町の向こうに横たわる嵩と和久羅山の寝仏を描いた絵。

よ　幼稚園から　大学まである　文教の町川津

大学生が見守るその前で、なわとびをする児童・園児の絵。

小山館長のアイデアは時宜を得、川津の文化を高め、ＳＫ運動を小学生から老人まで参加させ盛り上げる下支えとなった。

総理大臣賞受賞

いつの時代にも若者の力は社会に変革をもたらす。一六年の一一月「暗いとこマップ」を作成し１７０カ所の防犯灯設置を訴え、川津の町に明るさをもたらした島大学生たち、彼らが揃いの防犯チョッキを身につけて街頭に繰り出したのは、平成二〇年の一〇月であった。

若者60人が、５人１組で背に「島根大学地域安全協力員」と文字のあるチョッキに、夜光性の緑色腕章で地域の街角に立ち、朝夕児童の見守りやパトロールを始めたのだ。20歳前後の若者が「おはよう」「お帰り」とさわやかな笑顔で声を掛けるさまは新鮮だ。始めの頃は戸惑っていた小学生も、やがて小さな手を大きく振ってタッチしたり、笑顔で挨拶するようになった。

「お兄ちゃん、どこの人」「広島だよ」「私は岡山の倉敷よ」「おいどんは鹿児島たい」「へー、何で松江に?」「島大の学生よ。君たちを交通事故から守るためよ」「へー、鹿児島から、どーもだんだん」

大学生と子どもたちの間で、そんな会話が弾むのであった。

大学生が身にまとっているチョッキは、３年前小山が警察本部の門を叩いてモデル事業の地域指定を受けたことにより支給されたものである。


この頃島大の学生支援課に坂根富士男という課長補佐がいた。よく気の付く腰の低い男性で、学生と警察との仲立ちに腐心していた。

「君たち『水に入らなければ、泳ぎを覚えることは出来ない』という言葉を知っているか」

坂根が学生にボランティアを説明する時によく用いる理論である。〝世界のボランティアの父〟と言われている英国のアレック・ディクソンの言葉である。黒板《こくばん》の前で泳ぎの技術をいくら説いたとしても、水に入らない限り泳ぎを覚えることは出来ない。すなわち、ボランティアという言葉を知っていても自ら体験しない限り、自己の可能性を、社会への貢献を、喜びを理解することは出来ない、という理論である。

坂根は毎年入学式が終わると、学生にボランティア参加の呼びかけをした。学生はこの呼びかけに多い時は２００人以上も登録した。五月末、希望者を集め大学学長出席の式典において松江警察署長から委嘱状を交付され、活動が始まるのだ。

定期的な活動は五月、大学構内での自転車防犯診断、八月、地域安全推進員などとの夜間合同パトロール、一〇月、まちづくりイベントへの参加、一二月、歳末特別警戒パトロールであるが、不定期の活動として登下校児童生徒への見守りや声掛けを行う。

島根大学学生による活動

平成一〇年代は、大学が地域のボランティア活動に参加している例は珍しく、全国的に大学生を地域安全活動に参加させようとする気風が高まる中で一五年、島根大学は全国の先頭を切って活動を開始した。学生のこの活動を大学当局も意義あることと判断し、カード制度で支援するところとなった。「ビビットカード」の呼称を持つこのカードは、ボランティア活動に対して、ポイントを付与する制度で、貰ったポイントは学用品や書籍と交換でき、大勢の学生が街頭に繰り出すきっかけともなった。

そんな折、ＳＫ運動で活動している学生代表の２人が溝口善兵衛知事と対談し、地域安全に貢献したいとの決意を表明し、県の広報誌にも取り上げられた。このニュースは学生の口コミで県内外に流れたから必然的にＳＫ運動は中・四国でも注目されるところとなった。

平成二三年初夏のことである。

「榮さん、また来たぞ、今度は全国防犯功労団体表彰だ。東京に行ってごいた」

先月、中四国の警察の会議で広島へ招かれて活動報告をしたばっかりというのに、今度は東京へと声が掛かった。館長の小山昭は笑顔で依頼文を小山榮に手渡した。

一〇月九日、東京は代々木のオリンピックセンターで全国防犯功労団体表彰が挙行され、中国地区から優秀団体にＳＫ運動が選抜された。この会は警察が主導し、東京へは小山榮、安井眞、パトママの福田みよゑなどが参加した。

晴れの表彰式である。小山が感激に身を固くして表彰状を受け取ったのち、授賞者からの活動報告である。

報告するのは小山、安井は映像を担当し、福田をはじめとした会員はムードの盛り上げ役だ。

「縁結びの神様として知られる出雲大社のある島根県からやってまいりました」

小山は、８年間に及ぶ苦難の道のりを20分の制限時間一杯を使って堂々と披露した。

上局の幹部や他県授賞者の関心の的は、何といっても、かつて犬猿の仲とまで言われた島根大学をいかにして取り込んだのか、その経緯と、８年間の活動により地域がどのように変わったかであった。予想通りの質問で、待っていたとばかりに小山は声を張った。

――島大は、近年における学園周辺の治安の乱れに苦慮していたこともあり、この運動に気持ちよく賛同し、運動の推進母体として、地域住民と力を合わせて活動してくれています。

昨年の七月、学園通り商店街や公園などを独自に調査し、犯罪の未然防止、発生した犯罪の早期解決のために、何としても防犯カメラが必要と防犯マップにより提案をしてくれました。カメラ1台設置に要する費用は10数万円、リースでも月に1万円と高額でしたが、市当局はこれに応え、5台の設置を実現してくれました。

努力は人を裏切りません。このような学生の優れた企画と、見守り隊員による全地域に及ぶ弛《たゆ》まぬパトロールにより、川津地区の犯罪は日を追うごとに減少し、深夜でも、女性が闊歩できる安全な街に生まれ変わりました。

運動の発足した当時の刑法犯は520件、現在は40パーセント封じ込め、300件に減少させるという成果を収めました。殊に凶悪犯が大幅に減少し、明るい学園の街として生まれ変わりました。これは島根大学をはじめとした16の構成団体、見守りや青パトの実働部隊および平和を愛する地域住民の汗と涙の成果であります――。

平成二四年一〇月、SK運動に内閣総理大臣表彰が授与されることとなった。

「いよいよ東京だ、これには榮さんと安さん、行ってごいた」

「館長、いや、セーフティかわつの会長、あなたが行くべきです。我々はしっかり準備をさせてもらいます」

「そげかのー、ほんなら折角の皇居だ。二度とないことだけに行くとするか」

館長でＳＫ運動の会長である小山昭は、現場で汗をかいている者に花を持たせようとしたが、二人の意見に従い憧れの皇居参拝を果たすこととした。

一〇月一一日、皇居において天皇陛下御臨席のもと、総理大臣表彰授与式が厳粛に挙行された。

晴れの総理大臣表彰を受賞した小山昭は県知事に報告、知事から身に余るねぎらいの言葉を戴いた。が、彼はこの功績はひとえに小山榮の苦労のたまものであることを強調した。

このことは地域の有力者も実感していたから、館長は公民館運営においても、榮を前面に押し出した。

館長はやがて、小山榮に安全安心なまちづくりのみならず、館の運営や人事の相談もするようになった。

「どげだ、そろそろわしも引く時期だ。そこでだ、わしの後は例の男にさーと思うが……」

「なにねー、あれかね、うーん……。せっかくのセーフティ・かわつが後戻りしかねんでねー」

「なら、川沿いのあいつはどげだ」

「うーん、まーあれの方がまだましだ」

ここ4～5年、榮に変化が生じていた。小山館長から頼られ、次々と役を仰せつかり、気が付けば両手に余るほど引き受けていた。そんなことから、榮の存在感はいやがうえにも高まるところとなった。

総理大臣表彰を受賞し、県知事にその報告をした数日後の夜、川津公民館大ホールで盛大に打ち上げが行われた。

16団体の組織の長が一堂に会し、80人もの活動家が、喜びの表情で集った。

小山昭・小山榮のあいさつの後、酒盛りが始まった。

1時間も過ぎたころだ。ロビーの方で大声で口論している者がいる。

「お前、今、何言った。わしは川津のためにアドバイスしておーだけだ。何が悪い。因縁を付けーな！」

「因縁だない！　役員人事だけならいざ知らず、館長の首のすげ替えまで……。やり過ぎだ！　やり過ぎだと言っちょだわや！」

「そーが悪りーか。お前なんかからとやかく言われー筋合いはない。いね！　いね！」（帰れ、帰れ）

「まあまあ、今宵はお祝いの席、難しい話はやめて、さあ、飲みましょう、飲み直しましょう」

小山榮が、珍しく大声で地域の顔役を罵倒しているのを見かねたベテラン見守り隊員の石川、それに山口が割って入った。

小山は酒の席は好きであったが強い方ではなく、自ら喧嘩を売ることはなかったものの、平素から批判的な人物から絡まれたのだ。滅多に見られぬ怒った小山がそこにいた。罵倒された相手は捨て台詞を吐きながら公民館を後にした。

祝いの座が終わりを迎えようとした時だ。突如として立ち上がった小山が大声で歌い出した。

俺たちゃ川津の健男児
蛇に勝て蛇に勝てえっと勝て
何ぼお前がえばっても

　　最後の勝利はおらだんち

　いつの頃かこの歌が川津の地に流行りだした。もともとは川津小学校の教師が作詞した応援歌であった。小山は嬉しいにつけ悲しいにつけ、この歌をよく歌った。

「榮はのう、歯に衣着さずズゲズゲ言う男だった。あれの言うことには飾り気がない。それに自分の都合は一切入っておらぬけん、わしも聞いた。今、あげにものの言えるもんがおらんやになった」

　これはしばらく後における、元館長小山昭の偽らざる心境であった。

愛妻と共に歩んだ川津の健男児

　それは平成二九年一月二六日木曜日の朝であった。天気は快晴、2日前に降った40センチの雪は路面で圧雪となり凍結し、車はノロノロ運転。大寒を前にしているとはいえ、血も凍るような寒い朝だ。松江市内は零下4度、池という池には氷が張り、歩道の雪も凍結し、小学生であれば歌を歌いながら雪の上が歩けた。

　午前7時、小山家の炊事場でいつものように物音がする。父の榮が食事の準備に入ったのだ。彼はここ10年、毎朝トマト1個、食パン1枚、それに温めた牛乳コップ1杯を飲む。見守りの日は7時20分過ぎに

「行ってくるぞ！」と大声で家族に知らせて出てゆくのだが、今日は落ち着いている。と、そのとき電話のベルが鳴った。

「なにや？……。わかった。いいけん、いいけん、わしが行くけん」

——は、はーん、親父、誰か都合が悪いんで代わったな。

夜勤明けで午前4時に帰宅し、うたた寝をしていた息子の靖司は、床の中で父の様子を窺った。ふすまの向こうで妻由美《よしみ》と父の会話が聞こえる。

「今日は冷えるけん、出るのは感心せんぞ」

「でも、大輔《だいすけ》は大事な時期よ、お父さんだって行くんでしょう」

「おお、見守りはわしの役目よ」

大輔というのは小山家の内孫で、今年大学の受験であった。

「ほんならそろそろ出るとすーか」

玄関の扉のあく音、「行ってらっしゃい」と妻の声。靖司は再び眠りに落ちた。

それからしばらく後、加入電話がしつこく鳴った。眠たい目をこすりながら電話に出た靖司に「栄さんが転んで大怪我をした」との通報があった。靖司は、作業着を引っ掛け、凍結した道を走って現場へ。

靖司が島大正門前に着いたときは救急車が立ち去った後であり、現場に残っていた見守り仲間から急ぎ事情を聞いた。

——小山はいつもの通りコンビニの横から交差点に入り、横断歩道を渡ろうとした。ピカピカに凍った車道、幅８メートルの車道の向こうには仲間が揃いの活動服を着て立っていた。中間点あたりで「いよー」小山が笑顔で右手を上げた時だった。〝ツルー〟足が滑り体が宙に高く跳ね上がり、あっという間に頭から路上へ叩きつけられた。それでも立ちあがろうともがく小山。仲間が走り、車からも男女が走り出て数人がかりで歩道上へ移動した。意識はあるものの動けない。やがて到着した救急車に、小学生や大学生、見守り隊員の目前で運び込まれた小山は、松江日赤病院へ搬送された――

ただならぬ気配を感じつつ夫を送り出した由美に、半刻も過ぎたころ電話が。「これから日赤に行く。親父がこけて頭を打って救急車で運ばれた。たいしたことはない様子だが……」

由美は不安にかられつつ家事を中断し、急ぎ日赤に走った。

「さっき親父と話した。『倒れてからの記憶がないわ～』と言っておった。今日は雪道で転んだ怪我人がいっぱいおるようだ」

そうする由美の知り合いの看護師がやって来た。いつもなら冗談の一つも言う彼女がにこりともせず、医師の説明があるから、といって２人をドクター室へ招き入れた。

「重体です。どうします。手術しても元通りになる補償はありませんが。今ここで判断してください」

「手術して下さい！」

靖司は瞬時に返答した。

――命の問題ではないか。元通りになるかどうかではない。

手術はその日の午後行われたが意識は回復しなかった。小山は、数日後集中治療室から個室に運ばれてきた。

「親父、親父」「お父さん、お父さん」「お爺ちゃん、お爺ちゃん」

家族の呼びかけにも、大きないびきをするのみで反応はない。

小山が倒れて一週間後の二月二日の午前、小山家と家族ぐるみの交際をしている西持田町の野田真理子が見舞いにやってきた。

「あーあーあー。おじさん、おじさーん」

野田は小山の顔を見るなり、大声で泣き崩れた。この時個室には夜勤明けの靖司が1人付き添っていた。

「……私、今朝の新聞で初めて知りました。こんなこととは露知らず」

「新聞、見られましたか。残念ですが……もう1週間、こんな状態です」

靖司が両の手で父親の手を包み込み、温めている。

父親を、60近い息子が……。野田はこの光景を目の当たりにしていつまでも涙が止まらなかった。

数日後、同じ川津管内で見守りをしている元警察官が、風呂敷に包んだ額縁を手に見舞いに訪れた。額縁に入っていたのは「見守り男性早く元気に」と大見出しのある、5段抜きの山陰中央新報の記事であった。

見守り男性「早く元気に」

活動中に転倒、意識不明

長年にわたり、松江市川津地区で子どもたちの見守り活動をしている防犯ボランティアの小山栄さん(85)＝松江市学園２丁目＝が先月、活動中に転倒して頭を打ち、意識不明の重体となっている。街頭で児童に声を掛ける献身的な姿を目にしてきた関係者からは「元気になり、再び地域の防犯活動に貢献してほしい」と回復を願う声が相次いでいる。

（鎌田剛）

歳末特別警戒パトロールの出発式で宣誓する小山栄さん＝２０１６年12月１日、松江市袖師町、松江署（島根県警提供）

防犯団体運営・小山栄さん 献身的な姿 住民祈る

松江

小山さんが見守り活動を始めたのは10年以上前。最近は、松江市西川津町の島根大前から市シルバー人材センターまでの約６００㍍を、集団登校する児童に付き添って一緒に歩くのが日課になっていた。

路面が凍結した１月26日朝、児童の集合場所に向かう途中で転倒し、頭を強く打った。市内の病院に搬送されて手術を受けたが、１週間が経過した２日の段階で意識は戻っていない。

元警察官の小山さんは、川津地区で不審者の声掛けやつきまとい事案が多発したことから「住民の力で地域を守りたい」と考え、２００３年に防犯ボランティア団体「セーフティ・かわつ」（小山昭会長）の立ち上げに尽力し、まとめ役を務めた。

地域住民だけでなく、島根大の学生らを巻き込んだ活動が評価され、12年10月にセーフティ・かわつは、安全・安心なまちづくり関係功労者の内閣総理大臣賞に選ばれた。小山さんは現在も副会長を務め、16年12月に松江署であった歳末特別警戒パトロールの出発式では、市内ボランティアを代表して決意表明した。

警察官時代の後輩で、見守り活動に加わる山口信夫さん(73)＝松江市上東川津町＝は「小山さんの行動に感銘を受け、後に続いたボランティアは少なくない。ただただ回復してほしい」とし、市立川津小学校の古川康徳校長(60)は「見守りに加え、学校活動にも積極的に協力してもらっており、まさに地域の宝のような人だ」と祈る思いで推移を見守る。

長男の会社員靖司さん(57)は「父は地域に貢献できるのを誇りに思い、喜んで活動してきた。多くの皆さんに心配してもらっており、回復を願うばかりだ」と看病を続ける。

平成年29年２月２日　山陰中央新報

小山の一貫した地域安全への情熱、殊に川津地区を安全な街に導いた功労は衆目の一致するところであった。見守り活動現場での転倒、怪我、意識不明、この噂はたちまち大学前の現場から四方に飛び交い、当然のことながらその噂はマスコミに届いたのだ。

額縁はその日から、回復を祈る激励文などとともに、小山の目の届く正面の壁に掲示された。

入院から50日経過したものの症状は変わらず、三月一六日、海に近い松江市鹿島町の鹿島病院に転院することとなった。

かねて小山が目に入れても痛くないと可愛がっていた孫《まご》の大輔が、広島の大学に合格した。明日は松江を離れるという前日の二四日、大輔は祖父を見舞った。

「お爺ちゃん、お爺ちゃん、僕大学に受かったよ……」「明日行くけんねー」

大輔は懸命に祖父の背を撫で声を張った。その時だ。小山が首を動かし、目を大きく見開き頷いたのだ。かすかに笑みさえ浮かべている。

「お爺ちゃん、お爺ちゃ～ん」

大輔は驚いて大声で叫び、靖司夫妻は狂喜した。小山は20秒も首を振り続け、目を瞬《しばた》かせたのだ。

この光景をリハビリの医師も見ていて驚きの表情をした。〝これは回復の可能性がある、刺激を与えれば意識が戻るかも〟医師はそう考えたようだ。

そして春先、第1回目の実験に着手した。

小山が大好きであった白バイを見せ、エンジンの響きを間近で聞かせることであった。その年は五月二七日、県下の白バイ大会が予定されており、靖司は交通機動隊に頼んで大会の迫った数日前、宍道湖畔の白バイ練習コースへ父を連れて行った。介護タクシーに車椅子をセットし、医師、看護師、ケアマネなど４人が同行するという万端の準備だ。靖司ら３人は別の車で追従した。医師をはじめリハビリ関係者が車椅子を押して練習コースの最前列に陣取り、30分も白バイの走行訓練風景を見せ、快いエンジン音を聞かせた。だがこの日、小山に目立った反応はなかった。

２回目は初夏のこと、小山が好んでいた海辺のコースに繰り出した。恵曇湾沿いに車を停め、堤防の上を車椅子で散策、海風に吹かれ、魚の匂いも嗅がせた。また、鹿島のヨットハーバーを巡回、波の音を聞かせた。その時だ。「小山さん、小山榮さん」医師の呼びかけに薄目を開け反応したのだ。

３回目は一一月中旬のこと、松江市内でも小山が活躍した本拠地を巡ったのである。順路は、日常小山が好んで走った松江城周辺を選んで、まず学園町の小山家へ、続いて、小山がほぼ毎日通っていた公民館への訪問だ。この日公民館では小山が役員を務めていた民生委員の会議の真っ最中であった。看護師は小山を公民館の玄関に運び、しばし建物を見せたのち、玄関をくぐり館のロビーに移動させた。

「ウワー、小山さんだ」「榮さんだ、榮さーん」

40人もの男女が一斉にロビーに走り出て、小山の車椅子を取り囲み大声を発した。車椅子は大声援を浴びながら、ロビー奥の菊花展会場へ。会場には小山と親交のある館長の三宅克正がいた。

「おー、小山さん……。気分はどうですか」

館長は笑顔で小山の手を握った。小山は首を動かし、目を見開き、言葉を発したい様子であったのだが……。


このように病院と家族が知恵を出し、懸命にリハビリに打ち込んだものの、症状は大きくは改善することなく平成二九年の年も暮れた。


小山は、妻喜美子をとても大切にしていた。60代後半のころ、喜美子が転倒し骨折したことから、家事労働は自分と家族で受け持ち、喜美子には孫の守りなどの軽労働以外はさせなかった。殊に80代となり、軽度の認知症になってからは、日常生活の支援にも気を配った。そして小山が怪我をするしばらく前、施設へ入所させたのだ。

平成三〇年三月九日、夜も寝静まり、喜美子の入所する介護施設のロビーには人影もない。就寝したはずの喜美子から、事務室に電話が入った。

「部屋から出して！　今私に面会が来ちょーけん。出して、出してよ～」

介護師は錯覚であろうと思ったが、しつこさに負けて喜美子を車椅子で無人のロビーまで連れ出した。しばらく時が経った。

「もういいけんねー、終わった。ちゃんと来てくれた」

そう介護師に告げると、喜美子は満足した表情で部屋に戻った。

その翌日、すなわち三月一〇日午前のことである。虫が知らせたのか、靖司夫妻と長女の由衣《ゆい》は鹿島病院を訪れた。小山の様子がおかしい。やがて医師が駆け付けて診察し、３人に外に出るように指示し、しばらくして招き入れた。

「お迎えが近いようです」

靖司は悟った。息の音がとぎれとぎれに、しかも小さいのだ。３人はじっと見守った。やがて小山の呼吸が止まった。長男夫妻と孫に看取られながら、小山榮は静かに息絶えたのだ。

しばらく後、靖司は母の介護師から、小山死亡の前夜の母の不思議な行動を聞いた。それは決して異常ではない。小山は喜美子を心から愛していた。だから先立つことが耐えられず、妻に遭いに来たのだ。

「わしは先に逝く。お前が来てもええように、ちゃんと準備をしておくけに心配せんでもええ、安心して来いよ～」

そう告げたのだ。靖司はそう固く信じている。

小山榮の葬儀は平成三〇年三月一三日午後二時から、川津の平安祭典で、神式で挙行された。大ホールは30分も前に満杯、２つの小ホールを開放しても、入り切れぬほどの弔問客があった。

喪主の靖司は思っていた。

父は母と共に生まれたこの川津の地を、誰よりも深く愛していた。何としてもこの地の平和を取り戻したい、この土地と地域の皆さんの恩に報いようとその信念に燃えて命がけで闘った。そして見守り活動の現場で事故に遭遇したものの1年2カ月間生きながらえた。決して悲しみの葬儀ではない。

神式のその葬儀は、勇者小山榮の人生を振り返るにふさわしく格調高いものであった。読経の最中に流れる思い出の音楽、ビデオ画面には小山の在りし日の雄姿が綴られていた。

地域の土俵で子ども相撲の行司をする小山

白バイやパトカーに囲まれて笑顔で指導する場面

仲間を自宅に招き、焼き肉を仕切る場面

釣った大ダイを料理する真剣なまなざし

セーフティ・かわつ運動の旗を手に出発する小山

表彰状を手に、県知事に祝福される場面

参列を終え、ホールの外で挨拶を交わす人々の顔には、人生を終えた川津の健男児を称える納得の表情があった。

その年の八月二一日、妻喜美子も榮の後を追うように八六歳の生涯を閉じた。

小山榮が情熱をもって立ち上げた「セーフティ・かわつ運動」は、犯罪の多発するあわただしい平成一五年七月にスタートしたことから、見守り等の街頭活動従事者に傷害保険を掛けていなかった。

今回の事故は、責任者自ら見守り活動現場において重傷を負い、1年2か月後に死亡したものである。

そこで小山榮の後を引き継いで会長となった安井眞は、組織の見直しのため平成三一年、管内の活動家の一斉調査を実施した。

活動家の住所・氏名・生年月日の把握、帽子やジャンバーの状況、活動への希望意見調査などである。

そして公民館予算を用いた傷害保険への加入、活動服の新調、安全な活動のための指導など、時代に即応した見守り隊とすべく知恵を出し組織の再スタートを切った。殊に、移動の激しい島根大学の学生を確実に把握するため、以来毎年同様の調査をして組織の充実を図っている。

川津の健男児小山榮の精神は、こうして令和の世に引き継がれ、県下で最も大きな見守り組織として、次代を担う子どもたちの健全な成長を支えているのだ。

終

第四話

教育の町　川合よ永遠なれ

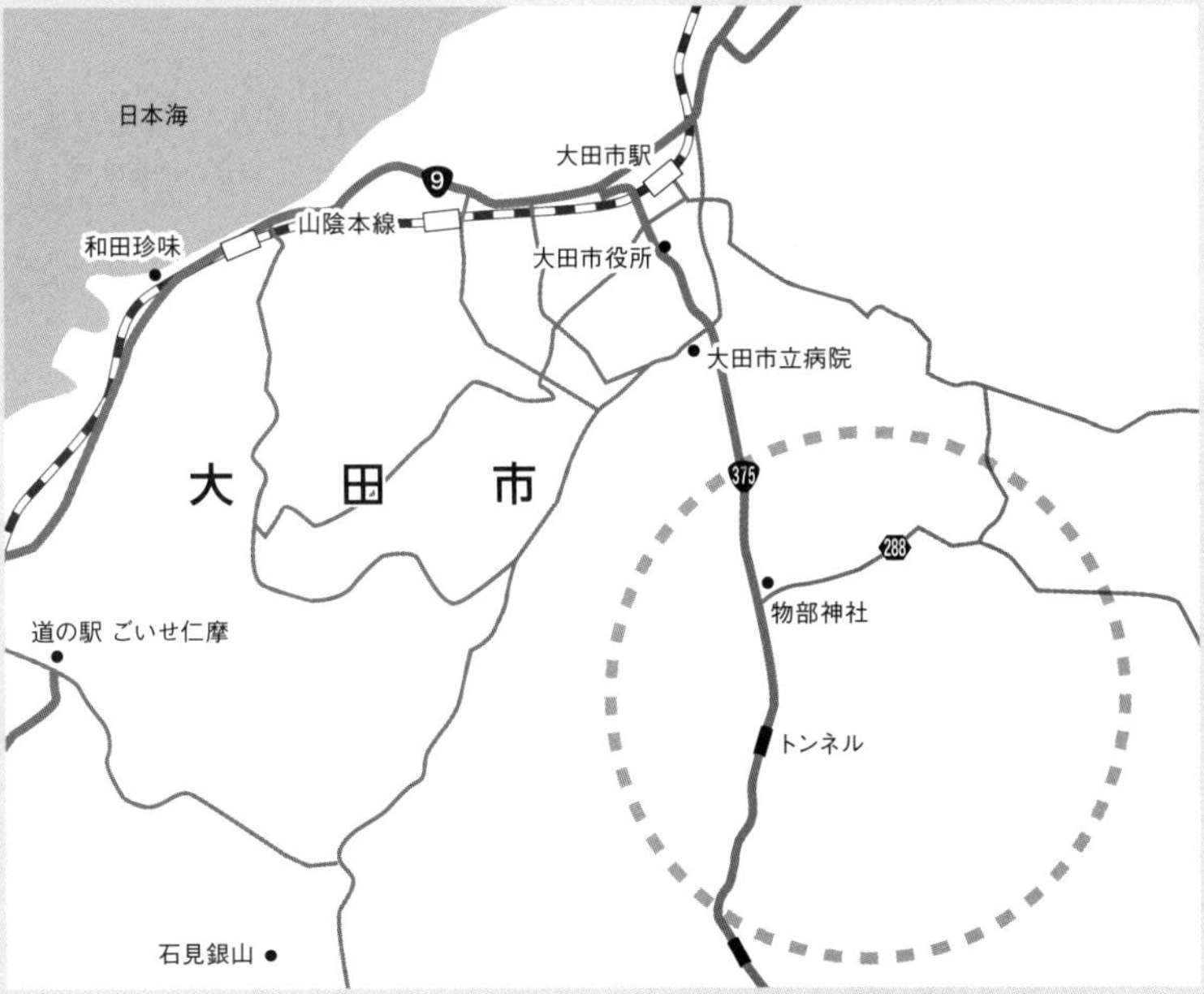

大田市と「かわいみまもりたい」活動範囲

駐在さんの一言

「トンネルの手前で声掛け事案があったらしいでー。館長さん知っちょられますか」

川合公民館長の江下《えげ》芳久の下へ、駐在所の錦織弘一が汗を拭きながらやって来て、開口一番、大声を上げたのは平成一六年の春先であった。

「なにねー、トンネルの手前ねー。……声掛け事案だと！」

江下は公民館長の役に就いて5年、60代後半の温厚な人柄で、何事にも真正面から取り組む真面目人間であった。前職は自動車教習所の部長で、勤めのかたわら民生委員・交通安全協会川合支部長などを引き受けて地域のために尽くしていたから、公民館長ははまり役であった。江下にとってこの頃の心配は、子どもを交通事故や犯罪の被害からいかにして守るかにあった。

平成一二年の一一月、川合町内を東西に走る国道３７５線の橋の上を歩いていた園児の列に前から来た軽トラックが突っ込み、１人が重体、１人が重傷を負う事故が発生した。

市内の国道は交通量の割には道幅が狭く歩道も未整備で、事故の原因は歩道の途切れた道幅の狭い橋梁にあった。この事故を契機として市は県に道幅の拡張や歩道の整備を要望したものの、その対策は場当り的で、牛の歩みの如く遅々として進まない。

このようなさ中、大阪の附属池田小学校で刃物を持った男が児童など23人を殺傷した。この事件に端を発し、京都、兵庫、滋賀、福岡などで学校や通学路、自宅において子どもを狙った持凶器殺傷事件、誘拐事件、傷害事件、わいせつ事件などが多発した。県内でも殺人や路上強盗、ひったくり、女子児童への付きまとい、少年が被害にあう交通事故が急増していた。

殊に、県庁所在地の松江は夜型社会への転換期で、風俗関連営業や夜遅くまで開店するスーパーなどが女子学生のたまり場となり、遊びに興ずる少女に目を付けた不良青少年による声掛け事案は慢性的ともいえ、それが近年地方へも波及してきたのだ。

現場は、国道375号の川合町南地内「川合トンネル」の手前の寂しい町外れで、点在する民家からは見通せず死角であった。春先のある日の夕刻、1人で歩いて帰宅中の女子中学生に見知らぬ中年の男が近寄って来た。

「お嬢ちゃんお帰り」

「……帰りました」

「どこの学校……」

「大田一中です」

「家はどこ、送ってあげようか」

「……近くです。いいです」

「遠慮せんでもええ、乗りなさい」

女子学生が礼を言って立ち去ろうとしたところ、男はニヤニヤしながら近づき車の扉を開け少女の手を取って乗せようとした。少女は咄嗟に男の手を振り払い民家を目指して一目散に駆け出したと。

駐在所の錦織から江下が聞かされた話は、親切を装った声掛け事案で、成り行き如何では重大事件に発展しかねないものであった。

この場所では、1月前にもこれと似通った事案が発生していたから、地域の治安を預かる駐在所員としては気が気ではなかった。

「志学じゃー見守り隊を作ろうとの話が持ち上がっておるらしいが、川合こそ必要じゃないかね、旅の者の通り道じゃけんなー」

国道375線は、大田の中心街から南に伸び邑智郡を経て広島につながる。物部神社の周辺が川合町の中心地で、川合小学校、川合公民館、医院や商店などが立ち並び、問題のトンネルは公民館から1・5キロ南下した町外れにあった。

平素は笑顔の駐在さんが、真剣な眼差しで館長の顔を覗き込んだ。

川合駐在所の錦織は出雲の出身で、鉄道公安官から転身して島根県警を拝命したスポーツマンであった。身体は180センチ、体重も90キロ近い巨漢であったものの、性格は温厚で地域住民から親しまれていた。川合へ赴任して3年、国立公園三瓶山を管轄する志学駐在所と同じブロックであったから、情報は早かった。

「いやー、トンネルのあたりはぶっそうで、実はわしも心配しておりました。そうですか、志学で見守り隊を？　うーん」

「車社会ですけー、こげな田舎でもいつ凶悪犯罪が起こるかわかーません。館長さん、見守り隊を立ち上げませんか」

「そうですなー、事が起きてからでは手遅れです。早速、世話人を招集して前向きに相談しましょう」

江下はまず、トンネルの手前にある農家に要請して、「子ども１１０番の家」を引き受けてもらった。この制度は、子どもが困った時、いつでも咄嗟に駆け込むことの出来る民家を確保する制度で、町内には以前から数10カ所を指定し、赤いのぼり旗をたてて広報していた。

川合公民館は館長以下３名体制で、江下は週３日程度の出勤であったものの主事の熊野俊昭《しゅんしょう》、女性の三浦智《さとる》は常勤であった。館長の指示でさっそく熊野が見守り隊結成のための役員会を招集、３日後、準備会は開催された。

集まったのは自治会・社会福祉・駐在所・少年補導委員・交通安全協会・小学校・ＰＴＡ・婦人会など16団体の長であった。

「志学でも立ち上げると……。負けちゃーおれんのう」

「松江や大社の方では大分前からやっとるらしいで」

「橋の上の事故のように、起きてからじゃー手遅れじゃ、さっそく作ろう」

「それは賛成じゃが、簡単じゃないぞ。まず人、次に金だ」

「いや、金は後でええ、動いてくれる人間を抱き込むことだ」

「となりゃ『おたすけたい』や『リバース』だよのう」

「おたすけたい」というのは、2年前に出来た「川合町社会福祉活動計画」で、地域では「おたすけたい参上」との愛称で親しまれ、児童・生徒の保護・高齢者の福祉に取り組んでいた。また「リバース」は、川合球友会という野球チームの愛称で、10人の女性を含め50人のスポーツ集団であった。この頃の川合には、単独で活動する高齢者を除き、ボランティアの組織は存在しなかったものの、何事にも前向きな川合男子である。16人の世話人は冒頭から活発な議論を展開した。

「子どもの見守りは言うに及ばぬが、年寄りをないがしろにしてはいけんぞ。せっかく見守るのなら、年寄りも対象にしよう」

「川合らしい特徴をもたせ、高齢県島根の手本にしようぜ」

2年前、一軒の家で同時に2人の高齢者が亡くなるいたましい事故があった。妻を介護していた高齢の夫が脳梗塞を発症して急死し、寝たきりであった妻も介護者を失い死に至ったのだ。見守りのシステムがなかったから発見が遅れ、地域は大騒ぎとなった。

「そりゃーええ、子どもと年寄りは地域の宝だ」

「問題は金だ。年度中途だけー金はないが……。当面は寄付で賄うことにしよう」

「あの手でやりゃー、10万や20万は下の口だ！」

協議の結果、本件は緊急案件と判断、公民館の熊野主事、消防署の幹部で知恵者の松井功《いさお》、老人会長の酒本《さけもと》勝治など数人で活動の基本方針を策定することとした。この段階では組織の母体は「社会福祉活動計画」呼称は「おたすけたい」としていた。ところが、錦織駐在さんの意見を求めたところ「見守り隊でないと目的が霞んでしまう」との意見が返って来た。安全安心を所管する駐在さんの的を射た指摘であり、急遽、母体は公民館、呼称は「かわいみまもりたい」に変更した。

七月一日、地域住民期待の中、公民館において結成大会の運びとなった。

母体を公民館としたことから、当然のことながら会長は公民館長であり発起人でもある江下芳久、事務局は公民館主事の熊野とすんなり決まった。また、活動の基本は次の４本の柱とした。

◎守る対象

見守りの対象は子どもと高齢者である。近年子どもたちを狙った声掛け事案が多発しているとともに、高齢者の事故や突然死も増えている。全町民で支援と保護活動を展開し、事件や事故を防ごう。

◎活動の主体

全町民２千人が活動の主体である。子どもも守られるばかりでなく、自らを守る知恵と工夫を学び実践することによって明るく安全な町ができ、将来に向けた希望がわく。

◎犯罪発生抑止活動

昨今の犯罪は、都会も田舎も関係なく発生する。高齢者のみならず多くの町人が戸外に出ることで人通りが増え、不審者の近づきにくい、抑止力のある町となる。

◎明るい町づくり

川合町は国道沿いにありながら街灯が少なく町が暗い。事故や犯罪の多発する夕方から夜にかけて町が明るくなるよう「一戸一灯運動」を進め、事件や事故の起きにくい抑止力のある町をつくろう。先行する出雲部の見守り隊と異なり、活動の主体や見守りの対象が幅広いことから、人の目による見守りのみでなく、機動力を持った「青色防犯灯のパトロール車（以下「青パト」という）の導入、「一戸一灯運動」など、犯罪の抑止活動にも力を入れることなど、まさに教育の町川合にふさわしい見守り隊の誕生であった。

さあ、待ちに待った結成大会の夜だ。

川合は酒好きな者が多く、新しい会ができるときなどは決まったように大田の町に場所を移しての宴会である。公民館にかしこまっての総会の席では言いたいことも言えず我慢していた者が、酔いが回るにつれて本音を吐くから、思いがけない面白いアイデアも飛び出す。今回はそれに加えて、もう一つ大事な狙いがあった。金集めである。

主催である公民館には見守り隊に充てる予算はない。社協に金はあるものの主催を外れているから年度中途での活用は難しい。ことは急を要するから来年というわけにはいかない。例によって宴会が佳境に入ったころ、いつとはなしに話は金へと移行した。

「なーに、金はみな持っとるよ、とりあえずカンパだ。足らんところはあそこに出してもらえばええ」

「市や警察も知らん顔はすまい。ことは安全対策だからのう」

「この席で、とりあえず当面の必要経費は確保できようで」

酒の座は無礼講。相手が誰であろうと好き勝手にものが言え、後へ尾を引かぬ。酔いにかこつけてこの際とばかりに言いにくいことをずげずげ言う者、他人の家の財布の中にまで話の花が咲く。

ビール、酒、焼酎、ワインが次々と空になり、江下会長の締めの言葉だ。

「大社に『幼稚園・学校安全ネットワーク』が出来たのは3年前のことです。川合は少々遅れたが、中身が違う。主役は全町民、高齢者をも保護対象としており、市当局、警察、マスコミからも注目されております。繰り返すが、見守り活動は全町民が主役です。今後の島根県の手本となりましょう。いよいよ明日から活動に入ります。だが、金は1円もありません。ここから先は言わんでも分かっとると思います。美味い酒を飲んだと思うて、チョンボシでええ。カンパをして下さい。宜しく頼みます」

ろれつの回らぬニコニコ顔の江下が、高らかに締めを行った。

いよいよ、割り勘の徴収となった。例によって参加者が割り勘に2千円、3千円とプラスした。中には余分に5千円札を出すもの、1万円札を出して「釣りはいらんぞ！」と大声を張り上げる者もいた。酒が入ると気が大きくなり財布の紐は緩む。江下の計算通り、金集めはとりあえず成功のうちにお開きとなった。

発会式の翌日から、公民館は大忙しだ。

あらかじめ50人分程度の隊員の帽子、チョッキ、交通指導用の旗は警察から提供されていたものの、組織を立ち上げるには何と言ってもムードを高めねばならない。

マスコミに宣伝させるためには、町々に広報用の桃太郎旗や看板、張り紙、イルミネーションなど、視覚に訴えた道具が必要である。通勤者、長距離運送のトラックや通過交通、観光客、地域住民などには〝町の様子が変わったな〟と思わせ、一層の安全運転を励行させねばならぬ。その一方で、どこにいるかわからぬ犯罪者や変質者、声掛け癖のある者、悪意を抱いている者には「どうもこの町はやりづらい」と犯行を思いとどませる仕掛けが必要である。

となれば、集めた金では大幅に不足する。そこで江下は、理解者の川上医院の院長、第一建設の社長、商工振興会会長等を訪ねて実情を訴え、大金の寄付を戴いた。

それから半年がたった。華々しくマスコミに宣伝して発足した見守り隊であったが、江下会長が目論んだほど見守りに携わる町民がいないのだ。

発足式の後の祝賀会で江下は「全町民が主役だ」と正論をはき、輪番制とか繰り出しは一切行わぬと大見栄を切ったのだが、事はそうたやすくはいかなかった。朝の見守りは自治会やＰＴＡ、地域の主婦などそれなりに出てはくれたが、下校時のそれはパラパラで、殊に町場を離れ山道や田園地帯となると以前と同様見守り人はおらず、子どもの危険は変わらなかった。

当初、社協の「おたすけたい」や「リバース」など若者が中心となって活動してくれるであろうと見込んでいた江下だが、その目論見は見事に外れた。よくよく考えると、子どもを持った親はみな昼間働いているから、そもそも下校時の街頭活動には無理があるのだ。

「さて、困った、どうすべきか」

そこで、昼間公民館によく出入りしている高齢者の会に話を持っていった。

川合には「吉永」「川合」「忍原《おしばら》」３つの老人会の組織があり、会長は元公民館長の和田吉成であった。

「実はねー、我々は黙って見とったんよ。全員が主役と言うことはねー、聞こえはええが、誰もやらんということよ」

――なるほど、そうか。みんな、様子見をしておったのか。

和田は江下の要請に基づきリーダーに実情を訴えた。高齢者の会は毎月一日を話し合いの日としていたから、この要請は迅速に伝わり、以来、高齢者が街頭に姿を見せるようになった。

明けて一七年の四月、川合に「爺ちゃんクラブ」という「学校支援」の組織が出来た。このクラブの会員は「50歳から85歳までの男性で、孫が学校に通っていること」が要件であった。まさに見守りのために出来たような会であった。

会長の酒本勝治は大田市の農業試験場に長く席を置いたスポーツマンで、若い時はラグビーに、野球に情熱を注ぎ、野球少年団「リバース」の指導をしていたから、高齢となった今でも頑健であった。

「江下会長、全面的に協力させてもらいましょう」

酒本は、困っている江下のことを知ると、声高らかに協力を約した。

発足した「かわいみまもりたい」

一方、中央の動きも活発化し、平成一七年の一二月、文部省から「スクールガード」(学校を守る会)の立ち上げが全国に呼びかけられ、川合小学校は県下のモデル校として指定されたのだ。

世話人は見守り隊の発起人の1人で消防署の幹部である松井功であった。松井は地区の壮年に呼び掛け、早速、要員として20人を確保した。この中には渡辺信子など、行動力のある女性が4人いたから、毎月数回、小学生の集団下校を7路線に分けて付き添いガードするなど、徐々に活動が定着してきた。

このように、「かわいみまもりたい」は軌道に乗るまでに少々時間はかかったが、昼間は高齢者や婦人、夜間や休日は若手、という図式がここにきて出来上がったのだ。

川合の誇る偉人

川合町は東方に国立公園三瓶山を、西方の大田市大森町に世界文化遺産石見銀山を有し、静間川と忍原川が合流する田園地帯に開けた町である。

町の中央に「文武両道、勝運の神」として名高い御祭神宇摩志麻運命《うましまじのみこと》を祭った「物部神社」が存在し、全国の信者によって崇められてきた。

又、いつの時代にも優れた指導者が出現し、教育と勤労のバランスのとれた町として発展してきた。

石見尊徳岩谷の　翁の心鑑《かがみ》とし

力を合わせいざ友よ　強く正しく伸び行かん

川合小学校校歌の２番の歌詞に「石見尊徳」とある。その人こそ石見一円から尊徳様と慕われた岩谷九十《くじゅう》老《ろう》である。

九十老は一八〇八年（文化五年）、安濃《あの》郡（大田市）川合村浅原の豪農屋敷に生まれた。

幼少の名を官二郎といい、母親の乳が足らなかったため、小作農家に里子として預けられた。食事も満足に取れぬ貧しい日々の生活の中で「朝は朝星夜は夜星」の如く、早朝から草刈り牛飼いに、日中は野良仕事に耐え、夜は縄ないや草履作りに精を出し、不屈の精神を養っていった。

彼の人差し指は傷跡だらけであった。

「この傷跡は、幼少の頃朝早く草刈りに出かけ鎌で切ったその跡だ、人間は勤労することで先祖とつながり、次の世へと道が拓ける」

晩年、子どもたちを諭す時、いつも指を見せて語ったものである。

少年のころから勉強熱心で、貝原益軒《かいはらえきけん》や太宰春台《だざいしゅんだい》の著書に親しみ、人間尊重や済世救民の信念を高めていった。

成長して実家に戻ることを許された九十老は、26歳で父の跡を継ぎ地域の世話人として一歩を踏み出した。

一八三三年から始まった天保の飢饉《ききん》では自らの蔵を開放して穀物を分け与えるとともに、大森代官所に農民の救済を申し出でた。一方、自費をはたいて静間川沿いの堤防や用水路、道路などを50回にわたって改修施工した。

一八六六年（慶応二年）安濃郡鳥井村で百姓一揆が勃発した。一揆は第二次長州征伐に際し、長州の逆襲にあい浜田城が落城したことから大森銀山領の代官が逃走したことを奇貨として発生した。長引く米の不作も相まって人々の不安と不満が一気に爆発し、浜田藩から国領石見銀山、更には松江藩の一部にまで拡大したのだ。農民は竹槍を手に村々の資産家を襲い、家々に火をつけて蔵を壊し、その一味は大田村から川合村へと迫った。これを知った九十老は、両手を広げて暴民の前に立ちはだかった。

「貴方がたは何をするのか。不作は天災だから難儀は誰も同じ。それほど困っているのなら私の蔵にある米を全部差上げましょう。それでも承知できぬのなら、まずこの私を殺してからやってもらおう」

九十老の勢いに押されて、暴民は静まり返った。

「そんな危ない道具はここで燃やして灰にしてくれ」

民が手にする竹槍を焼かせると、先頭に立って村の資産家を説いて回り、貯蔵する米を出させることで拡大していた百姓一揆を鎮静化させたのだ。この時以来、地域住民は九十老のことを「米安《こめやす》大明神様」と敬い仰ぐようになった。

百姓一揆の根本的な背景には米の収穫の不安定による農民の貧困があり、そこを解決せぬかぎり問題は繰り返す、そう悟った九十老は、次なる手を打った。

地域の農業を抜本的に改善するために、土質の改善と水不足の解消に乗り出したのだ。研究を重ね土質の改善策として、三瓶山周辺の農民が多肥と深耕で米の増収を図っていることを知るやこれを地域一帯へと導入を進めた。また、水不足を解消するために、以前から続けてきた静間川の水を川合一円に流すための水路建設に力を注ぎ、これを完成させた。このようにして1反当たりの米の収穫量を10俵近くにまで押し上げるところとなったのだ。

荒れ地の改良に、牧畜に、養蚕に、茶や綿の栽培にと指導力を発揮し、石見一円を豊かな地へと導いて行った。

九十老が生涯をかけた仕事は農民の救済であったが、学問の追求も怠らなかった。同じ川合村の金子有《あり》卿《さと》からは歌を、蔵田雅楽からは書を、周防国の近藤芳樹からは国学を、京都の綾小路有長からは書を学んだ。

九十老は住民一人一人が正しいこと実践すること、人のために尽くすこと、年長者を敬い大切にすること、将来のための町づくりや災害への備えに心を配ることなど、人の道や村の行く末について熱心に説いて回り、やがて人々は九十老を「石見の尊徳様」と敬い称えるようになった。

九十老が一生を終えたのは一八九五年（明治二八年）三月二一日のこと、享年88歳であった。翁の業績は村人によって物部神社に建てられた頌徳碑に込めて住民の永遠の誇りとして後の世へと伝えられている。

近年における川合の生んだ偉人としては、我が国最大の製缶会社を築き上げた松本猪太郎《いたろう》がその名をとどめている。

金方堂《きんぽうどう》松本工業株式会社の創業者松本猪太郎は、一八八八年（明治二一年）川合町鶴府《つるぶ》の貧しい農家に生を受けた。

「この子は変わっとる。暇さえあれば馬小屋へ行って遊んどる」

親がなかばあきれぎみに話していた。6歳になり河合村尋常小学校に入学、成績は中の上、動物好きはあい変わらずであった。

5年生の時いつものように大好きな馬の餌を作ろうとマサカリを使っていた。その時、不注意にもマサカリで右足のくるぶしを切りつけてしまった。大怪我で、父の背に負われて医者に。5針も縫う重傷で傷は容易に治らなかった。とうとう9か月も学校を休むこととなり、猪太郎は進級できず友達から「落第坊主」「落第坊主」とはやし立てられた。

自分の過ちとはいえ、下級生からも馬鹿にされるような恥ずかしめにはとても耐えられなかった猪太郎は、この年の夏、両親に「東京へ奉公に出してくれ」と訴えた。12歳とまだ幼く、父も母も反対したが猪太郎の決意は固く、東京へ行かせることとなった。

人生の転機はまさにこの時であった。

上京した猪太郎は、同郷出身者が経営する川島製缶所に丁稚奉公として住み込んだ。大きな夢を抱いて朝から晩まで懸命に働いた。掃除、洗濯、お茶汲み、使い走りなどの雑用、夜の戸締り、商品や備品の手入れや運搬などで、店の営業とは関係のない仕事ばかり。

郷里を発つとき父から「主人が見ていないからと言って怠けてはいけない。真面目に努力すれば必ず報われる」と教えを受けた。

猪太郎には〝いつか必ず独立する〟という夢があったから、一日中よく働いた。主人はそんな猪太郎を見込んで得意先回りを命じた。

「毎度ありがとうございます。川島製缶所から参りました。今日のご用はいかがで」「やあ、川島の小僧さん、今日の用はないよ。またおいで」「へイ、さようなら」

丁寧にお辞儀をし、店先の履物をそろえたり、ごみを掃除したりと、誰も頼まないことまですすんでやった。こんな姿勢であったから「猪太どん、猪太どん」と可愛がられ、得意先からの注文は会社で一番の成績であった。

奉公を始めて４年、事情があって主人は製缶所をやめることになった。これは店員にとって死活問題、だが猪太郎の場合は日頃の働きを知るお得意さんから「月給は番頭並みに出すから来てくれ」「婿養子になってくれないか」などと声が掛かった。

17歳と独立するにしては若く、資金も川合を出発するとき村人から頂いた餞別と、毎月の給金と合わせて１５６円しかなかったが、上野に76坪の借家を借り「金方堂ブリキ製缶所」の看板を掲げたのだ。父に頼んで故郷から1人、小僧を世話してもらい事業に精を出した。

21歳の春結婚し事業を拡張、関連企業との協力で経営は安定した。

しかし一九二三年（大正一二年）関東大震災に襲われ、会社も家もすべて灰になった。

あまりの衝撃で猪太郎はしばらく立ち上がれなかった。その時、妻が露天商をして一家を支えてくれたことから、やがて猪太郎は焼け跡に仮小屋を造り営業を再開した。

12年後の昭和一〇年、猪太郎の呼びかけで全国缶業者3百社が集まって組合を作り、自身が初代組合長となり、店を個人経営から株式会社に変え大きく発展させたのだが、又もやそこに不運が待っていた。

日中戦争、第二次世界大戦が勃発、一九四五年（昭和二〇年）工場も家も米軍の空襲を受け焼け野原になったのだ。妻も死に、長男は学徒動員で従軍、頼る者はいない、それでも猪太郎は立ち上がった。

疎開地である埼玉県川越市で製缶の仕事を細々と再開したのだ。

叩かれても焼かれても立ち上がる猪太郎に、神は味方した。厚生省から日本茶輸出のための容器製造を頼まれたのだ。

「今がチャンスだ、この緊急時を乗り切れば必ず業界は立ち直れる」

業界あげて一致結束した結果、わずか3カ月で120万個の缶を収め戦後の輸出承認のナンバーワンとなったのだ。

アイデアと信用を大切にする経営方針により金方堂の業績は着実に伸び、昭和三〇年代には従業員141人、年間売上高80億円を超える大事業となった。

「金」は金属を、「方」は全宇宙を、「堂」は製造業を、宇宙にまで伸びてゆく希望の企業を目指す意気込みがうかがわれる。

猪太郎の人生は決して平坦なものではなかったが、正直と努力と人と故郷を大事にする基本姿勢が、度重なる痛手を乗り越えさせたのだ。その根底に少年時代の落第という試練が、人生の転機となったことを見逃してはならない。

昭和三五年三月一日、猪太郎は故郷の川合小学校へグランドピアノを寄贈した。爾来63年、今そのピアノは川合町づくりセンターのホールに置かれ、地域の催しや音楽会において美しい音色を響かせている。

川合町を語る時、一つの悲しい出来事を思い起こさずにはおれない。

一九一三年（大正二年）六月七日の午前一一時、島根県波根東海岸（大田市波根町）に遠足中の川合村の小学校児童などの乗った和船が横波を受けて転覆し、16人が溺死するという大惨事が発生した。

この遠足に参加したのは５・６年生と高等科１・２年生の１０７人で、波根東海岸の立神岩《たてがみいわ》の通り穴の奇勝を見ようと2隻の船に分乗して向かったところ、女子44人を乗せた1隻が強い横波を受けた。海を見たこともなく波の知識もない子ども達ばかりであったから驚いて片側に寄った途端、その手こぎ舟はたちまち大きく傾き、裏返しとなった。子どもたちの身なりは着物に袴、弁当を風呂敷に包んで肩から斜めにかけ草履履きであったから自由がきかず、船底につかまろうとしたが、2里半（10キロ）もの長い道のりを歩いてきた疲れもあり、力尽きて次々と波間に沈んでいった。

6年生の岩谷ソエは、お手伝いの尾村キク18歳と抱き合って水死していた。キクは一旦船底の上に這い上がったが、溺れるソエを助けようと飛び込み、彼女を抱いたまま力尽きたのだ。

男子を乗せた先行の船は、この事故を認知するや近くの岩に児童を降ろし救助に向かった。また、遊覧船や通りかかった運送船の船頭らも海に飛び込んだが救助にも限界があり、結局女児15人とお手伝い1人の16人が犠牲となった。

遺体の捜索が始まり、日没間近になったころ岩の間に挟まっていた6年生の和田文子が引き上げられ、全員の遺体が収容された。

やがて急を聞いて駆け付けた両親ら、我が子の名を呼ぶもの、元気な姿に抱き合うもの、変わり果てた姿に哀叫するものなど、遺体収容所の倉庫の中は一瞬にして騒然たる修羅場と化した。

気を取り直した人々は、遺体を戸板の上に乗せ、声もなく静かに2里半の道を川合村へと戻っていった。

この事故による犠牲者は、次のとおりである。

第5学年　佐々木敏子　菅原文子　松本キミ　庵原梅子

第6学年　尾村トキ　和田文子　内田好子　三浦正子　三浦政子　貴田トク

高等科第1・2学年

岩崎シュン　岩谷ソエ　松本セツ　丸　サチ　瓜坂リツ

●遠足旅行《ゑんそくりよこう》の大惨事《だいさんじ》

△和船《わせん》轉覆《てんぷく》して生徒等《せいとら》十五名《めい》溺死《できし》

曩《さき》に東京湯島小學校尋常科生徒《とうきやうゆしませうがくかうじんじやうくわせいと》が遠足旅行《ゑんそくりよこう》の歸途《きと》渡船《とせん》轉覆《てんぷく》して三名《めい》の溺死者《できししや》を生《しやう》じたる悲惨事《ひさんじ》あり父兄《ふけい》は遠足會《ゑんそくくわい》は危險《きけん》なりとて不必要《ふひつよう》を唱《とな》へ爾後《じご》學校《がくかう》の遠足《ゑんそく》には參加《さんか》せしめずと叫《さけ》び一時《じ》都下《とか》の大問題《だいもんだい》となりしが今又《いままた》之《これ》に幾倍《いくばい》せる大惨事《だいさんじ》出來《しゆつたい》したり左《さ》に順《じゆん》を逐《お》て詳記《しやうき》すべし

△第《だい》一報《ぽう》

七日午前《ごぜん》十一時《じ》安濃郡川合村尋常高等小《あんのぐんかはひむらじんじやうかうとうせう》學校《がくかう》生徒《せいと》百餘名《よめい》は教員《けういん》に引率《いんそつ》され出雲堺《いづもざかひ》なる鳥津屋隧道工事《とりつやとんねるこうじ》を見物《けんぶつ》に行《ゆ》き歸途《きと》波根東村《はねひがしむら》の沖合《おきあひ》にて和艘《わせん》轉覆《てんぷく》し十七名《めい》の生徒《せいと》及《およ》び女教員《ぢよけういん》一名《めい》溺死《できし》し内《うち》一名《めい》の屍體《したい》尚揚《なほあが》らず附近《ふきん》の漁夫惣出《ぎよふそうで》にて捜索中《そうさくちう》なるが大田警察署《おほだけいさつしよ》よりは急報《きふはう》に接《せつ》し警官出張源因取調《けいくわんしゆつちやうげんいんとりしらべ》に着手《ちやくしゆ》せり委細《いさい》は後報《こうはう》すべし（七日午後一時波根東電話）

を操《あやつ》りつゝ男生《だんせい》の分《ぶん》を先《さき》に漕《こ》ぎ行《ゆ》きしが午前《ごぜん》十一時《じ》過《すぎ》男生《だんせい》の方《ほう》は既《すで》に通《とほ》り穴《あな》を潜《くゞ》りて先《さ》きに出《い》でし頃《ころ》女生《ぢよせい》の船《ふね》が穴《あな》の入口《いりくち》に到着《たうちやく》したるに當日《たうじつ》天候《てんこう》好《よ》かりしも多少《たしやう》の風《かぜ》出《い》でゝ波浪《はらう》高《たか》くなり平素《へいそ》海《うみ》に慣《な》れざる上《うへ》に殊《こと》に女兒《ぢよじ》の事《こと》なれば皆々《みなみな》恐《おそ》れ戰《をのゝ》き恰《あたか》も入口《いりくち》の岸近《きしちか》く漕寄《こぎよ》せし時《とき》打寄《うちよ》する波頭巖《なみがしらいは》に碎《くだ》けて飛沫《ひまつ》となり船中《せんちう》に落込《おちこ》みしより危《あぶ》ながりて一齊《せい》に片側《かたがは》に避《さ》けし爲《ため》船夫等《せんぷら》の注意《ちうい》する間《ま》もあらせず船《ふね》は

續《つゞ》て水夫《すいふ》六名《めい》を乘《の》せるセメント運送船《うんそうせん》も通《とほ》り掛《かゝ》り協力《けふりよく》して先《ま》で海上《かいじやう》に漂《たゞよ》へる生徒《せいと》、幷《ならび》に轉覆船《てんぷくせん》の底《そこ》に攀上《よぢのぼ》りて獅嚙附《しがみつ》き居《を》る者《もの》十數名《すうめい》を收容《しうよう》し尚遭難船《なほさうなんせん》を引起《ひきおこ》して其《その》中《なか》に殘《のこ》り居《ゐ》たる者《もの》六名《めい》をも收容《しうよう》せしが内《うち》四名《めい》は終《つひ》に蘇生《そせい》せざりしも他《た》の二名《めい》は幸《さいはひ》に蘇生《そせい》し又《また》一時《じ》海中《かいちう》に溺沒《できぼつ》して姿《すがた》を見失《みうし》ひしもの十餘名《よめい》は水夫等《すいふら》水《みづ》を潜《くゞ》りて捜索《そうさく》し全部《ぜんぶ》引揚《ひきあ》げたるも既《すで》に遲《おそ》く孰《いづ》れも絶命《ぜつめい》し居《を》りて手當《てあて》の甲斐《かひ》なく死亡者《しばうしや》は生徒《せいと》十四名《めい》、附添人《つきそへにん》一名《めい》計《けい》十五名《めい》にして屍体《したい》は全部《ぜんぶ》收容《しうよう》し得《え》たり前報《ぜんぽう》他《た》に一名《めい》行衛不明《ゆくゑふめい》者《しや》ありとせしは取調《とりしらべ》の結果《けつくわ》乘船《じようせん》せずして中途《ちうと》歸宅《きたく》したる者《もの》ありしに依《よ》れり斯《かく》て屍体《したい》は悉《こと》く鐵道院《てつだうゐん》セメント倉庫《さうこ》に收容《しうよう》し程《ほど》なく父兄等《ふけいら》馳附《かけつ》け泣《な》く泣《な》く屍体《したい》の檢死《けんし》を受《う》け六時《じ》に至《いた》り波根《はね》東村役場《ひがしむらやくば》にて急造《きふざう》せる擔架《たんか》に乘《の》せ川合村《かはひむら》に持《も》ち歸《かへ》り郡役所員《ぐんやくしよゐん》其他《そのた》多數《たすう》亦涙《またなみだ》を以《もつ》て見送《みおく》りたるが十五個《こ》の死體《したい》を

大正２年６月８日　松陽新報

付添人　尾村キク

当時は、このような惨事の少なかった時代であり、人々の驚きは大変なもので、安濃郡はもとより県内の寺院で次々と遭難児童のための法要が営まれた。

「国のためとてつとめしを
　家のためとて学びしを　ああいたましや　うせし友」

祭壇の前で風琴にあわせて男子と女子が一節ずつ交互に追悼歌を歌い、親族はもとより、参列者は声を上げて泣いた。

やがて村人は、物部神社の弓道場の丘の上に「鶴舞《つるぶ》公園」と呼ぶ追慕園を設け、ここに高さ2メートルの弔魂碑を建てた。生き残った40人は、毎年命日には参拝し、あの日の悲しい思い出を語り合うのであった。

あれから100年の時は流れ、この石碑は物部神社正面鳥居の西側に移された。

二度と同じような事故を起こしてはならない、以来川合地区ではこの事故の犠牲となった人たちの霊に報いより安全な町をつくるために、安全安心なまちづくり、学校教育の充実、災害への万全な備え、を地域の目標として掲げ、結束して取り組んでいる。

かわいみまもりたい

「『川合は教育の町』だ。九十老さんの魂が、波根で子どもを抱いたまま水死したお手伝いさんの祈りがわしらには伝わっておる。未来を背負う立派な人材を育成せんと、あの世へ行けんぞ！」

ラグビーで鍛えた筋金入りの酒本勝治が胸を張って大声で言い放った。川合小学校「爺ちゃんクラブ」は学校支援の会であり、「孫が学校に通っていること」が会員資格である。囲碁や将棋の会と違って爺ちゃんが楽しむレクの会ではなく、純然たる民間団体であるから予算はなくすべて手出しである。どんなに希望しても婆ちゃんには会員資格がない、まさに全国に例のないボランティア組織である。人望の厚い酒本の呼びかけに25人が手を挙げ、平成一七年の春華々しくスタートした。

川合町は面積34・5キロ平方メートル、街の中央を南北に走る国道３７５号は園児が重傷を負う重大事故が発生した後も、歩道の整備は一向に進まなかった。また、小学校の西方で国道と交わり西方の国立公園三瓶山に延びる県道２８８号も歩道は未整備であるから、通学路としては最悪である。この当時の川合小学校の児童数は約１００人、爺ちゃんクラブは、見守りを目的として立ち上げた組織ではなかったが、悪条件の中で孫が通学するのを傍観することは出来なかった。

登下校の見守り活動は、大きく分けて次の７種に分類される。

①自宅周辺で子どもたちに朝夕声を掛ける「挨拶型」
②信号交差点や横断歩道に固定して安全誘導する「安全誘導型」
③横断歩道や信号機の側に車を停めて安全誘導し、次のポイントへ先回りして誘導する「移動式誘導型」
④通学路を子どもたちに付き従い一定の地点で安全誘導する「同行誘導型」
⑤学校までの全道のりを同道する「全道誘導型」
⑥散歩や買い物、新聞配達人などによる「ながら見守り」
⑦「青パト」を用い機動力により管内を縦横無尽に警戒する「青パト見守り」

そこで彼らは知恵を出し、爺ちゃんにふさわしい見守り方式を編み出した。

朝7時過ぎ、4班に分かれた見守り班は、自宅近くの横断歩道で子どもを誘導すると、近くに停めている車に乗って次の横断歩道に先回りしてここで2度目の誘導をする。3度目は、小学校を目前にした物部神社横の信号交差点だ。各班が交差点の東西南北に位置し、周辺の集落から歩いてきた子どもの列を順序良く横断させるのだ。

こんな移動式の見守り班とは別に、5~6人が街角に立って挨拶運動を兼ねて安全誘導をしたし、他の班員は、下校時間帯に田園風景を観賞しながら子どもを連れて歩いた。

爺ちゃんのメンバーは小学生の孫と同居していたから、自分の孫を教育するように、指導は結構厳しかった。

「こら！　お前、どこの子だ。ちゃんと挨拶せんかい！」

大声で叱る爺ちゃんもいた。子どもは怖い爺ちゃんの顔はすぐ覚え「おはようございます」「帰りました」と、ことさら大きい声を出した。

東西に２４０㌔もある島根県のほぼ中央の大田市は、人の性格もその中間をいっている。言いたいことをずげずげ口にする石見人、「そげだわね、あげだわね」と肯定とも否定ともとれぬ曖昧な言葉でお茶を濁す出雲人、その中間に位置する大田人は是々非々で、どっちつかずともいえる。

金盛満《かなもりみつる》はまさに大田人で、出雲人と石見の中庸をいっていた。父親はちりめんの里、兵庫県丹後国の出、母親は大田市川合の「南地区」である。怖い爺と違い、子どもの心をつかみ、優しく声を掛けながら集合場所から学校の門まで連れて歩いた。

平成一四年に安来の日立金属を定年退職し、両親の住む川合へ戻ると、数年後に爺ちゃんクラブへ加入した。

彼は生来、正義感旺盛なアイデアマンであった。日立に勤めていた頃、先輩で工場の交通安全部長をしていた田村幸雄がいた。田村は社員の通勤事故を防ぐため、マイカーの後部ガラスに「日立安来」のワッペンを貼らせるという心理作戦により通勤事故を半減させた。その田村も退職後松江に戻り、東光台団地で地域安全のために奮闘し勇名をはせていたから、川合の金盛も負けじと街頭に繰り出したのだ。

金盛の自宅は川合小学校の校庭の脇の「南地区」にあるが、運動を兼ねて市道から国道を経由して１㌔

南進し、忍原登校班の集合場所である空き地で子どもたちを待った。やがて12人の子どもが集合すると、先頭に立って北進し、まず横断歩道を西方に渡らせた。多くの国道は車道の左右に歩道があるが、３７５号は整備が遅れ南地区は西側のみであったからだ。朝の国道は通勤の乗用車にバイク、それに長距離運送のトラックなどでごった返す。金盛は「止まれ」と大きな赤い文字のある黄色い旗を高く掲げて警笛を鳴らして車を止め、子どもたちを誘導した。笛を吹いても、バイクの若者は指示を無視して車の脇を通り抜けようとするから、油断できない。

国道沿いの歩道を２００《メートル》北進したところで今度は東へ横断し、ここから市道になる。市道は国道とほぼ並行して北に延びており、５００《メートル》北進すると小学校のグランドに到着する。歩車道の区別のない幅員の狭い道だが、見通しが良く交通量は1時間に数台程度だから安全で、彼の本領発揮の場となった。

「１・２年生、今日の温度は何度だった?」

「えーと、5度、いや4度だ」「7度だったかな」

「ぶー、外れ、正解は6度だ」

只合の温度を示す文字盤は、集合場所の付近にあり、どの子も見ていたはずだが、あそこから大分歩いて疲れたからかもう忘れている。

「よーし、次は4年生に質問、三瓶山の高さは」「はーい、１、１２６《メートル》でーす」「当たり、ちょっと易しかったかな、では、三瓶町にある湖の名は?」「かんたんかんたん、浮き布の池です」「よーし、次は５・６年生、ちょっと難しいぞ、中国五県の県庁所在地を言って下さい」こんな質問やクイズをしていると、いつの間にか学校に到着するのだ。

子どもはその時期によってよく喋る子の多い年と、喋らぬ子が主流の年とがある。金盛は幼少の頃から歌が好きであったから、喋らぬ子の多い年は退屈せぬようにと音楽を流しながら歩かせた。前日のラジオ深夜便から収録し、安全な市道に入ったところでテープを流すのだ。

見守りを始めて10年後のことだ。小学1年生になったばかりのK君の父親が入学式の夜、脳卒中で倒れ意識不明のまま２日後に他界した。

その少年は葬儀を済ませると他の子どもたちに支えられ、大きなランドセルを背負いながら、元気に通学した。

ところが悪いことが続いた。父親が死んでしばらく後、今度は祖父が怪我をした。草刈りをしていて崖から転落、大怪我をしてヘリコプターで搬送されたのだ。

祖父は爺ちゃんクラブの会員で、その事故は学校支援事業として小学校前の通学路脇ののり面で作業していて発生したのだ。大けがで入院が長期に及び、彼は爺ちゃんクラブをやめざるを得なくなった。

K少年、そして家族の苦しみはいかばかりであろうか。当然のことながら一緒に通学する児童も辛いから、口を利くことも少なく黙々と歩いた。

――私は見守り隊員としていかにすべきか。安全に通学させることは当然としてもそれだけでよいのか。

なんとかしてここを乗り越えさせせぬと……。やっぱり音楽だ。音楽に勝るものはない。

若い時から、嬉しいにつけ悲しいにつけ音楽を友とし、自らを叱咤激励して今日に至っている金盛は、しばらく使うことをやめていた録音機を取り出した。

童謡・マーチ・フォークソングなど、明るい曲を選んで録音し、市道に差し掛かるとスイッチONにした。黙々と歩くK君ら忍原登校班に聞かせたのだ。このことが日課となり日増しに子どもたちの表情は明るくなり、楽しい会話も出るようになった。

看板やのぼり旗による広報啓発活動

あれから6年、K君は苦しみを乗り越えて今年中学生になった。今は自転車で、毎日はつらつと大田市内の中学校へ通っている。

金盛が近年励行していることは、小学校を卒業する最後の日の通学路で、記念写真を撮ってやることである。卒業生を囲んで同じ道を通学している仲間みんなで、美しい花をバックに。見守り活動を通して培われる金盛と子ども達との絆は、今後も絶えることはない。


元郵便局長の山根茂樹は、退職後交通安全協会、民生委員、見守り隊員として地域のために尽くしているなかで、道路環境の整備には格別の思い入れがあった。

彼が力を入れたのは、歩道のない通学路にはみ出している空き家の庭木の伐採である。市内は古い町並みであるため、車道の東西とも歩道の途切れた箇所が点在し、それでなくても狭い道路が、道路わきの空き家から伸びる庭木によって一層狭くなり、雨が降っても傘を差して歩くのもままならない。雨の日、多くの大型車は子どもの列とすれ違えないから一旦停止して譲ってくれるのだが、強引に突進してくるトラックもあり、子どもは逃げ場を失い傘を犠牲にするのであった。

吉永地区の郵便局の付近50《メートル》がそれで、山根はその都度、道路管理者の許可を得て伸びた枝を切ったが、半年もすれば元の木阿弥。

空き家の持ち主は都会にいるから交渉のしようがない。困りあぐねていたそんな時、市が空き家の調査にやって来た。聞けば、持ち主の連絡先を把握しているという。そこで、さっそく実情を訴え、市の担当者から持ち主に伐採の了解を取らせたのだ。約10《メートル》にわたって道路にはみ出すその庭木はツゲという常緑樹で、枝でも太さが5《センチ》以上あったから、さっそく地域住民と連携して、チェンソーや鉈《なた》で枝を伐採した。

「わー、道路が広うなった！」「これで傘が差せる」

子どもたちの歓声が聞こえる。

今後も枝切りは続けねばならぬが、とりあえず見通しが立った。

数年越しの悩みの種が解消した山根の心は久々に晴れ渡り、子ども達と交わす挨拶にも力が入るのであった。

三浦智《さとる》は28年間川合公民館に勤務し、江下館長を支え、地域の発展のために心血を注いだ縁の下の力持ちである。

彼女の得意は交渉や調整であり、館長の意を対して市や県の出先、警察や消防、学校などと良好な関係を保ちつつ、新しい時代の組織づくりに、地域文化の発展のために館を切り盛りしてきた。

見守り隊の結成では駐在所の錦織と意思疎通し、川合ならではの特徴ある組織として迅速に結成にこぎつけた。

その三浦も平成二三年、公民館が「かわいまちづくりセンター」と改称されたその年、若い和田久美子にバトンタッチするところとなった。

「あとはあんたにまかせたけーねー、頑張ってよ」

「先輩ほど弁は立ちませんが、フットワークはいいから、何とかできるかと……」


「かわいみまもりたい」には、国会議員の三浦靖が顧問として存在する。

三浦は、令和元年比例代表で選出された自民党の参議院議員で、三浦智の長男である。平成二九年まで大田市議会議員を3期務めて衆議院議員となり、令和元年参議院議員に鞍替えして4年が経つ。

大田市議当時から見守り隊員としてバイタリティある活動を展開しており、中央において見守り隊について発言できる全国でも数少ない存在である。

そこで次のことをご理解いただき、積極的なご支援をお願いしたい。
○全国の見守り組織の多くは定まった活動資金もなく、ボランティア特有の手だしの団体である。
○近年、働き方改革が進み、教員の処遇改善のあおりは見守り隊員や部活を支援する父兄などに掛かってくる。
○国は６年前「ながら見守り」を推奨したが、行政や警察の介入が不十分で、実現は道半ばである。
以上のことから、見守り組織の位置付けと公費による支援、ながら見守り制度実現のため、行政や警察に対する指導の強化につき、特段のご配慮をお願いするものである。


「親が『伸子』と名付けてくれたら、もっと背が伸びたでしょうに」そう、冗談を言う渡辺信子は、忍原川と三瓶川の合流する川合に住居を構え、見守り活動に精を出す張り切り夫人である。身長は１５０㌢《センチ》弱と決して小さくなんかない。

松井会長に勧められてＳＧ《スクールガード》に身を置き、新入学期や夏休みの夜間パトロールに、冬休み明けなどさっそうと街頭に出る。

この頃困っていることは、子どもの足の速いことである。特に高学年になると、大股ですたすた歩くからついて行くのに一苦労する。

「そんなに早く歩くと、小さい子が困るよ」

そう注意してもすぐに元へ戻るから、先頭を歩くリーダーさんには特に思慮深い子を選ばないと、そう思うこの頃である。

彼女が得意として世話を焼いているのは、小学生の非常食作りである。

１年から６年までの全校児童を６班編成とし、各班が下調べをして材料や調味料を整え、水やガス、電気など徹底した省エネで計画したレシピ、それに叶うように調理を手伝ってやる。食べることに興味を持たせることで児童を防災へと導くのだ。地域の非常食作りコンクールでは、審査員も務めている。

川合に見守り隊が誕生して5年、登下校の見守り活動が定着したことと並行して、視覚や聴覚に訴える安全対策、地域を挙げた安全システムも年々充実し、川合ならではの組織に発展していった。

1　啓発活動

通過交通の多い地域として、何はさておき、視覚・聴覚を刺激して安全意識を呼び覚ますことに力を入れた。

「みまもり中」・「一戸一灯運動」の啓発看板・「川合町安全の日」ののぼり旗・大型イルミネーション・防犯カメラ・軽トラック型の青パト啓発看板の設置、広報誌やチラシの配布など、地域住民、観光客、通過交通ドライバー対策である。

特に、「みまもり中」を表示したイルミネーションは幅3メートル、高さ11メートルの大型で、国道沿いの田園等設置場所の選定、修理や更新にも神経を注いだ。経費は、川合町づくりセンターの事業費及び川合地区社会福祉協議会の助成金、有志から寄付を仰いだ。

2　青色防犯パトロール車の運用

機動力をもって管内をくまなく走る青色防犯パトロール車は個人負担であるものの、効果が大きいため力を入れた。人材は「川合球友会リバース」の若者や車好きの中高年層で、見守り隊発足3年後にスタートをみた。
①台数　～　33台
②活動　～　通勤時・所用・買い物・農作業従事時。ただし非常時のパトロール等については別途連絡。
③活動区域　～　川合町全域で、下校時は犯罪の起こりやすい場所、交通事故の起こりやすい場所とし、
街頭立哨を併用した。
④注意事項　～　交通法規を遵守し、事故防止に細心の注意を払う。
⑤有資格者44名の資格更新　～　３年ごとの再講習受講のこと。

３　見守り活動をＰＲするステッカー貼付車
管内を常時走行する公用車及び一般車両93台に見守り活動のステッカーを貼付した。このＰＲは経費がかからず、不審者の犯罪抑止にもつながっている。
①福祉施設車両　～　34台
②学校給食センター配送車　～　９台
③一般車両　～　50台

４　小学校下校時の安全学習
４月、９月、１月の毎学期初めにスクールガード24名により、校門から各方面に分かれて引率し、児童の自主的な集団下校体制を確立している。また、犯罪の発生は下校時間帯が圧倒的であり、リーダーと高学年が連携して下校しながら、安全マップづくりから得た「入りやすく見えにくい」場所などにつ

いて学習している。

5　定期的活動

川合地区の見守りの特徴は、全住民が活動の主体であることから、年間を通した街頭活動体制を敷いている。

児童による年末青パトの準備

①川合町安全の日　～　毎月１日

この日は、管内一円にのぼり旗２００本を掲出し、朝から夜まで街頭活動をする。

②夜間パトロールの日　～　７・８月の夏休み期間中の金曜日

川合町安全連絡協議会の主催による夜間パトロールで、１班13～15名、５班編成により管内一円を歩行し警戒する。

③年末年始　～　青パト特別パトロール

一二月二〇日の初日には、幼稚園や小学生20人の少年に青パト隊員の服装をさせ「一日青パト隊長」に任命。任命式はたすき掛けのイベント、小学校高学年代表による「パトロール出発の訓示」、各車両に数名を乗車させ、ポイント、ポイントで下車させて商店主や地域住民へ警戒を促す。

クリスマスを前にした夜のイベントであり、地域が盛り上がるうえ、子どもたちの郷土愛を高めることにもつながっている。
④カーブミラー清掃　～　毎年２月
小学校６年生により、６年間の恩返しとして、信号機の押しボタンとカーブミラーの清掃を実施する。
地域住民による指導と、安全のためのみまもりも欠かせない。

このように、かわいみまもりたいは、当初は爺ちゃんなど奇特な個人によって支えられていたが、江下会長や松井事務局長のリードで次第にハードソフトな活動が車の両輪の如く連動するところとなり、発足５年後にはバランスの取れた隊として、県下はもとより、中国管内でも注目される存在となった。

学校教育の充実

「故郷に学び心豊かにたくましく」川合小学校の教育目標である。
か……考え　学び続ける子
わ……わかり合い　助け合う子
い……一生懸命　やりぬく子
まさに、伝統ある川合小学校ならではの子どもの目指す目標である。
毎年六月七日は、川合小学校安全の日である。

今から110年前の六月七日、川合小学校の遠足において、波根の立神岩付近の水難事故で亡くなった児童ら16人の死を悼んで続けられているのが「川合小学校安全の日」である。

この日、登校した子どもたちは体育館に集まり、まず全校朝礼で校長から川合小学校安全の日の意味するところについて訓示を受ける。そしてスクリーンに映し出された44人の子どもたちの乗った船が転覆する映像を涙で振り返り、命の大切さについて考えるのだ。

昼は6年生が物部神社の忠魂碑の掃除をした後、自宅から持ち寄った花を碑に手向ける。忠魂碑には16人の犠牲者の名前が刻まれているから、子どもたちは祖先の霊に手を合わせ、深々と頭を下げる。この日は学校挙げて命や健康、食を大切にすることを学ぶのだ。

このような歴史を持つ川合町は、地域挙げて安全安心の取り組みが盛んである。「かわいみまもりたい」や青パト隊による交通安全活動、災害避難訓練や一戸一灯運動、小学校における安全マップづくり・非常食づくり・お弁当の日など、特色ある活動を継続している。

川合小学校の伝統となっている「安全マップ」づくりには、若い女性教師のなみなみならぬ挑戦の記録がある。

門脇元子は、川合町から西へ3キロ、大森銀山の東方にある田園地帯の久利（大田市久利町）で生を受け、小学校教諭となった。

平成一三年、邑智郡《おおちぐん》の都賀《つが》小から川合小へ転勤した門脇であったが、この頃から、川合の通学路で交通事故や声掛け事案が増え、平成一六年の夏、川合は石見地方の先陣を切って見守り隊を発足させた。

平成一七年、４年生を担当した門脇は、運良く持ち上がりで同じ児童を3年間受け持つことになり、その子どもたちが6年生になった一九年四月、県の取り組みとして川合町が「安全・安心まちづくり」のモデル地域に指定され、門脇がその担当教諭に指名された。

この頃の川合町は見守り隊が軌道に乗り、子どもたちは大人に守られて登下校していたから「安全は誰かに守ってもらうもの」という受動的な意識が定着していた。

〝これは正しい姿とはいえない。意識を変えさせぬと〟

違和感を覚えた門脇は、「生きる」という総合学習の中で、モデル学習に取り組むこととした。その活動の中心に据えたのが、立正大教授小宮信夫から学んだ「地域安全マップづくり」である。

犯罪の側面には主体的な「人」と客観的な「場所」があり、人が罪を犯す時、まず場所の選定をする。場所が条件に適《かな》っていなければ犯罪は起こしにくいから諦める、犯罪者の側からのキーワードは「入り易さと見えにくさ」にあり、マップづくりはこのことに着目した実践的教育であった。

当初、門脇自身「安全マップ」について「地域を歩いて危険な場所を探し出し地図に書き込む」くらいに軽く考えていた。だが、小宮教授の教えを受けるにつれて、犯罪心理学に根差し体験を重ねた非常に奥の深い学びであり、長い人生においても役立つことに気づかされた。

そこで門脇は「自分たちの安全と、命について考えよう」と切り出して子どもたちの興味を引くと、事前学習に入った。

まず、「犯罪を起こす人と、犯罪の起こりやすい場所」である。当初子どもたちは、犯罪者を〝怖そうな顔やサングラスの男〟に注目していたが、それよりも「犯罪の起こりやすい場所」すなわち「入り易く見えにくい」そんな場所があるから犯罪は起こる、場所に注目することが大事だということを指導すると、徐々に理解したのだ。そこで門脇は「地域安全マップづくり」に駒を進めた。

夏休みの後半、ＰＴＡ親子学級活動として、子どもたち・保護者・見守り隊員・駐在所の警察官などが連携し、子どもたちを３つの班に分け、それに大人が加わり、班長・カメラ・記録・インタビューなど役割分担をして、街に繰り出した。

案の定、子どもたちは「川合は安全だから危険な場所などない」最初は消極的な態度であった。ところが「入り易く、見えにくい場所」が犯罪者の目の付けどころであることを指導し、フィールドワーク（現地調査）していくにつれて表情が変わってきた。

「ここはどうだろう、スーと入れて人からは見えにくい」「今は明るいが、夜はきっと暗い」と真剣になって場所を検索し、父兄と一緒に考えることで、疑問、解消、新たな疑問、納得が繰り返されて判断力が増し、活動の質が高まっていった。

学校に戻り保護者に助けられながらマップ作りに入った。写真やイラストも工夫し、「入り易く見えにくい」に沿って整理していくうちに、「なぜそこが危険な場所になっているのか、ではどうしたらいいのか……」子どもたち自身が自分たちの町について、考えをめぐらすようになった。

マップづくりが終わり、次は感想発表会である。

「意識を変えて見ると、予想以上に危険な場所が多いことに気付きました」

「今まで守られていることが当たり前と思っていましたが、それは誤りでした」

子どものみならず、保護者の意識にも変化が生じてきた。

第2段階。2学期に入り、改めて自分たちのつくったマップと、それ以前に親のつくったマップを比較検討するなどしていくうちに、子どもたちの側から、「僕たちに何かできることはないか」「落書き消しならできる、やってみたい」そんな意見が出るところとなり、次の一歩へと踏み出していった。

安全マップ作りの調査

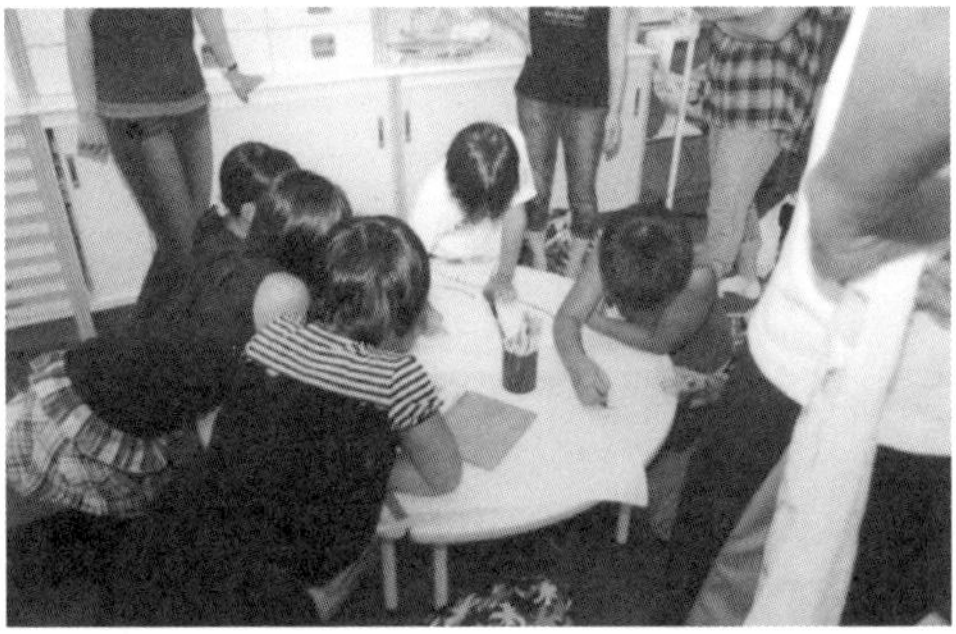

安全マップ、立派に完成

子どもたちの取り組んだ町の改善策として、次のようなものがある。

①落書き消し……神社やトンネルの壁、看板などの落書きを消し、落書きしようとする人の行為を思い留まらせる。

②ゴミ持ち帰りのポスター掲示……地域の人や観光客にごみを捨てさせぬことと、ごみ持ち帰りの意識を呼び覚ます。

③街灯設置のお願い……自治会にあてた「町を明るくするための要望書」の作成と働きかけにより街灯設置を促し、暗い町を明るくする。

④「入りやすい」「見えにくい」の看板立て……危険な場所であることを知らせて警戒させるとともに、改善につなげる。

⑤「挨拶標語」をつくり地域へ掲示……子どもから大人へ、地域住民相互の活発な挨拶を促す。

子どもたちが自ら考え①から⑤までの対策を実践したことで、安全マップづくりは予想以上の成果を生むところとなった。

この段階で、子どもたちの中に、学習した成果を多くの人たちに伝え理解を深めたい、という意欲が生じてきたことから、「安全マップを伝える」という次の段階に入った。

子ども達は児童朝礼で、作成したマップを貼り出し、下学年にマップづくりの体験と成果を説明し「自分の命は自分で守る」ことの大切さを説いた。

続いて「学習発表会」。保護者や、地域住民に、マップづくりから何を学んだか、地域のために何をなしたかを伝えた。

更に、市のＰＴＡ研修会、県の「安全安心まちづくりフォーラム」だ。この発表では「マップづくりが、単なるマップづくりに終わることなく幅広い活動に広がったことが評価され、マスコミにも取り上げられたことから、大きな喜びを感じるところとなった。

子どもたちが学んだ成果をまとめてみよう。

①まず命の大切さである。

犯罪に対しても、人から場所へと考え方をシフト出来たことで、犯罪の起こりやすい場所を見抜く力が付いた。これからどのようなところで生活しようと、その場所が安全であるか危険であるのかを判断し行動する力が養えたこと。と同時に、「安全は誰かに守ってもらうもの」という受け身的な意識が払拭できたことだ。

②２つめは「ふるさとを大事に思う気持ちの高まり」だ。

この活動を通して多くの人に出会い学ぶとともに、町づくりセンター、警察や市役所などと交流したことで、自分たちは地域に支えられ育てられていること、自分は自分だけのものではないことに気づき、自分の町に対する愛着、故郷を大事に思う気持ちが高まったことである。

③３つめは「自分たちにもできる」という成功の実感である。

子どもたちは研究成果を発表したことにとどまらず、町の改善にも取り組んだことから、自分にもできることがあるという目覚めと自信をもつこととなった。

マップづくりに挑戦した翌年、読売新聞主催の「わたしたちのまちのおまわりさん」の作文コンクールで、6年生の神崎慎也《かんざきしんや》君の作品が優秀賞に輝いた。その作文の、後半部分を紹介しよう。

「今年の夏休み、僕たち6年生と川合駐在所の錦織さん、大田警察署の玉川さん、見守り隊の保護者の方々と一緒に、『地域安全マップ』を作ることになりました。学習で習ったことを確認し班に分かれて川合の町を歩きました。始め、僕は「川合の町には錦織さんや見守り隊の方がいつもいて下さっていて安心だから地図を作ってもあまり意味はない」と思っていました。でも実際に錦織さんと歩きながら、犯罪の起こりやすい場所を歩いてみると危険な場所がたくさん見つかり、僕はびっくりしました。

地域の方にインタビューしてみたら、神社からお寺までの細い道は、夜になったら真っ暗で怖いということもわかりました。途中、錦織さんが、僕たちの遊び場の神社のトイレも見えにくく入りやすい、ということを実際に隠れたりしながら教えて下さったので、さらによくわかりました。

地図が完成し、みんなで学習の振り返りをしました。ごみが散らかっている所に看板をたてたり、落書きを消したりなど、僕達にもできることがありそうだと思いました。

でも、一番大事なことは、いつも錦織さんが言われるように「自分の命は自分で守る」という意識を一人ひとりが持つことだと感じました。ぼくたちが大きな声で挨拶することも防犯になることも分かりました。

明日、登校する時には、錦織さんよりも先にぼくの方から挨拶しようと思っています」

この取り組みから8年経った平成二七年、門脇元子の教え子で当時の6年生が「川合町づくりセンター」に集合した。結束していた仲間が、先生を囲んでタイムカプセルを開くためで、そこには、成人式を前にした成長した面々があった。

「門脇先生、あのマップづくりが僕の一番の思い出です。『入り易く見えにくい』今でもしっかり頭に叩き込んでいます」

当時、一番〝手を焼かせた彼〟が大声で言い放った。

「あの勉強のお陰で、都会でも犯罪に遭いません」

「私は、マップづくりなど何の意味がある、そう思って取り組んだけど、体験していくうちに意識が変わりました。街灯まで造らせたんですよ……。私も教員になったらマップづくりを指導します」

それは、門脇元子の教員生活において忘れることの出来ぬ挑戦であり、成果であった。また、成長過程にある児童にとっては、自分の意識と行動を変える最高の体験学習であったから、今でも宝物となっているのだ。

あれから15年、マップづくりは高学年の必須として全国に浸透している。だが、指導者の意識と、この学習に費やす時間によって、その成果に大きな差のあることも見逃せない。

川合小学校が伝統的に取り組んでいる授業に、非常食作りがある。近年の災害は時と場所を選ばないから、どこの家庭でも数日分の食糧の買い置きは日常的である。

川合小の非常食作りは、5年生を対象に自宅でレシピを考案し、学校においてこれを作る体験である。婦人会、町づくりセンター、介護施設の応援をえながら、災害が発生した時のことを想定しつつ省エネにより簡便に調理するのだ。ただし、コロナの影響で、ここ2年はレシピの紹介のみとなっている。

令和三年、5年生が考案したレシピの一部を紹介しよう。

○牛乳と卵を使わない蒸しパン
○ポリ袋でツナ炊き込みご飯
○切り干し大根とツナのサラダ
○玉ねぎの蒸し焼き
○ドライカレー
○春雨でわかめのサラダ
○キャベツの漬物
○一口かぼちゃコロッケ

近年このレシピが、養護施設「福寿園」(大田市川合町)指導者の手で一冊の小冊子として提供されている。学習が形となり、子ども、家庭、地域に伝わり残っているのは喜ばしいことである。

この勉強においては、併せて防災についても学ぶ。令和四年一〇月の授業には町自主防災協議会から数人のゲストを招き、非常時には何を優先してどのような行動をとるべきか、そのための平素の心掛けはどうあるべきか、などについて学んだ。

不幸にして、いつの日か避難所で非常食作りをすることとなった場合でも、ここで学んだ子どもたちは必ずやこの体験を思い起こして、先頭に立ってお手伝いするに違いない。


感謝を重んじる県民性の島根県であるが、「ありがとう給食」はあまり例を見ない。

どこの小学校も地元住民によって支えられ、守られて教育の場として成り立っている。川合小の場合、見守り隊、青パト隊、爺ちゃんクラブ、婦人会、スクールガード、保護者会などがそれである。

「ありがとう給食」は、見守り隊が出来たころから、学校側の呼びかけで、日ごろお世話になっている街頭活動家を招いて、子ども達と教員が共に昼食を囲む有意義で楽しい会である。

コロナが発症する前年、すなわち令和二年の開催には８人の爺ちゃんが招かれた。

数人の間隔で子どもたちに囲まれた爺ちゃん、その後ろを教師が囲むと、笑顔の校長が立ち上がった。

「えー、今日のありがとう給食会には、みんなよく知っている８人の見守り爺ちゃんをお招きしました。まずは、平素のお世話に心から感謝を申し上げます。今日は、嬉しいことに、学校の畑で採れた薩摩芋を焼き芋にしてお土産にお持ちいただいたようです。では、楽しい会にいたしましょう。それでは、みんな大きな声で、『いつもありがとうございます。戴きまーす』」

学校の校庭の片隅には30坪程の畑があり、爺ちゃんクラブの有志が数日おきに鍬を担いでやってきて耕し、野菜の種をまき、草を取り、褒めて成長させ収穫している。子どもも野菜作りは大好きで、昼休みや放課後などニコニコしながら出てきて手伝い、爺ちゃんと楽しく交わっている。

都合の良いことに、川合小学校の敷地内には給食センターがあるから、採れたての野菜が食卓に上ることは日常的である。

この日も収穫したばかりの白菜が漬物として皿の上に載せられていたし、3人の爺ちゃんが掘ったばかりの薩摩芋を焼き芋にして、会場に持参した。

「みんな、焼き芋は好きか?」

「好きです、大好きでーす」

「芋代官の話は知っておるか」

「大森の偉い人でーす」「聞いたことはあるが、わかりませーん」

爺ちゃんクラブ会長の酒本勝治が、立ち上がって大声を上げた。

「この芋はなー、その昔、何千人という民の命を救ったのだぞ。江戸時代中期、食うものがのーてここ石見の国でも毎日のように沢山の死人が出た。そんな折、石見銀山の代官であった井戸平左衛門は、薩摩の国に、やせた土地でもよくできる芋があることを知り、2人の和尚を薩摩へ派遣した。そのころ薩摩では、芋の持ち出しは禁止されていたが、2人はお経の教本に見せかけて百斤(約60キログラム)の芋を長びつに詰めて持ち帰ったのだ。やがて持ち帰った種芋を村々に配り栽培させた。ところが冬場における芋の保存方法を知らぬため、芋は腐れてしまい打つ手はなし、目の前で毎日民は死んでいく。そこで平左衛門は幕府におさめるための年貢米を、許しを得ず蔵を開いて民に与えた、そればかりか「今年の年貢は納めんでもよい」と勝手に命令を下した。平左衛門の決断で民の命は助かった」

「ふーん、凄い人だねー」「それで、薩摩芋はどうなったの？」

「おお、大事なことを言い忘れるところじゃった。大半の芋は腐れたが、たった1人、温泉津村福光（大田市温泉津町）の屋与兵衛という百姓が、芋の越冬を成功させたためそれを種芋として広く栽培させた。薩摩芋はやがてどんどん収穫できるようになったから、石見の国だけでなく中国地方一円の人々の命が救われたのだ。民を救った井戸平左衛門、この偉大な先人を忘れてはならぬぞ。

「へー凄い」「もっと詳しく知りたい」

「知りたければわしの家へ遊びに来なさい。聞かせてあげる」

「わかりました、今度の日曜日に行くけ～、お願いします」

　ありがとう給食は、子ども達と爺ちゃんの楽しい交流の場であった。

川合小から、三瓶山の方角に4キロ進んだところに、池田小学校がある。明治六年安濃郡池田部小学校として設立されたが、近年の人口減少により令和五年三月をもって廃校とし、川合小学校と統合されることとなった。

　閉校・統合は時代の要請、これを新しい出発点として飛躍しよう、そう共感した関係者は、数年前から周到な準備に入った。

令和五年二月一三日は、両校の3度目の1日交流日であった。路線バスで川合小学校にやって来た池田小の児童は、交流学年の教室に入って新しい友達と会話したあと、体育館に集合した。

交流会は自分たちの学びや部活を披露する場である。まず池田小学校児童代表10人が、揃いの法被に身を包み、身体の前に大太鼓・小太鼓を吊って登場した。

池田小学校が全国で唯一の部活と自負しているものに「田植え囃子《はやし》」がある。これは上級生が「田植囃子池田保存会」の指導によりクラブ活動として取り組んできたものだ。池田小のそれは、伝統的な田植え囃子の「地に向かって打つ囃子」から一歩進んで、「天に向かって打つアップテンポの囃子」である。

音楽担当の教員と児童が工夫して生み出した新しい囃子で、近年評判を呼び、大田市小中学校連合音楽会はもとより、石見銀山の夏祭りの「天領さん」や町づくり研修会のアトラクションでも演奏し、高い評価を得ている。

リーダーの掛け声に合わせて一斉に太鼓を叩き、踊り、リズムに合わせて身体を折り曲げ笑顔を作り豊作を祈るのだ。この日の演奏は天に向かって打つアップテンポの囃子で、児童や教師、地域住民を魅了し、大人も子どもも総立ちとなって大喝采した。

続いて川合小の出番である。6年生の児童が「保健」「なかよし」「図書」「放送」の4つの委員会活動について心を込めて紹介した。

特に保健委員会の「お弁当の日」は、児童自身が家族の支援でお弁当を作って学校で披露し班に分かれて食べるのである。年3回、6年間で18回だから、レシピの選択も作り方も回を重ねるにつれて上達する。高学年になると自ら作った弁当を映像で記録しているから、その楽しい説明に池田小の児童も興味津々、笑顔で拍手を贈った。

いよいよ令和五年四月一〇日、統合の日となった。

折しも、この年は川合小学校創設１５０周年の記念すべき年で、両校は統合し、ここに新しい川合小学校としてスタートを切った。

坂田幸義校長は、統合に向け課題を乗り越えてきた両校児童や地域住民に敬意を表するとともに、新たな教育のテーマとして「挑戦」を掲げた。

特色ある教育活動として、身に付けた基礎や基本を地域で活用し発揮する場につなげて学力の向上を図る、すなわち「全校お弁当の日」「非常食作り」「地域安全マップづくり」など伝統ある取り組みをより確実に前進させるため、地域挙げた協力を要請したのだ。

また、池田小学校の伝統である田植え囃子は、新しくクラブ活動の一環に取り入れることとし、保存会に指導をお願いした。

さて、統合により池田から4～6キロ南西の川合小学校へ通う児童の安全安心は、どのように保たれるであろうか。

通学に用いるバスは中型のスクールバスで、池田の5地点で児童を乗せる。従来から見守りを続けている地域の世話人が、駐在所員と共に、父兄と児童に安全な集合と乗車、降車、帰宅を繰り返し指導してきた。

また、昨年夏から毎週金曜の夜、青パト隊を出動させ、川合、池田地内の安全対策を強化して今日に及んでいる。

バス通学で注意することは、バス乗り場への余裕のある集合、欠席の場合の確実な連絡、下校時、バスから降車した後の安全な帰宅である。幸い、事前の準備を徹底したことから、円滑なスタートとなったが、今後、年度始めや休み明けにおける緊張感をもった通学を指導すべきである。

コツは続け絶やさぬこと

川合の町の生んだ教育貢献者として忘れてならない人物に和田孝一郎がいる。

和田は、川合村瓜原《うりはら》の生まれで、一九二一年（大正一〇年）千葉県に「新堀牧場」を開場すると、サラブレットの生産を開始し、次々と競走馬の名馬を輩出した。一九三五年（昭和一〇年）以降、スピードシンボリや七冠馬シンボリルドルフといった名馬を世に出し、天皇賞、菊花賞などを総なめにした。

和田家は豪農で、父親の代から地域住民に施しをしており、その影響を受けた孝一郎は、競走馬で成功をおさめると、「報恩会」なる郷土への恩返しの会を組織し、大学進学を夢見る貧しい若者に学費を支援するなど、長期に亘り教育の町川合を支えた。

その川合町も少子高齢化の波には勝てない。昭和初期は２、５００人いた住民が平成一六年は２、０００人に、20年後の令和四年には１、７００人台の前半にまで落ち込んだ。

このような過渡期にあって、江下のリードする「かわいみまもりたい」は、全地域住民が結束して活動する県下でも稀な見守り組織として、子どもたちの安全のみならず、高齢者の見守り、防災・防火・防犯・交通安全といった地域安全の要として重責を果してきた。

その効果は様々な方向に顕れているが、近年、都会から大森銀山を目指してやって来る観光客、京阪神や九州方面から巡回する大手企業の輸送ドライバー、それに島根県下を縦断して活動する交通機動隊員など、外の目による他の地域との比較がそれを如実に語っている。

彼らが口をそろえて言うのが、川合の町の安全安心の看板やプラカードの多さと、朝夕の見守り活動の活発さである。

そもそも川合は「教育の町」として名をはせてきたのであるが、見守り隊が誕生して以来ここ20年、この伝統に「安全安心の町」が加わった。

決して平坦な道のりではなかったが、チームワークの良さと、都度出てくる知恵で乗り切ったのである。

こぼれ話の一端を披露しよう。

１　活動のヒーローは幅広い効果の期待できる青パトであるが、この運用には注意すべきことも多々ある。

最近の車はシガーソケットが取り付けてないため、青パトの点灯ができぬこと。オプションで取り付けねばならずそれには6千円余の経費が掛かる。

次に、車両がケガをすることである。青パト灯を外す時、磁石が強すぎて塗装が剥がれるのだ。高級車はこのことに要注意である。

また、つい、スピードを出しすぎて速度取り締まりの網にかかってしまうことである。

「わしは青パトしとるだがな?」

「そんなことは関係ありません。違反は違反です!」

「ボランティアで奉仕しとるだにー、ええことはないなー」

いくらぼやいても、警官は許してくれないのだ。

2　国道375号は、国道とはいえ町中には歩道がない。県央土木事務所にバイパス整備について要請したものの、多くの困難があることに気付き、「では、当面西側だけでもグリーン塗装してもらえませんか」と頼んだところ、「片方では不細工ですから東側も塗装しましょう」と両側に塗装をしてもらった。ラッキー!

3　大社町では、街頭の防犯灯に青色の電球が使用してあると聞き視察に行った。ところが見れどもどこにも青色の街灯はなかった。よくよく聞いてみると「街灯自体が青色ではなく、点灯することで電球が青色になります」と言われて納得した。ウソのような本当である。

4　見守り活動中の人に「トイレを貸せてください」と頼めば貸せてくれるが、同じ大人でも、「家に帰ってしなさい」と渋る人がいる。見守りをする人としない人の差がここに顕れていると。これは子どもの感想である。

このような日々積み重ねてきた喜怒哀楽の活動が県下に知れ渡り、「かわいみまもりたい」は平成一九年島根県警察本部長から賞状を、平成二一年には内閣総理大臣表彰を、平成二九年には山陰中央新報社表彰を、それぞれ受賞するところとなった。

組織の成否はひとえにリーダーの情熱と知恵に待つところが大きいものの、気力や体力も歳には勝てない。平成二三年の四月、川合まちづくりセンター長は江下芳久から小林公司に、「かわいみまもりたい」の会長も令和に入ると江下から松井功にバトンタッチされた。

新たに見守り隊の会長を就任した松井は、会発足当初からの世話人で、野球少年団「リバース」立ち上げの功労者であるとともに、平成一八年文科省の主導で全国に組織された「犯罪から子どもを守るための組織」スクールガードの大田市の取りまとめ役「スクールガードリーダー」にも指名されている。

定期的に小学校を巡回して安全点検するこの制度は、数年後多くの市町村が活動を中止したにもかかわらず、松井は出雲市の担当者と連携してひるむことなく今日まで続けているのだ。

彼は会長就任後、従来の男性中心を改めるため役員25人のうち5人を女性にチェンジするとともに、歳末、少年パトロールなどを考案し刷新を図った。

川合小４年の児童が見守り隊について学び、江下会長から事故に遭わないための指導を受け、５つの約束をした。この様子を写真と感想文で掲載しよう。

地域の方が車や家にはっている「みまもり中」のステッカー

前書き

わたしたちは「国語の学習で、川合町の住民を守るための活動、"みまもりたい"について調べてきました。

授業で「ウミガメのはまを守る」というボランティア活動のはまを守るたちというボランティア活動について書かれた話を読んで、わたしたちも地域のボランティア活動について書いてみようと思ったからです。

公民館長さんたちにインタビューして、この活動は地域のたくさんの人達の力が合わさって出来ているのだということが分かりました。

わたしたちのことを守ってくれる活動なのに知らなかったことがたくさんありました。

あたしたちもその努力にこたえて、五つの約束を守りたいです。

254

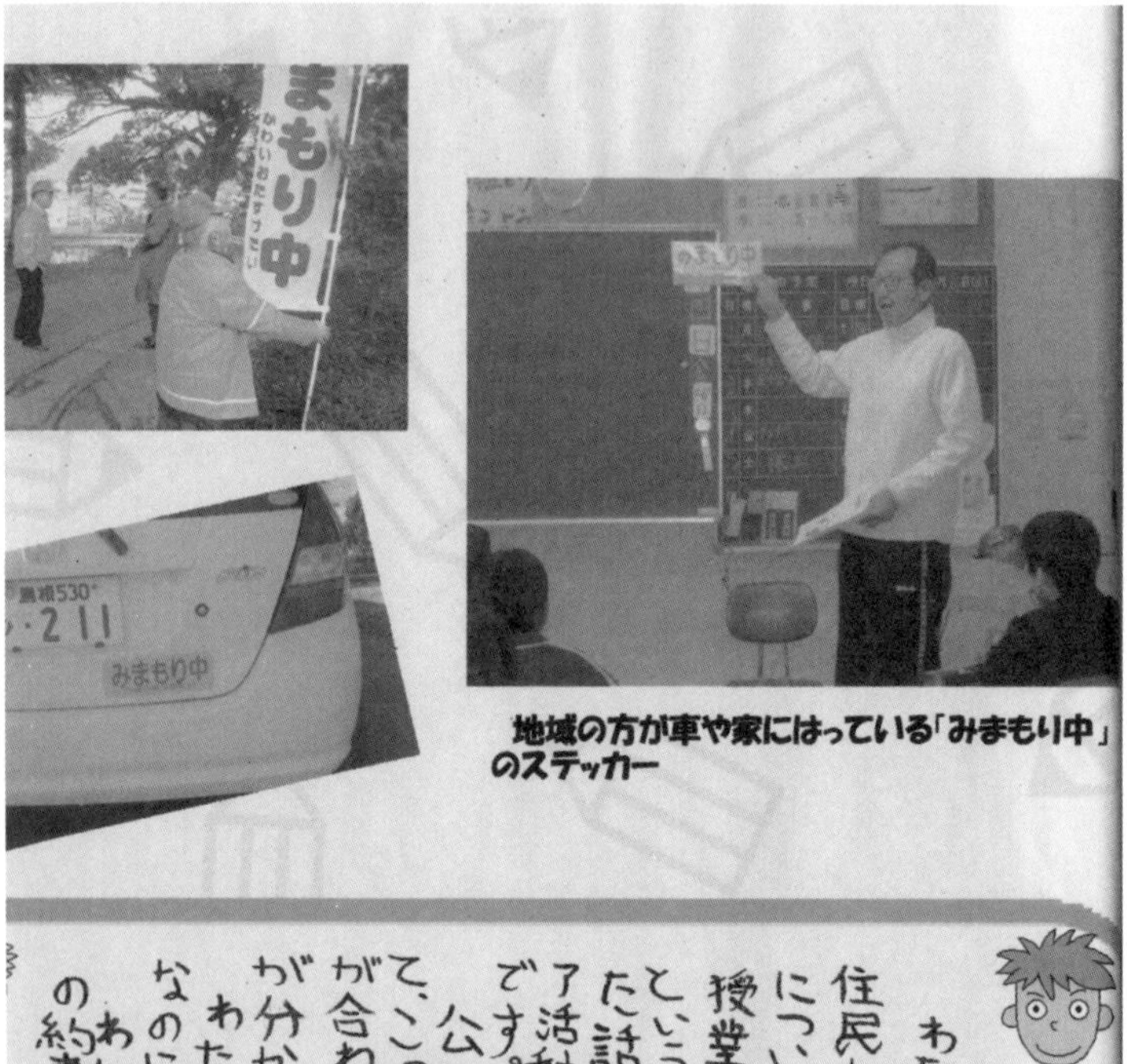

みまもりたいの人からは、
一、知らない人にはぜったいついて行かない。
二、だれかに連れて行かれそうになったら「たすけて」と
大声で助けをよぶ。
三、一人で遊ばない。
四、遊びに行くときは、どこで、だれと遊ぶか家の人に
言って出かける。
五、友達が知らない人に連れて行かれそうになったら
大声で助けをよぶ。
など五つのことに気をつけることを教えてもらいました。
わたしたちは、この五つのことを守って自分の身を守る
ようにしなければいけないと思いました。

【のぼり旗】

【年度はじめの顔合せ】

【イルミネーション】

昼　間

夜　間

【班に分かれて集団下校】

【啓発看板と街頭防犯カメラ】

【一戸一灯運動の看板】

【６年生のカーブミラー清掃】

【10周年記念式典】

【10周年記念祝賀会】

【社会安全貢献賞受賞】

【内閣総理大臣賞受賞】

彼の口癖は「安全対策に派手さは要らぬ。とにかく続けること、絶やさぬことだ」「危機意識を持とう、心の隅にそれがあれば万一の時に対応できる。咄嗟に危険が迫っても、腰を引くことなく次善の策がとれる」である。

一方、川合小学校は町づくりセンターや「みまもりたい」と連携した活動が近年功を奏し、令和五年二月七日、学校安全優良学校の部門で「島根県体育・保健優良学校表彰」を受賞し、新年度は池田小学校と統合、新しい川合小学校としてスタートを切った。

また、川合町の治安の要である川合駐在所にも、令和五年三月、新しい人材として今井悠一巡査部長が配置された。

平成二二年採用の明朗闊達な青年である。数年前、島根県警を代表して、通信指令の全国コンクールに出場しただけあって感覚は鋭く、行政や地域と連携して見守り活動に、高齢者被害の詐欺犯罪防止に、空き家対策に情熱をもって取り組んでいる。

波根海岸の大惨事から111年、犠牲となった16人の魂は川合の人々に受け継がれ、安全安心なまちづくり、学校教育の充実、災害への万全な備えを果たすべく結束して取り組んできた。

その成果は「教育の町川合」を生み出すとともに、「安全の町川合」ともなって西日本にその名を響かせるところとなった。

だが、日本が直面している課題、少子化はこの町を避けて通ることはない。

令和六年二月、新たに川合小学校の統廃合問題が浮上した。従来から水面下で進められていたこの案件が、急速に前進しマスコミに取り上げられたのだ。

川合小学校の児童数、現在71人が令和一五年には３割も減少すると見込まれ、校舎の老朽化等も相まって川合・久屋小を市の中心にある大田小に統合するという案件である。

新たな課題が浮上するそのたびに、地域のリーダーは、過去から現在を見つめ、そして未来に向かって知恵を振り絞り、懸命に旗を振り続ける。そこには終わりのない汗と涙の日々がある。

終

第五話

嵩《だけ》山《さん》麓《ろく》から総理大臣を

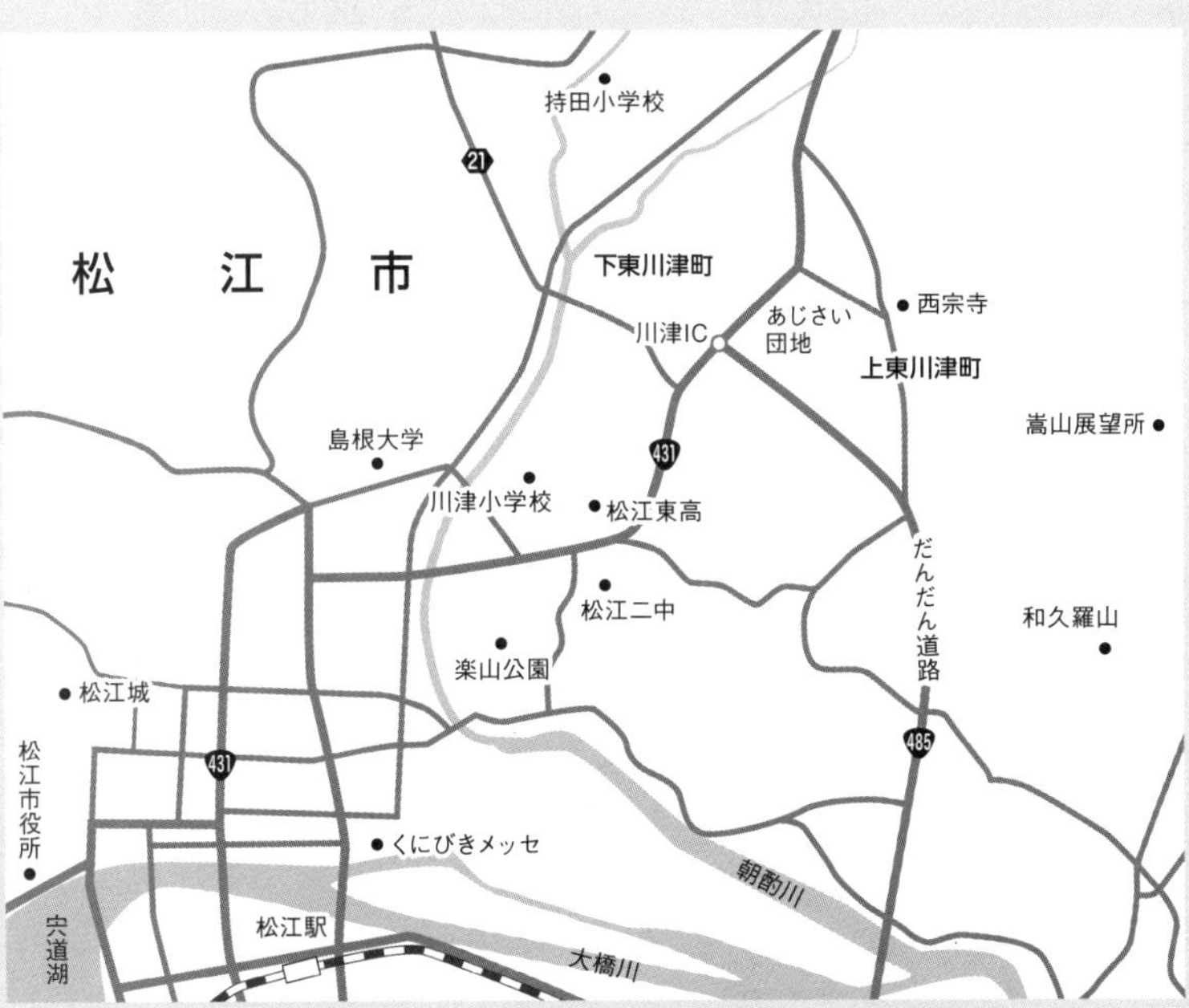

セーフティ・かわつ「嵩山麓５人衆」の活動範囲

あじさいの咲くころ

松江市の東方に「寝仏」の別名を戴く嵩山《だけさん》がある。高さは331メ《メー》ー《ト》ト《ル》ル、ハイキングにもってこいのなだらかさで、明治二四年にはあのラフカディオ・ハーンも登ったと伝わる。

昭和末期、嵩山の山麓には2つの寺の周辺に50軒程の農家が点在し、北は朝酌川に沿って農道が、南は山間を縫って山道が作られていた。地域の子どもは、川津小学校や保育園までの約3キ《キ》ロ《ロ》の道のりを、この2本の細道に頼り通学していた。

朝酌川沿いの道は雨が降るとぬかるみ、台風シーズンは危険であったし、南の山道は木々の生い茂った上り下りの坂道で、猿や蝮《まむし》やムカデが出た。多くの父母は勤めていたから、必然的に子どもの登下校の見守りは祖父母の重要な役目となった。

そのころ見守りで汗を流したのは平江浩子・福村正寿・高野道子・井上恵美子・中林定子・井上一郎などで、2手に分かれて朝夕子どもたちに付き添っていた。

下組の中林家の子どもは園児で、祖母に手を引かれ山道を上下してやっと園までたどり着く。子どもを園に預けて家に帰ろうとすると〝お婆ちゃんと一緒に帰る〟と泣きわめき、困りあぐねて家に連れ帰ったことも。以後中林は、やむなく園で半日過ごし、園が退けてやっと孫を連れてわが家へ。そんな素朴な見守り活動を続けていた。

嵩山周辺を近代化させたのは国道431バイパスである。平成に入ると島根大学南方の農地や山を切り開いて最短距離の新道が東西に延び、東は本庄の町を横断して中海へ、西は宍道湖北岸を走り出雲大社へとつながった。

この新道は嵩山麓の２本の通学路のど真ん中を走っており、交通の便の良さから、バイパスの南北に新興住宅団地が建設されるところとなった。

あじさい団地は、このバイパスの南側に開発された２００軒ほどの団地で、当時は川津地域全体をまとめる見守り組織はなかった。

「ピーン・ポーン」「ピーン・ポーン」

土曜日の朝の山口家だ。チャイムと来客を告げる愛犬のうなり声にせかされて門を開けると２人の少女が立っていた。小学低学年かな？　顔が似ているから姉妹であろう。

「おじさん、この間はありがとう」

にっこり笑いながら丁寧におじぎをした。

２日前のこと、元松江警察署長の山口信夫は駆け出しの見守り隊員として信号交差点で川津小学校児童の安全誘導を行った。10組ほどの横断の列がほぼ終わりに近づいたころ、一番後から２人の少女がやって来た。小さい方の子は駄々をこね、泣きながら引きずられるように。

「寝仏」の別名を戴く嵩山

「どうしたの」山口の問いに、女の子は嗚咽《おえつ》しながら「なわとび忘れた」と懸命に訴えた。名札に一年Mと書かれている。山口は咄嗟に「おじさんが届けてあげる」と励ますと、少女は少し元気を取り戻し列の後ろに従った。

信号が青に変わるのを待ちかねて坂道を走る山口、大急ぎで団地の中からM宅を探しあてたところ、丁度車庫から車が出てきた。

「お母さん、待って待って、なわとび、なわとび」

大手を広げて車を止め、勤めに出ようとしている母親に訳を話した。

「まあ、わざわざどうも、私が学校に届けます」

間一髪で母親に託せた。山口は少女の願いを叶えることが出来たことで安堵しつつ、職場に急いだ。

——ああ、あの時の少女か。

聞けば、昨夜もその前日もわが家を訪ねたという。2日間の出張で家を空けたから姉妹の訪問は3度目、やっと親切なおじさんに礼が言えたから満面の笑顔だ。愛犬も尾を振っている。

城下町松江の北東、松江城の東方6㌔にある嵩山の西側の小高い丘、ここにあじさい団地はある。西方2㌔には島根大学が、北方1㌔には平成団地が、谷を隔てた南側500㍍には四季が丘団地が、1㌔西には学園台団地がある。

警察官の勤めを終えた山口が、第2の職場に通い始めて3年が経った平成一八年五月のことである。

その日は午後から勤務のため、愛犬を連れて自宅を出発し、２００㍍北方の信号交差点に歩を運んだ。折から子どもたちの通学時間帯と重なり、山口は、しばし足を止めて信号を渡る子どもたちを眺めた。誘導しているのは初老の男女であった。薄緑色のチョッキ、文字の入った旗を手にしている。この交差点の２㌔西方に川津小学校が、２㌔北方に持田小学校がある。10分も過ぎた頃、横断する小学生はいなくなり、対面していた男性が信号を渡ってやってきた。

「ご苦労様です。この団地の方ですか？」

「いや、我々は嵩山のふもとの上川津の者です。以前からお願いしているのですが、お宅の団地からは誰も出られませんので……」

聞けば２人は小学校や中学校に通学する上川津の児童・生徒のために１㌔も向こうからここに通って安全誘導していると。そうする３年前、交差点の南方１００㍍にあじさい団地が出来、小学生だけでも70人がこの交差点を渡るところとなった。だが、自治会発足間なしで、隔日に当番の父兄が立つ程度で、朝はもとより下校時のそれはゼロ、勢い２人に依存するようになったという。見守り役の女性は元教師で平江浩子、男性は農業経営者の福村正寿であった。

「よその団地の子に怪我でもさせたならと、いつもびくびくです」「当番制ではなく決まった人に……。あなたいかがですか、短期間でも」

――そうか、我が団地には見守り隊員はいないのか。

数年前まで警察官をしていて見守り活動家に謝意を持っているものの、今は第２の職場がある。

「そうですねー。わかりました。暇を見つけて出ましょう」

――いずれ誰かが出てくれるであろう。当分の間職場に迷惑を掛けるか。

軽い気持ちで請け合ったのだが、それは前世から約束された運命であったのか。あの日は早咲きのあじさいが風にそよぐ、五月一九日であった。


山口がこの交差点で安全誘導を始めてしばらくたったある日、２人から「この交差点はとても危険です」と打ち明けられた。

朝、子どもたちは信号交差点を南から北に渡り県道を直進するのだが、交差点の向こうの県道には歩道がない。幅員僅か５メートルだから後方から進行する車両、殊にバイパスを下って左折する車は、子ども達の背後から接近するのだ。見ればその付近のガードレールは激しく凸凹している。数日の観察で分かったことは、雨の日など子どもたちは水たまりを避け膨らんで歩くから、バスやトラックなどの大型車が接近した時はより危険が増すのだ。

「実は、以前から事故が起きぬかと心配していましたが……」

「聞けば、道路沿いの草地は松江市の所有とのことです。お宅の自治会に話そうかと思いましたが敷居が高くて。公民館にでもお願いしたらいかがでしょうか」

山口の前職を知ると、２人は数年来のわだかまりを一気に吐き出した。

「わかりました。考えてみましょう」

早速山口は現場の写真を撮影し「通学路危険個所改良の要請文」を付して、川津公民館長へ持参した。

「おう、こーはいけん、何でガードレールがめげるまで投げといた。わかった、話は通してあげるけに、陳情書を持って市へ行きない」

元市議会議長の小山昭館長は山口の目の前で市の土木部長、交通対策の責任者へ電話を入れてくれた。館長の話では、この種の困りごとは気付いた者が手を打つのが慣習だ、という。

歩道のない通学路と登校風景

小山館長以下８名市へ陳情

手回しの良さに驚きつつ、山口は陳情書を作成し、公民館・自治連合会・交通対策協議会・小学校長・ＰＴＡ会長らの印を取り、一週間後には小山館長を先頭に８名で市の門をくぐった。市交通対策の幹部はその場で「わかりました、早急に歩道を付けましょう」と胸を叩いた。

それから一月半、何の連絡も進展もない。そればかりか、一〇月末問題の箇所が片側通行となり、交互交通の信号機までついたのだ。

歩道を付けるはずの幅５《メートル》の道

が片側通行にだ。路にはみ出して並べられた看板には「下水道工事のため」とある。必然的に子どもは信号が青になるまで車道で待つこととなり、危険はより増した。

「市はいったいどうしたのだ。下水道工事だと、冗談を言うな！　先の陳情の際、部長は何と言った！」

　おりから秋の交通安全運動が始まった。その直前、埼玉県川口市で園児の列に車が突っ込み2人死亡15人重軽傷の重大事故が発生した。数年前には島根県の大田市でも幅員の狭い道で園児の列に軽四が突っ込み2名が重傷を負い全国ニュースとなっていた。山口は目を吊り上げて市役所に駆け込んだ。

「歩道を付けると？　そげーなことを部長が約束しておーましたかいねえ。わかーました、内部の調整が不十分で、すーません」

　どこの役所にもある組織の垣根による意思疎通の不徹底である。だが、こと安全に関してこの種のミスは許されない。

　数日後の朝のことだ。山口は目を、鼻を疑った。アスファルトの匂いが一面にただよい、もくもくと湯気が立ち昇っているのだ。片側通行の看板も信号機もない。なんと交差点の向こうの道路の様子が変わっている。目を凝らすと、車道の西側に歩道が新設されているではないか。

「ウワー、道だ、新しい道だ」「きのうはこげな道なかったよ」「まだ熱いよ。歩いてもええん」

　草ぼうぼうであった道路沿いの空き地が、幅2メートル、南北80メートルにわたって見事に舗装されているではないか。子どもたちは歓声を上げ、まだ温もりのあるアスファルトの道を嬉しそうに歩いた。平江も福村も目を瞬《しばた》かせている。山口の抗議を受けて、市は下水道工事を中断し、夜を徹して歩道を新設したのであった。

早いもので、山口の見守り活動も半年が過ぎた。だが、団地からはいっこうに後に続こうという気配はない。

その年の秋、地区のグランドゴルフ大会があり、団地からも20人もの初老の男女が参加した。山口は慰労会の席で切り出した。

「どうでしょう。どなたか私と一緒に、見守りをしてくれませんか」

一瞬、場がシーンとなった。そしてしばらく経った。

「おー、やるぞ！　おい、やらこい」

年長で地域のリーダー、野球やグランドゴルフのまとめ役で人一倍声の大きな安達定生《さだお》が手を挙げた。これに続いて石川律雄、須山巧三、眞鶴郁夫からも手が挙がった。

「迷わば進め」山口の呼びかけでたちどころに同志が集まった。もっともこの時は酒が入っていたから手が挙げ易かったのであろう。

数日後石川は山口とチームを組み朝の登校見守りを、安達・須山・眞鶴は下校時を担当、あじさい団地子ども見守り隊はスタートしたのである。更に年が明けた一九年の一月、雲南市消防を退職しこの団地に移り住んだ栂《とが》孝治からも手が挙がり、たちまち６人体制になったのだ。

石川と山口が早朝の安全誘導を始めて何日か過ぎ、少しチームワークのとれた日のこと、なぜかこの日は交差点内の４機の信号灯が消えていた。もちろん歩行者用信号も。こんなことは過去一度もなかった。

停電による信号機の故障はいつ回復するとも予測できないが、子どもたちはこの交差点を渡らないことには小学校に行けない。

「何で信号が？　雷も落ちておらんに？」「石川さん、車に合図し、完全に停まったら子どもを15人ずつ渡しましょう」

この頃の国道４３１号は起伏が大きく、交差点から西側１００メートルは登坂になっていて、その向こうは下り坂、見通しが全くきかない。片側一車線で車道は８メートル、信号機のある待避場所は５メートル程度の空き地だ。山口は北西側、石川は南西側に分かれ配置に就いた。警笛でもあれば指示が徹底するのだがそのような装具はない。とにかく大声で意思疎通を図り、そのうえで旗を振り歩行者の列を南方から北方へと渡すのだ。

ランドセルを背にした子どもたちが集まってきた。信号が点いていないので不思議がっている。子どもが60人、大人が５人空地に集まった。誘導員の２人は歩行者を整列させて説明し、東西の車を止めに入った。

「さあ、行かせるよ」「オーケー」

誘導を始めて2組の児童が無事渡った。３組目、東西の交通が途絶えたのでチャンス到来と、石川は子どもたちにスタートのサインを出した。その時だ。西側、すなわち市街地の方向から1台の乗用車が坂道を下ってきた。石川は、車は止まるものと思ったらしく子どもたちを渡らせている。車までの間隔は50メートル、だが車の速度は変わらない。「あっ、いかん！」山口は咄嗟に車道に飛び出し、目前30メートルに接近した対向車に立ちはだかり、赤旗を強く振った。

「止まれ、止まれ！」

「キー」乗用車は、いきなり車道に飛び出した青色チョッキの男に気付き、急ブレーキを踏みハンドルを右に切った。

「危ない！　止まれ！　ストップ、ストップ！」

横断歩道上で子どもの誘導をしていた石川は、山口の大声で振り向いた。突進して来る車に気付き、列の最後部3人を南へ押し戻した。10人余りは、山口の「走れ、走れ」の大声で、一斉に走って北に渡った。車は右にスリップしながら、石川の身体の脇をすれすれに走り抜け、交差点内に斜めに停止した。

「こらっ！　どこ見てるんだ！」「バカ野郎、気ー付けんか！」

石川と山口の怒号を受けて、青ざめた乗用車の若者は、下車することもなく頭を振り振り東へ立ち去った。

まさに重大事故発生寸前、2人はもとより、子どもも大人も大騒ぎだ。

「みんな、大丈夫か」「いやー、危ないところだった」

若者は停電による無灯を青信号と間違えて漫然と運転していたのである。ここで山口は現職の頃学んだ危険防止の対応方策を思い出した。こんな時は交通渋滞を作るに限ると。

「石川さん、車を完全に止めよう。渋滞を作ってから渡らせよう」

2人はすぐさま方針を転換した。残りの20人は、東西南北の車が完全に停車し、車両によるガードが出来たところで横断を開始させた。子どもも大人も車の前を恐る恐る歩いて渡った。もしも事故になっていたなら……。全員青ざめ、やがて胸をなでおろした。

この一件以来、石川と山口は従来にも増して連携し、硬い絆で結ばれるところとなった。石川は山口より2歳年上の元労働基準監督署長、動きやすい運動靴、禿げ隠しの帽子、赤棒を手にフットワークよく安全誘導に情熱を注いでいる。

――2人の意気投合の裏には「署長」の「署」の文字があった。通常の行政機関は「所」であるが、人を相手とする役所は「署」であり、この共通性が2人の結束を強めた。

石川が子どもたちにいつも言って聞かせることは、「下校時もできるだけグループで歩け」「知らない人から声を掛けられても車に乗ってはいけない」「何かあったら周囲の大人に助けを求めよ」であった。スポーツ万能で、野球、ソフトボール、バレーボール、年を経てからはゲートボール、グランドゴルフに熱中し、大会は欠かすことなく出場する団地のエースで、個人優勝などもさらっていた。

平成一八年以来8年間、団地に近い信号交差点を誘導していたが、その間に安達と真鶴は青パトに転向、栂は団地の西にある公園の清掃に、須山も身を引いたから、子どもたちと直接触れ合う見守り活動は、以前からのコンビの石川・山口の2人のみとなった。

見守りから育みへ

団地が出来て19年後の平成二七年、バイパスから南方の山を切り開いて新道ができ、1キロ南の和久羅山《わくらやま》にトンネルが貫通、大橋川に「縁結び大橋」なる橋を架け東津田の国道9号と繋がる「だんだん道路」が開通した。従来あじさい団地から津田までは8キロ、スムーズに走っても20分、朝晩のラッシュ時には40分を要した。ところが新道が開通するとこの間が5・2キロ、7分でクリアできることとなった。これに伴い、片側一車線であった431バイパスの4車線化も実現し、バイパスとだんだん道路と交差する地点には歩行者用の地下トンネルまでも出来た。

道路環境が大きく変わったところで、石川と山口は子ども会の役員と協議し、子どもを渡す信号交差点を西方1キロに新設された「祖子分信号交差点」に変更した。バイパス脇の歩道を通行させるには抵抗があったものの、歩道幅は3～4メートルと広くて見通しがよいから、交通事故の危険も、変質者による声掛けの危険も少ないし、降雪時、歩道の除雪も道路管理者によってなされるから歩行にも都合がよかった。

ただ、これまでの団地脇の信号交差点を渡すのと異なり、祖子分交差点は団地から1キロの地点にあるから、集合場所から子どもたちに付き従い安全に誘導するという、見守りの方式に大きな変化が生じた。

「おはよう、顔洗ったかい」「おじさんこそ髭剃ったの」

「な、何だと、参ったなー、よし、なら聞くが、歯、磨いたかい」「磨きました。おじさんは？」「まだー、朝ご飯食べてないもーん」「そんなの、ずるーい！」

団地の西側一角に、700平方メートルほどの公園がある。石川らは平成二七年から子どもたちをこの公園の入り口に集合させ、7時20分に出発、川津小学校へと歩かせた。35人の子どもたちの前後に位置し、公園の北側を通り抜け、バイパスに突き当たり、南側の歩道を３００メートル西進、ここからだんだん道路の下を潜るトンネルに入るのだ。幅３メートル・長さ85メートルの下り坂のトンネルだ。トンネルを通り過ぎ50メートル坂道を上ると再びバイパス南側の歩道に出る。谷を埋めて高さ15メートルに新設されたバイパスだから、四方の視界が開けて気持ちがいい。その歩道を４００メートル西進したところに祖子分の信号交差点があり、石川・山口組は、ここで子どもたちを北へ横断させるのだ。歩行者用の信号が青に変わったところで車道に出て赤旗を掲げて北側から進行して来る右折車を止め、子どもたちを横断させる。特に気を付けねばならぬことは、青信号が点滅を始めてからの横断と車両の走行である。双方が急いでいるから、事故の危険が増すのだ。

　ここで、信号機のない交差点や、横断歩道での安全な誘導にもふれよう。最も肝心なことは、〝接近する車両があるときは横断させないこと。徐行しながら接近する車は、完全に止めてから横断させること〟である。ドライバーの中には、飲酒運転や携帯を見ながらの悪質者もいるから、「止まってくれるであろう」は許されない。

　祖子分の三差路信号交差点は、このような意味からすると、朝晩は交通量が多いから比較的安全といえる。

「行ってらっしゃい」「手を上げて」「止まってくれた運転手さんにありがとうの礼をしよう」

　全員が無事交差点を渡り切るまで見守り隊員は目を離さない。子どもたちはそこから対向車線の脇の歩道を西進し、約１キロ先の小学校へ向かうのだが、途中に危険な交差点はないから、上級生が先導することで８時10分には校門に到着する。

横断交差点には毎日１人の父母が交代で立ち番をする。その世話をするのは子ども会の会長など役員である。役員は当番を繰り出して指示し、ボランティアの見守り隊員に示達し、年１回集会所で研修会を開催する。役員以外の父母は、１学期は毎日１人が、２・３学期は１日おきに１人が出動する。新１年生の親は熱心だが、それも１学期が終わるまでだ。多くの父母は仕事を持っているから、交差点の近くまで車で来て、横断歩道を渡らせるだけの者もいる。見守り隊員はそうはいかない。気象条件が悪かったり事件や事故が発生すると学校まで付き添う。下校時、学校や交番の警察官と打ち合わせて、横断歩道やトンネルの入り口に待機して警戒することもある。


ある時、川津小学校の近くのアパートで強盗事件があった。犯人は夜遅く帰宅した女性を尾行し、アパートの中まで付いて入った。そして、両手を縛り上げ、現金を強取して逃走した。翌日のテレビ放映で犯人像が報道された。

身長１７０《センチ》、20歳ぐらいの若い男で眼鏡使用であったと……。

隧道の中で小２の男子が石川に語り掛けた。

「おじちゃん身長は？」

「１《メートル》70《センチ》だよ、どうして」

「ふーん、僕の塾の先生、同じぐらいの身長、先生、ゆうべ塾を休んだ。眼鏡を掛けちょー。もしかしてあの事件の犯人かも……」

「な、なんだと！　はは－ん、今朝のテレビをみたな－。君は大きくなったら推理小説作家が向いているかもな」

こんな話をしていたら信号機が見えてきた。信号の下に眼鏡を掛けた1人の男が立っている。見慣れぬ男である。石川は昨夜の事件のこともあり、思わず身構え子どもたちの前に進み出た。そのとき5年生の副班長が石川に囁いた。「あの人は小学校の教頭先生だよ」

「な、何だと？　教頭！　いや－失礼失礼、よっぽど、質問するとこだった。参ったな－」

石川は1人で頭をかいた。

子どもたちの不安は大きく、隊員は下校時間には校門で待機し、頼りにされて集団下校の先頭に立ち、子どもを自宅近くまで送っていった。

この時は教頭が出られたが、近年の教育界は超多忙の様子でめったに通学路の警戒などに姿を見せぬから、見守りボランティアへの期待は大きい。川津地区を震撼させたこの事件の犯人は、数日後に逮捕された。

見守り隊員の任務は、ひとえに子どもたちの安全確保にあるが、それを履行しつつ、成長著しい子どもたちの精神教育の役割も担っている。

安全のマナー、礼儀作法や社会のルール、人としての正しい行為などなど。子どもたちは知らず知らずのうちのおじさんたちから多くを学びとる。

あじさい団地の小学生は、団地が出来た平成一〇年代は70～50人、平成二〇年代は50～40人、平成三〇年以降は年々減少して30～20人である。

石川の前職は労働基準監督署長、だからというわけではないが曲がったことは許さなかった。

ある時、信号交差点でいつも下を向き、携帯電話を操作している若い女の子を見つけた。

「こらー！　お前、今日も携帯か、今度見つけたら警察へ突き出すぞ」そう言って、女の子の目の前で車のナンバーをメモした。

また、自転車がトンネルを走って対向してきたなら、石川は絶対に両手を広げて阻止した。

「こらー、降りろ。規則を守らんか！」

かつての女性上司、村木厚子は中央官僚時代に郵便不正事件に巻き込まれて逮捕され、一貫して自己の主張を曲げることなく貫き通し、やがて冤罪《えんざい》が確定した。身体拘束１００余日、彼女は一躍社会のヒーローとなり、今や押しも押されもせぬ官僚の鏡である。こんな上司の薫陶を受けたことが彼の人生における大きな誇りであった。

小3のRは、行動が突飛である。物陰から突然飛び出して大声を発してみんなを驚かせたり、通学路脇の山に入って木の実を取り、列に向かって投げつけたり、雪を固めて見守りおじさんにぶつける。

ある風の強い日、トンネルに入った途端、強風にあおられて山口の帽子が飛んだ。素早く反転して帽子を被り、何食わぬ顔をしたのだが。

「おじちゃん、禿頭《はげあたま》だねー」

「シー内緒、内緒」

Rに見破られたもののその場は何とか治まった。ところが、その翌日、突然山口の後ろから頭に強い力がかかり、帽子が吹き飛んだ。

「あははは、見ろ見ろ、おじちゃんの禿頭を」

「こら、何をする!」

大慌てで帽子を拾った。後ろを歩いていた上級生が5・6人、大声で笑った。

「誰も年を取れば禿げるよ、君らもなー」

その翌日もRが帽子を跳ね飛ばした。

多くの子がこれを見て笑う。帽子を拾い、渡してくれる優しい子もいるが、とにかくRが後ろに来たときは要注意。多い日は1日に3度ぐらい忍び足で付け狙う。

そのRも数年後は中学生、さっそうと自転車通学し、そんな悪戯癖はおくびにも見せない。だが、見守り爺さんは忘れない。

正義感旺盛な石川だが、彼にも泣き所があった。酒である。グランドゴルフや、ソフトボールの後は昼間からでも1杯欲しくなった。やせ身で、小食であったものの酒は強く、とにかく毎日欠かすことなく飲んだから、やがて内臓に負担がきた。

平成三〇年正月明け、石川の顔色がさえない。

「なんと、癌が見つかってなあ、しばらく休養して手術だわ」

早朝、山口家の車庫の前で、石川が明かした。やがて街頭から石川の姿が消え、子どもたちも父母もひそひそと噂を始めた。一月末奥様から「先日手術をしました。あと半分癌が残っていますが……」との気がかりな電話。

そうする四月の初め、石川が山口宅を訪問し、「その後順調だ、子どもたちから見舞いの手紙をもらい嬉しかった。しばらくリハビリをするので、待ってほしい」と。顔色も以前よりはよく意欲的であったから、山口は、さっそく彼の近況を子どもたちに伝えた。

人として如何にあるべきか

山口が見守りを始めて11年目の平成二九年一月三〇日の早朝、益田で見守り隊員が飲酒運転の車にはねられ死亡した。その事故の数日前、松江でも山口と同じ見守り隊「セーフティかわつ」のリーダー小山榮が活動現場において転倒し意識不明に陥っていた。

元警察官の山口は、この頃から、何故見守り活動中に事故に巻き込まれるのか、どこに問題があるのかの疑問を持つとともに、安全な活動はいかにして保たれるかについて思いを巡らすようになった。

思い当たることは、活動家の大半が比較的高齢の市民であるうえに、法的な規制も緩く監督官庁の統制も甘いから組織そのものが曖昧で、安全講習会など末端には10年に1度も声が掛からぬことであった。

もともと歴史作家であった山口は、そこで一念発起し、全国の見守り仲間のために、分かりやすい安全な活動の手引を書こう、他界された先人の霊に報いようと、日々の活動の中から参考となる事項を書きとどめることにしたのである。

そんな折、毎日一緒に活動していた石川律雄が病床に臥したのだ。

4カ月後の八月中旬の夜8時、山口宅の電話が鳴った。


「3班の中村です。今日、私の班の石川さんが亡くなられました。山口さんは見守りの仲間ですから、一番に連絡します」と。

石川の突然の訃報に、山口はいても立ってもおれず、上着をひっかけて玄関を飛び出した。石川宅は直線で50メートル、和室には7～8人の親族が死者を囲んで弔っていた。夫人の指図でみんなが座を外し、山口と夫人のみとなった。

「ウーウー、何で死んだ、何で……」

山口は号泣した。見慣れた顔が土色に変わり、額に手を置くと氷のように冷たい。あれほど精力的に回復に情熱を注いでいたのに、このように早く逝ってしまうとは。

「奥さん、私が寿命を縮めてしまいました。見守りを誘わなければ、もっと長生きされたものを」

「いいえ、あの人は喜んでいました。子どもたちから励ましの手紙をいただき、とても大事にしていました。あなたに誘われなかったらグランドゴルフに酒三昧。ボランティアができていい人生でした」

「それは……でも残念です。早すぎました」

「いいえ、これがあの人の人生です」


翌朝、山口は集会所に走った。３班の班長中村浩士から、石川の葬儀など、対処方針を決める会があると聞いたからだ。

「総会で約束した石川さんへの感謝状、必ず出してください。葬儀に間に合うように。町内のために12年間も尽くされた人です。感謝の心が伝わるよう、せめてもの送り方をしてください」

前年のあじさい団地の総会で「町内のために長期に亘って貢献している見守り隊員、公園清掃者に感謝状の授与を」との提案があり、全会一致で議決したのだ。石川、栂など、名指しの提案であったが、前年度の役員は感謝状の贈呈を履行することなく任期を終えた。

「解りました。できるだけ丁重な送り方をします」

幸い、この年の執行部は前向きであった。感謝状を間に合わせて議場に掲げ、説明は議場のアナウンスに託するという。12年間、週５日地域に貢献しても、つまるところこの程度の扱いなのか。山口の心を空しさと、わびしさが覆った。

その日の夕方、葬祭会館で通夜がしめやかに行われた。親族と町内の有志、20人ばかりの寂しいものであった。

　山口の姿を認めた中村が、隣にやって来た。

「自治会はどのように送るのですか」

「先例に従ってやるようです。副会長が代表焼香を、私は同じ班だし子どもがお世話になったので葬儀にも出ます。だが、他の班にふれをする習慣がないので、参列者は期待できません」

　２００軒もある団地、これまでお世話になった子どもの数は数１００人にも上るというのに、何とも寂しい自治会の対応である。これも無理からぬことか。今年になって何人かの方が亡くなっているが葬儀が終わって数日後にようやく情報が入る。面倒なしきたりを辞め、合理化の名のもとに「葬式の通知は班内だけ」このような簡素な先鞭を付けたなら最後、そこから１歩も踏み出そうとしない、それが今のコミュニティーなのであろうか。

「人として、どう行動するかでしょう、先例が悪いのであれば変えればいいではありませんか」

　憤りを抑えて言った。「それは分かりますが」

　通夜が終わって自宅に戻って30分、山口の携帯が鳴った。

「中村です。先例を排して『老人会』には連絡いたしました。それと、今公園で花火大会があり子どもたちが集まっています。明日の葬儀のことを話されたならと」

　何という人間らしい独断だ。山口は胸を震わせて公園に走った。

　公園には、子ども会の役員５人位と30人位の児童・生徒が集まって、花火大会の真っ最中である。一段落したところで山口は子どもたちを集めた。

「君たちの尊敬する石川さんが亡くなられた。明日午後５時から川津葬祭会館でお葬式がある。来れるものは来なさい。その時、短い手紙を書いて来なさい。石川さんの前で声を出して読み、お別れをしよう」

翌日の葬儀は、自治会役員、老人会、友人、子どもたちの父母、子どもたち13人、中村夫妻、山口夫妻、親族などで葬儀場は満員となった。祭壇には、石川氏の写真の横に自治会長名の感謝状が陳列されている。

進行役の差配で、祭壇の左前方に、見守り隊と子どもたちのための特別席が設けられ、正装した13人の子どもたちと山口が配席された。

いよいよ弔辞である。はじめに見守り隊を代表して、山口が線香をあげ経過報告をしたのち、子どもたちが順次登壇した。

「石川のおじさん　今まで安全に登校してこれたのは、おじさんのおかげです。６年間、そして今までありがとうございました」
中学二年　田部一花《いちか》
「石川さんには、時に優しく厳しく指導もしていただきました。朝、いつも面白い話をしながら行くのがとても楽しかったです」
中学二年　浜中愛実
「石川さん　私が副班長のとき、班の子を注意してもらってとても助かりました。今まで本当に、お世話になりました」
中学一年　吉田夏野

「小学校6年間、毎朝一緒に歩いてくださり、ありがとうございました。毎朝、話しながらいくのが楽しかったです」
中学一年　亀山あや

「小学校の時はありがとうございました。中学生になったけれど、これからも見守ってください」
中学一年　中村渓人《けいと》

「石川さん　小学校の6年間、ずっと見守ってくださいましたね。これからは、空の上から私たちのことを温かく見守っていてください」
中学一年　山崎涼佳《すずか》

「石川さん　毎朝見守って下さってありがとうございました」
六年生　浜中勇大《ゆうだい》

「また会えると思っていたのでとても悲しいです。私は登校班の班長になったので、みんなを安全に連れて行けるように頑張りたいです」
六年生　林　美玖《みく》

「毎朝優しく声を掛けてくれてありがとう。いつになっても石川さんのこと、わすれないよ」
六年生　山崎佑菜《ゆな》

「石川さんに会えなくなるのはとても悲しいです。これからも石川さんのことは忘れたくないと思います」

六年生　大阪柊也《しゅうや》

「いままでありがとうございました。石川さんに会えなくなるのは悲しいです。これから安全に登校できるよう、副班長としてがんばります」

五年生　林　弘翔《ひろと》

「お見舞いの手紙を送った数日後に、公園のかいだんで会いました。勉強や遊びの話をすると笑ってくれたことを覚えています」

五年生　山崎慶伸《よしのぶ》

「石川のおじちゃん　一年のときは、ありがとう。いまでもわすれないよ」

二年生　大阪あやな

（長文については一部省略した）

――どの子も自分が書いてきた弔文を心を込めて読み上げ、祭壇にお供えした。そして山口が締めくくった。

「石川さん、四月に退院された時『必ず復帰する』と力強く言っておられたのに、このように早くお亡くなりになるとは……。今日は貴方に育てられた子どもの代表者13人がお別れに参りました。

思い起こせば二〇〇六年の一一月三日、グランドゴルフの後の慰労会で見守り隊員を引き受けて下さり、爾来12年、雨の日も風の日も子どもたちの安全な登校の指導をしてくださいました。あなたは時間に几帳面で子どもたちに範を示されるとともに、子どもがこけて手足を擦りむいたときなど優しく手当をしてやり、勇気づけられました。（中略）

残念ながら、あなたのあの声を聞くことは出来ませんが、子どもたちはあなたの教えを守り、きっと立派に成長してくれることと確信いたしております。どうぞ安心してお休み下さい。本当にありがとうございました」

平成三〇年八月一九日

石川律雄　様

あじさい団地見守り隊　山口信夫

どの子も泣いている。祭壇の写真が、まるで昨日のことのように子どもたちに笑顔を贈っている。

葬儀が終わり、夫人、２人のご息女から、子どもたちに丁重な感謝の言葉があった。

「人間としていかに生きるか」の範を示した中村氏によって、12年間地域に貢献された先輩の霊に報いることが出来た。子どもたち、そして後を受け持つ山口の涙と言葉は必ずや石川氏の心に、魂に届いたことであろう。

断崖絶壁とカラス

交通環境が急速に変化し、山口にとって気がかりなのは、４３１バイパスとだんだん道路の合流地点である。この場所では毎月数件の衝突事故が発生する。多くの場合、直進車と右折・左折車の衝突による物損事故だが、３件に1件は人身事故、時には複数人負傷の重大事故もある。

幸い、この交差点には地下道が整備されているからその上で繰り広げられる事故を子どもたちが目にすることはまれではあったが、トンネルの出口で破損した車や、血を流している怪我人に遭遇するのだ。

事故の主要な原因は信号無視とわき見運転であったものの、まれには、車の間を縫って突っ走る暴走バイクに原因があった。彼らは事故の原因を作っておきながら、自らは無関係を装い立ち去るのである。

ある時山口は1台のバイクに目を付けた。その暴走バイクは朝は西進、夕刻は東進し、２５０cc以上の大型車であった。あじさい団地の信号交差点からその西のだんだん道路交差点までの３００《メートル》でさえ80〜90《キロ》でぶっ飛ばす。

人の癖というものは容易に変わらない。雨が降ろうと、交通量が多かろう少なかろうと暴走し、割り込み、追い越しを繰り返し、信号無視すれすれで交差点を直進するから他の車両は大迷惑であった。

ナンバーを折り曲げ見えにくくしての計画的暴走であったから、そのうち子どもたちでさえそのバイクが接近すると、特徴あるマフラーの排気音を聞きつけた。

ある日のこと、いつものように子どもたちを連れてトンネルに差し掛かったところ、後方から例のバイクがうなり声を発してやってきた。そのときである。

「ウーンウーン、ウーンウーン」「その〇〇〇の二輪車、停まりなさい、停まりなさい」

後方から車載マイクの音が響いてきた。

見れば1台の白バイ、その後方には覆面パトカーが追従している。そのバイクは子どもたちの脇であえなく速度違反の現行犯として検挙された。白バイと覆面パトに挟まれているということは、狙いを定めての検挙であったようだ。

実は、子ども達には告げなかったが、山口が交通機動隊に通報し隊員の工夫により摘発されたものであった。

翌日からそのバイクは子どもたちの列に姿を見せることはなくなった。松江でも1～2にあげられる交通事故多発地点、そこから暴走バイク1台を追放したのである。

実は、この交差点の下、5メートルの地下にも危険が潜んでいた。交通円滑対策として地下道が建設されるといううわさを聞き付けたあじさい団地自治会においては、設計段階から賛否両論あり、公民館に集まって議論し、松江県土整備事業所の担当官を招致して説明会を持ち、議論した。

歩行者専用トンネル設置の賛成派は、ひとえに交通事故防止と交通の円滑を、慎重派は、狭いトンネルでは如何なる犯罪が起きるかわからない、通学路としては不適切と息巻いた。だが、結局は行政の方針通り立体交差となり、防犯対策としてトンネルに緊急通報装置と防犯カメラが整備されることとなった。

工事は急ピッチで進行し、やがてバイパスとだんだん道路と交差する地点に、幅3メートル、深さ3メートル、東西約85メートルの歩行者専用の地下トンネルが設置された。トンネル内には常時蛍光灯が灯され、防犯カメラも作動しているほか、非常時の通報装置として3カ所に押しボタンが設置されている。ボタンを押すことで110番通報となり警察につながる仕組みである。

川津小、付属小、松江二中、松江市内の高校へ通う通学路であり、子どもたちは登下校の都度利用することとなった。

歩行者用祖子分地下道

高さ15メートルの立体交差と転落防止の柵

トンネルが開通して数年後のこと、女子中学生への声掛け事案が発生した。徒歩で下校途中の女生徒に、トンネル内にいた男が卑猥《ひわい》な発言をし付きまとった事案で、その女生徒は走って自宅に逃げ帰って親に告げたというが、詳細は判明しない。

風評により数日経過した後事案を把握した山口は、交番と連携して下校時の警戒を行ったものの不審者は現れなかった。

トンネル内には防犯カメラや警察への通報装置が設置されているが、その少女はボタンを押すことなく逃げ帰った。緊急時はボタンを押す余裕もなく、平素訓練をしていないから通報の発想が湧かぬのであろう。また、いざ事案があった時は、平素口をきいているはずの子どもも親も、世間に知られることを嫌がって内密にするということであった。

この教訓以来、毎年新年度に山口は、子どもたちを緊急通報のスイッチの前に集めて、非常時における通報要領を指導してきたが、現在までにボタンを押した事案は把握されていない。

次に道路環境の改善である。山口は以前から通学路で気になるところがあった。祖子分信号交差点の１００メートル東寄り歩道の南側が、断崖絶壁で子どもの転落が懸念されるのだ。

４段の柵が施してあるが、柵の下15メートルには硬いコンクリートの農道が立体交差している。歩道下５メートルに幅１メートルのコンクリ壁が設置されているものの、転落したならば壁を飛び越えて下の農道へ、そうなれば大人でも大怪我、子どもなら命はないであろう。

歩道脇転落防止の柵の高さは１・１メートル、横に４本のポールが施されているが、風速20メートル以上の暴風となると小柄な少年は柵の上を飛び越し、或いは間隔約30センチもある柵の間を潜って転落する危険は大いにある。この道路は、南北に延びる谷を堰《せき》止めて東西に２００メートル、高さ15メートルに設置されたバイパスであるだけに恐ろしい。

「世のため、人のためになる事はまず一歩踏み出す」これがボランティア活動家の鉄則である。

令和となったある日、山口は県土木の担当官に電話を入れた。

「安全対策は施されていますがこの柵は不十分です。とにかく現場を見て下さい」と。

その３日後、県土木から「これから現地へ」と連絡があった。山口は面識のない相手であるから、身分をはっきりさせるために黄緑の見守り隊チョッキを着け、現場で待ち受けた。

「なるほど、ご指摘の通りこの柵だけでは怖いですねー、即答はできませんが善処いたしましょう」

誠実そうな青年技官はメジャーで測定し、方々から写真を撮り丁重に礼を言って去っていった。

過去、このような陳情で何度も期待を裏切られた山口は、もし道路管理者が処置しない場合は、団地自治会費でネット設置を、とも考えていた。

４日後のこと、その技官から電話が入った。

「役所の方針が出ました。近日中に安全柵を歩道に沿って15《メートル》設置いたします」

それから３日後、黄緑色、高さ１２０《センチ》のネット状の柵が東西15《メートル》にわたって設置されたのだ。

「あっ、これ何?」「僕たちが落ちぬための網だ」「転落防止か、さすがー」

子どもたちは口々に感激の言葉を交わした。６年目にして危険個所の一つをなくすことができた。密かな喜びを胸に、早速あの若い技官に懇切な礼を言った。

いま我が国では、公共の場所はもとより、コンビニやマンションに至るまで監視カメラが設置されるとともに、子どもの遊び場には弾力性マットが敷き詰められた施設も増えている。過度な安全対策は子どもの行動を制限し、厳しい環境から学ぶ機会を失わせてしまいかねない。多くの子どもはやがて都会へ、更には外国へと飛び立っていく。どんなに発達した都市であれ、「隠れやすく、見えにくい場所」は存在するし、自らを守る知恵や技術は自身が学習し身に付けねばならない。

週5日子どもたちの安全を育む1キロの区間には、年間に数回、車道上に動物の死骸がある。狸、犬、猫、カラス、蛇などだ。サルが横断することもあるが身が軽く轢かれることはない。ドライバーは死骸に接近して気付き、慌ててハンドルを切るから、歩行者に危険が生ずる。また、3台に1台は動物を轢いてしまう。そんなとき山口は児童の目の前で動物を轢かせぬようにと、赤旗で合図をして車を止め、死骸を歩道脇に移動し、道路パトロール車に引き継ぐ。

令和二年の正月明けのこと、風の強い雨の中を下校中の小1のY女が風で傘を飛ばされた。傘は5車線の車道の中央付近に残っている。そこへ嵩集落の小4のNとA、2人の女児が追い付いた。上級生である2人は、泣いている1年生を見過ごす訳にはいかなかった。走って来る車がないことを確認すると、果敢に車道に飛び出て傘を拾いYへ。感謝したYは、1年生ながら翌朝、山口に昨日の出来事を報告した。

嵩山《だけさん》のふもとに5軒ばかりの小さな集落があり、4年生のNがいる。彼は、家が1軒他の子どもより離れているため、集合時間に遅れることもしばしば。そんなおり、やむなく家に引き返し、父親が急きょ車で集団を追いかける。集団を追い越し退避場所に先回りしたNだが車から降りることを嫌がり、父親に叱られてしぶしぶ下車し列の中へ。彼にとって朝のつまずきは心中穏やかではなく、友人と口も利かない。

そんなNに一大異変が生じた。正月明けのある日、友人５人と下校途中、祖子分横断歩道の小学寄り１００メートルの地点の車道にうごめいている１匹の子猫を発見した。交通事故に遭っているらしい。

「猫だ、猫だ」「事故にあっちょー」「生きちょーか」「どげすーだ」

子ども達は歩道から身を乗り出して猫を見ている。通行する車は、側まで来て急ブレーキを踏み、猫を避けて通り過ぎる。その時だった。黙って見ていたNが突然車道に飛び出し、道にかがんでその猫を両手で抱いたのだ。

「きゃー、怖い」「危ないぞ、止めろ」「N、車がくーぞ」

皆の叫びに耳を貸さず、Nは猫を抱え歩道まで運び出した。猫は、目玉を動かしているもののほとんど死んでいる。その時、西方から道路パトがやってきた。県土木の係官は、Nの勇気は讃えつつも「危険だから以後車道に出ぬように」と注意を与え猫を持ち帰った。この間、女生徒は両手を合わせてずっとお祈りをしていたという。

この話はたちまち子どもたちの口から口へ、山口の耳へも入った。

相つぐ２件の事例は日頃の山口に倣った危険な模倣であったのかもしれない。決して奨励すべきではない。が、その勇気は大いに称えるべきである。山口は、早速こうもり傘と猫の一件を川津小学校の教頭に知らせた。数日後、校長が全校朝礼でその事例を紹介して褒めるとともに、注意を与えたという。

「Nちゃん、Aちゃん、傘を拾ってやっただと、感心だ。N君は猫をなー、だが、車道に出ることは駄目だよ」

「おじさん、僕は車が来んことを見てから出た、大丈夫だ」

「それは駄目だ。おじさんは見守りのジャンバーを着ていて目立つから危険は少ない。だが子どもは背が低く目立たぬからとても危険だ。以後車道に出ることは絶対にやめよ。わかったね」

「はーい、わかりました」

山口の指導に、Y少年は素直に返事をしたものの、その目は以前のYではなく自信に満ちていた。やがてYは登校の列に遅れることもなくなり、みんなに溶け込んで行動できるようになった。

子どもは親から教わり、クラスメートにもまれ、先生の指導を受け、見守り爺さんからは生きた教育や手本を授かって、一歩一歩成長していくのである。


祖子分トンネルを出て、なだらかな坂を西に50メートル上ると車道の脇に幅３メートルの歩道があり、３００メートル西進すると信号機のある三叉路だ。

問題の自転車は坂道を登り切った南側のガードレールに立てかけられていた。前日まではなかった大人用の白い自転車で、後輪がパンクして、黒いチューブが飛び出していた。

「鍵がかかっている。パンクしたからここに置いているんだ、そのうち取りに来るだろう」

子どもたちとそう話して3日、一向に取りに来る気配がない。そのうち誰かが、歩道にあって邪魔だと思ったのか歩道脇の草むらに移動した。移動と言えば聞こえはいいが、横倒しに投げたのだ。このまま春になり草が生い茂れば自転車は覆い隠され、月日がたてば腐っていく。

そこで山口は自転車を詳細に観察した。パンクしたタイヤは修理すればまだ数年はもちそうだ。車体もしっかりしている。幸いサドルの下のフレームに防犯登録証が付いており番号は「島根県７５１５××」である。

「おじさん、自転車あのままでいいの」

「良くはないけど、どうしたらいいと思うかい」

「学校で習ったけど、交番に届けるんだって」

「誰が届けるんだ。パンクしているから乗れない、それに鍵がかかっている。持ち主が現れたらどうする」

「うーん、おじさんに頼んでいいかなあ」「お願いします」

やはりそう来たか、一週間経つからそろそろとは思っていたが……。よし、ここらで子どもたちの期待に応えよう。

山口はその場で携帯を取り出し、交番に通報した。

「わかりました、被害届は出ていませんが、とりあえず交番から取りに伺います」

ここで子どもたちは学校へ急ぎ、山口は交番の警察官に対応した。

数日後に交番から連絡が入った。自転車の所有者は、飲み屋の前に無施錠で放置していて盗まれたもので、被害届を出していなかった。犯人は足代わりにこれに乗ってここまで来たがパンクしたため施錠をして放置したのであろう。自転車は持ち主に返還したと。

翌日から山口は少年達に教育をした。
○自転車は施錠をせず放置してはいけない。
○もし途中でパンクしても、路上放置は駄目だ。
○防犯登録をしていれば、盗まれた場合でも返ってくることがあるから、すみやかに交番に届けること。
○犯人の指紋が付いているかもしれぬから、不用意に触ってはいけない。
何はともあれ、一週間も放置されていた自転車が持ち主に返されたこと、その処理について学んだことは少年たちにとって教訓であった。


今年、エルニーニョ現象で暖冬というが、その真実は地球温暖化にある。近年、冬といえども雪の少ない年が多くなった。

蛇も蛙も季節を間違えて、時ならず通学路に出てくる。

トンネルを抜け見晴らしの良い直線を通り過ぎ、バス停の先50メートル。つまり信号交差点の１００メートル手前に差し掛かった時だ。

「きゃー、なにこれ！」「蛙だよ」「それにしても大きいなあ」

急いで子どもたちの円陣に走った。取り囲んでいるその真ん中に、大きさ20センチもある蟾蜍《ひきがえる》がはらわたを出して死んでいる。多分、山から歩道に下りてきて車道を渡ろうとしたところで車にはねられ、歩道に飛ばされたのであろう。

「かわいそう」「血が出ちょー」「はらわたも」「変な臭い」

確かに臭い。こんな大きな蛙はめったに見たことがない。腹が裂け、腸が飛び出しているから生臭いのだ。

「さあさあ、学校に遅れるぞ」「この蛙は?」「おじさんが墓を造って埋めてやるから心配するな」「わかりました」

乱れていた列が一列になった。

「車道に飛び出したら、あの蛙のようになるぞ」

子どもたちに注意を喚起して信号を渡し、急ぎ足で蛙のもとへ。ところが……いないのだ。おかしいなあ、はらわたを出していたから生き返るはずないのに、それとも? 瞬間、脳裏に浮かんだのは鳥であった。この道路では、カラス、トンビ、ヒヨドリ、スズメなどの野鳥が人間の捨てたごみを漁り、食べ残した弁当などをつつく。だが、動物の死体を漁るのはめったに目にしない。あたりに目をやると、いたいた。20メートルも先の歩道の上で1羽のカラスが一心に何かをつついている。そのとき下手から3台の自転車が近づいた。

カラスはいったん5メートル走って路外へ、自転車をやり過ごし再び戻ったものの数人の歩行者が。「これはまずい」カラスは蛙を引っ張って路外へ出た。今度は運悪く自転車が数台。「仕方ない」やむなく飛び立ったカラスだが80メートル西の高い木の枝の上からじーと眺めている。

蛙のそば8メートルの地点で不動の姿勢の山口。そこへ昨年、中一に進学した少年4〜5人が自転車でやって来た。

「君たち、食物連鎖を知っているか」「うーん、聞いたことはあるけど」「それよりおじさん、何でそこに立っているの」「そこに居るものはなに」「蛙、蛙の死骸だ！」「気持ち悪い」

「君たち、動かずにいろ、今に面白いものを見せてやる」

20秒後、予想した通りあのカラスが一直線に歩道に舞い降りた。子どもたちは、目を皿のようにしてその光景を見守っている。

カラスも子どもたちの目の前だから、悠長に肉をつつくわけにはいかぬ。いや、動物の中でも特別に頭の良いカラスのこと、「わが家へ運ぶ以外にない」そう決意したのであろう。蛙を口に咥えると両足でジャンプした。予想外に重い戦果にふらつきながらも飛び立ち、東の山へ。山の奥のお家で待っている子ガラスや愛妻のことを考えたのであろう。

おかげで、中学生に食物連鎖を教えることができた山口である。臭い思いをしてカエルの墓を造る手間も省けた。

心の通い合い

Kは人一倍感受性の強い小6の女の子である。勉強は学年のトップレベル、低学年の頃はいつも100点を取り笑顔で報告していた。

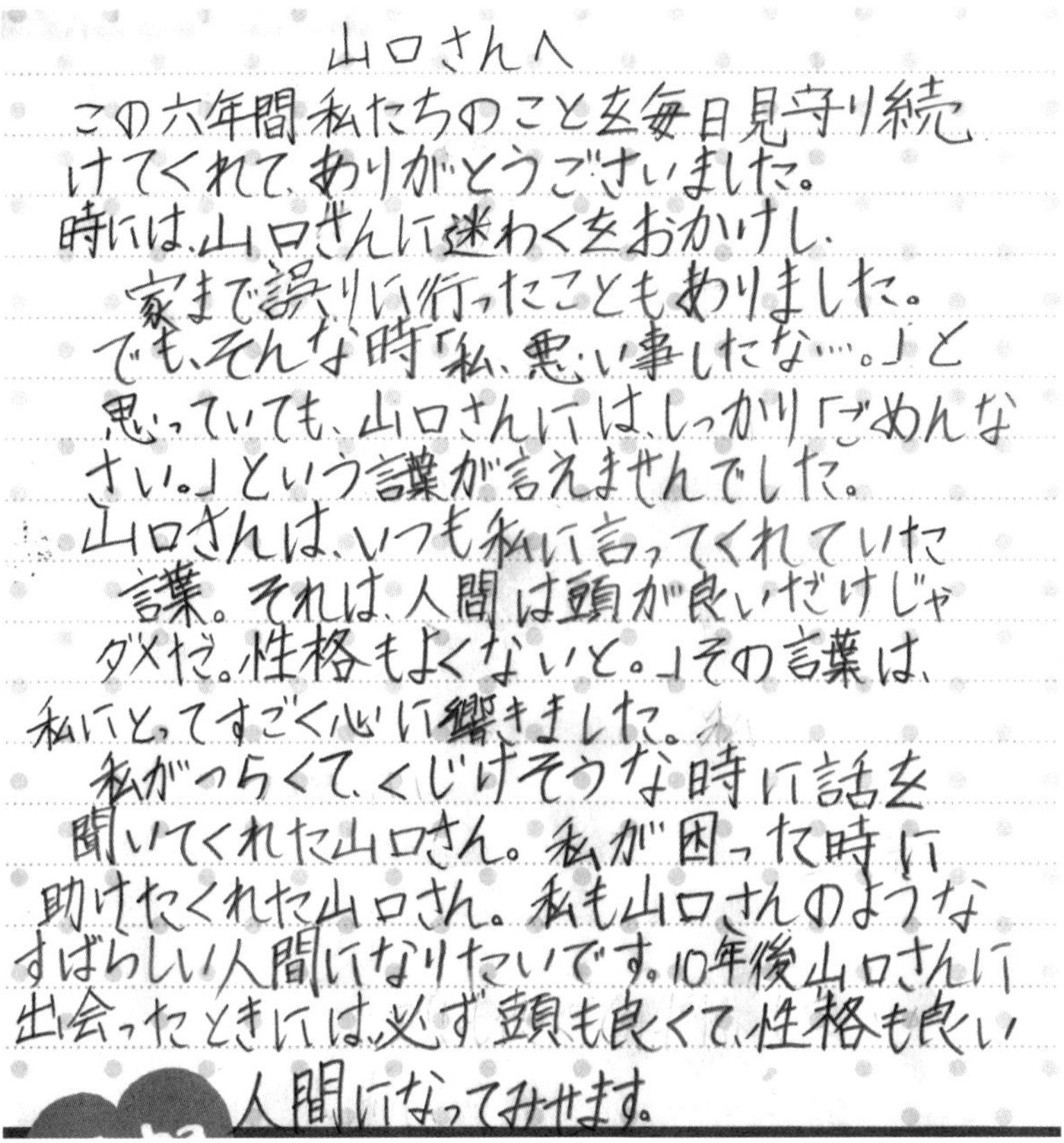

山口さんへ
この六年間私たちのことを毎日見守り続けてくれて、ありがとうございました。
時には、山口さんに迷わくをおかけし、
家まで誤りに行ったこともありました。
でも、そんな時「私、悪い事したな…。」と
思っていても、山口さんには、しっかり「ごめんなさい。」という言葉が言えませんでした。
山口さんは、いつも私に言ってくれていた
言葉。それは、人間は頭が良いだけじゃ
ダメだ。性格もよくないと。」その言葉は、
私にとってすごく心に響きました。
私がつらくて、くじけそうな時に話を
聞いてくれた山口さん。私が困った時に
助けたくれた山口さん。私も山口さんのような
すばらしい人間になりたいです。10年後山口さんに
出会ったときには必ず頭も良くて、性格も良い
人間になってみせます。

それが高学年になると、通学の列では班長や副班長に指名されるから周りに話の出来る子がいなくなり、やむなく見守りのおじさんに声を掛けてくる。殊に、車の音が遮《さえぎ》られ小声でも話の出来るトンネルに入ると決まってだ。話題も他の子とは違い、家庭内のこと、クラスのこと、自分の目指す方向や友人のことなど多様である。

この頃の川津小学校の高学年はクラスによって乱れが激しく、数人が授業を放棄し、教室を抜け出しうろうろしていたようだ。学ぶことに熱心な子には迷惑であるものの、そんな子だけを特別扱いもできぬから先生も悩んでいたよう

である。このまま中学に進学したとしても、勉学を無視する子も持ち上がるのだから、賢くて勉強好きの彼女にとって中学は何の魅力もないものであった。いっそのこと転校しようか、とも考えたようであるがそうもいかなかった。

「Kちゃん、与えられた環境で精いっぱい頑張るんだ。自分だけがいいことをしようと思うのは間違い。同じ悩みを持つ友人を募ってクラスの雰囲気を変えるとか先生と相談する、いろいろ方法はあるよ」山口はKを正面から見つめて都度アドバイスしたものの、性格までは変えられない。

悩み多いその子も、小学校を卒業することとなり、見守りおじさんの家に感謝の文を持参した。はにかみながらも明るい笑顔であった。

ある日のこと、山口が津田公民館を訪問した時のことだ。見慣れない若者が「山口さん、Uです」と声を掛けてきた。聞けば道路を挟んだ向かいの小学校で教員をしていると。おお、12年前信号の渡り方を指導したあの時の少年がこのように立派に成長したとは。思わず山口は手を握った。その成長に目を見張るとともに、幼かったころの笑顔を思い出し、一人思い出し笑いをするのであった。

あと数年でK女が宣言した10年がやってくる。噂では一流の高校に、大学に駒を進めたようであるが、果たしてどのような人間に成長しているであろうか。再会出来るその日を夢見て……。期待に胸が膨らむ。

今日は久しぶりにNさんの奥さんが立ち当番で、一緒に子どもたちを見守った。帰途、中2の長男Mに話が及んだ。以前から、この子の身長が伸びないことでご両親は悩んでおられた。

「男の子は伸びるのが遅いです。私の友人なんか、高校になって伸びだし私より高いです。心配には及びません」

そう慰めたところ、意外な言葉が返ってきた。

「息子はとても小食で、野球の部活から帰っても少ししか食べません、ただ、蕎麦だけはよく食べます。でも、肉も、卵も、マヨネーズも嫌い。栄養が摂れなくて、しかも給食も残すようですし」

翌朝、久しぶりに自転車で登校中のＭとばったり出くわした。

山口は、手を挙げて自転車を停止させた。

「少し背が伸びたようだが、給食は食べているかい」

「えっ、伸びたことがわかりますか。給食、残すことがあります」

「家ではどうだい、しっかり食べているかい」

「いえ、部活の後は食欲が無くて」

「食事と運動はセットだよ。しっかり食べて栄養を付けぬと骨組みはできんぞ。おじさんのころには食べる物がなくて、山の木の実や道端の草でも食べた。運動した後食欲がないということは理解できるが、好き嫌いせず食べぬと背は伸びんぞ」

「はい、これからきちんと食べます」

「ご両親とも体格がいいんだから、ちゃんと食べればきっと大きくなれるよ」

「分りました。がんばります」

只今反抗期。親の言うことは聞かなくても他人の言うことは聞くものだ。山口の口から、蕎麦の「そ」の字も言っていない。そのうちモリモリ食べるようになり、ぐんぐん背が伸びることであろう。その日を楽しみに見守ろう。

山口は無類の凝り性である。高校時代は相撲、柔道、演劇に、社会人になってからは声楽、囲碁にとのぼせた。自分に素質があるなしにかかわらずひたすら突き進み、壁に衝突すると思い悩む。59歳で退職し、これから何を愉しみに生きようか、そう考えていたところ40代のころ一度覚えかけて頓挫した囲碁を思い出した。

かつての先輩であり、尊敬する前川茂が、退職後自宅で囲碁教室を始められたことから、その門を叩いた。何れの道も同じであるが、ひたすら解説書を読み、繰り返し巻き返し実戦を重ねることで3年もあれば一定のレベルに到達する。問題はそこからだ。

山口が山本健一と近づきになったのは、平成二〇年のことである。彼は4歳年下で、県庁を退職し地域にあって奉仕活動をする一方、前川道場に通い山口と出会うところとなった。碁歴3年の山口に対し、山本は10年、一日の長があった。道場で対決するのは毎週土曜の午後であるからその日が待ち遠しく、山口は夜も夢の中で碁石が躍るのであった。

子どもたちと一緒に通学路を歩いているときは、しばし頭から囲碁が離れたが、横断歩道を無事渡らせ、手を振った次の瞬間から脳裏に碁盤が出てきた。

「山本さん、土曜が待てんから我が家に来て指導してよ」

「指導だなどと、じゃ遊びにくーわ」

そんなことで彼が我が家を訪問するようになって、早や5年が過ぎた。

彼は根っからの津田住人で、我が子の教育が終わったあとも、小学生の見守り活動に汗を流す一方、清掃活動や夜回りなどのボランティアにも取り組んでいた。たまに我が家で酒を酌み交わす時は、共通の見守りの話に花が咲いた。

彼の愛妻は、色白のすらりとした美人で、親せきの蕎麦屋で働いていたから、蕎麦好きの山口とは縁があり、大みそかには出来立ての蕎麦を持参願うのが恒例となっていた。

そんな山口だが、とうとう堪忍袋の緒が切れた。一向に上達せぬ棋力に我慢の限界が到来したのだ。下駄をはかせてもらって取得した3段の免状であったからなおさらのこと、出る大会出る大会で黒星が先行した。

「たまには負けてやれや、ふてて、止めてしまうぞ」

或る日の囲碁大会の後の飲み会で、２人向こうの席の無神経な彼が山口に聞こえよがしに声を挙げた。その一言は決定的であった。上達の神から見放され、厚い、乗り越えることのできぬ壁を実感し「自分には素質がない、かつての同僚から手加減してもらってまで打っている」そんな苦しい胸の内に、鋭利な刃物がぐさりと突き刺さったのだ。

その夜山口は、退職祝いにいただいた碁盤や碁石を箱に収めて縄をかけ、屋根裏に閉じ込めた。それから一週間、昼間からひたすら酒を飲み、囲碁の中毒から抜け出すことに専念した。

一週間が経った。碁盤も碁石も夢に出ることが少なくなったものの多くの友を失うこととともなった。

平成三〇年の一一月一六日のことである。山本健一から、喪中はがきが来た。

「妻輝子死亡につき、賀状を失礼します」と。

〝な、なんだと、あの奥様が……〟驚いて受話器を握る。山口の手は震えていた。

「奥様が……。いったいどうされました。あんなにはつらつとしておられたのに」

「突然死でした。四月のことです……」

囲碁をやめて早や3年、あれほど親しくしていた夫妻、蕎麦を戴いた奥様、その奥様の葬儀に参列することもなく安穏たる日々を送っていたとは。

「行きます、今から……。線香をあげさせてください」

山口は、急いでハンドルを握った。

「四月四日のことです。急に家内が胸が苦しいと訴え、近くのかかり付けの医院に行きました。医者は「重篤で手に負えない」と言い、すぐ市民病院へ。そこでも断られて救急車で日赤へ。ようやく専門医に診察してもらい、精密検査が必要とその準備をしていた時のことです。妻が突然、身振りで「ベッドを起して」と頼むものですから、起しました。そうしたら私に、指を折って何かを必死に説明するのです。左右の振るえる指で、始めに23を、次に43を折りました。そして、声の出ぬ口を動かして『書くものを取って』とせがむものですから、鉛筆と紙を渡しました。『23歳で結婚……43年間……楽しかった、ありがとう、ごめんね……』

震える手で必死に書いたのです。苦しい息の中で敢て、笑顔を作って必死に訴える妻でした。

『何を馬鹿なことを、これから検査だ、大した病気じゃーない、すぐ帰れるよ』

そう励ましたもののつかの間、両の眼がどんよりとくもり焦点を失ったのです。妻はほどなく息を引き取りました。病名は『悪性リンパ腫』でした。私には過ぎた妻でした」

仏壇の横の額に、在りし日の笑顔がある。こぼれるような笑み、優しい笑顔だ。歳月は流れたが山口は蕎麦を持参された時の声まで覚えている、涙して深々と頭を下げる己がいた。

妻に先立たれた山本氏は、以後、ボランティアの日々と聞く。

山口は、現職のころから合唱団に所属し、仕事の必要に迫られると交通安全や、少年非行防止の演劇を制作し、地域住民をキャストとして参加させていた。

退職6年後、高齢者大学校「くにびき学園」に入校した。その2月後、たまたま朝のテレビで〝地球温暖化こそ、これを招いた現世代の地球人の責任〟との報道に接した。いても立ってもおれず、その日の昼休みに黒板に報道内容を書いて仲間を募り3カ月後、環境市民団体「くにびきエコクラブ」を創設した。

地球温暖化改善の道は、CO_2削減の手法を自ら学び実践する、市民に訴え改善させる、政治や企業に働きかけてエコな社会に転換させる、この3つである。爾来15年、市民啓発劇を創作し、年間5～8回上演してきた。

その第1作は、平成二二年川津公民館で上演した「エコの花咲く丘」であった。

——都会から帰って来た青年が団地のルールを知らずごみを出し迷惑をかけた。彼は帰省以来親孝行し、地域の子どもたちにスポーツの指導をしていたが、一転、環境改善のためにも乗りだした。

地球環境改善のために制作した40分の創作劇である。劇には、あじさい団地の小学生5人も参加させることにした。

その中に4年生のM女と2年生の弟Tがいた。姉と弟は、はつらつと演技をし、山口は〝2人は何一つ不自由のない家庭の子〟そう思い込んでいた。ところが、演劇の本番が終わって一週間たったある日、母親と3人の子どもが山口家を訪れた。

「実は、引っ越すことになりました。劇に出させて戴きいい思い出が出来ました」

子どもを3人連れた母親は、寂しそうにそういい、姉の方は悲しそうな笑顔を見せている。

この団地に終《つい》の棲家《すみか》を求めて家を建てたのだが、家計が行き詰まったという。

数日前、団地の公園で草抜きをした。環境部員であった山口は、参加した子どもたちにご褒美としてスーパーで買った駄菓子を与えた。

「1人1個だぞ」

だが5年生になるAだけはまた手を出した？　この子にはやったはずだが、まあいい、そう思い黙って与えた。そうしたところ、全員が受け取った後でこの子だけが立ち去ろうとせず、また手を出した。

「A君にはもうやっただろう」

「お家にいる妹にもやりたいから」

「妹と弟、ああ、そうか」

山口も、貧乏な農家の長男で、小学生の頃から割木負い、瓦運び、高校になると饅頭屋の店番、魚運送トラックの助手とありとあらゆるバイトを経験してきた。だから何があってもへっちゃらである。

幼くしてこの団地から出ていく運命となったこの子どもたちには、他人に言えぬ苦しみが待ち受けているであろう。どうぞこの苦労が、この3人をより逞しく育んでゆきますように。

人は苦労して成長するもの、ぬくぬくと育ったものにはそれなりの成長しかない。


「おじちゃん、人間は甦ることができる？」

小1のYちゃんの質問だ。山口は思わずドキッとした。

「どうして？　どうしてそんな難しい言葉を知っているの」

「だって、テレビで地獄のこと見ていた時、人間は甦ることができると、あやちゃん――Yちゃんの7歳上の姉――が言ったもん」

「うーん、それが出来れば言うことないんだがなー、Yちゃんはどう思う」

「甦る、生まれ変われる」

「いや、残念ながらそれは無理だよ」

「違います、甦れます！」

その日は山口の歯医者受診の日であった。この女医さんは博学で、県庁前のビルに開業されて早や40年、以来山口は一貫してお世話になっている。

「先生、人間は甦ることが出来ますか？」

「そうね、出来るみたい。宗教家の話だけど、あるお坊さんは甦った人に2～3人出会ったんだって」

「へー、本当ですか、それはにわかに信じ難いですねー」

「山口さん、何事も信じることよ。信じる人は甦れるかもね」

無宗教の山口には信じることは出来ない。あと5年で傘寿。人間は甦れないとはわかっていても、ここらで医者の言うことでも聞いて寺参りでもしようか。そんなことを考えていた時のことだ。

「人は甦ることは出来ません、一度しかない人生だから、出来るだけ長生きして楽しみましょう」社会貢献により受賞した高齢の男性がテレビで語りかけた。

――やっぱりそうだよなあ、ただし生きるということは人の恩を受けること、世話になるということ。「世のため人のために尽くして」この一言を付け加えたいものだよなー。

ああ、悲しい。W君ごめん。君の幼い心を傷つけてしまった。

九月の土曜日の朝、運動会が前日の雨で流れて出校日となった。みんな、弁当を小脇に残念そうに三々五々集合場所へ。21人中19人が集合した。土曜だから山口も気が乗らず、腰が重い。

「みんないるか、いない子は？　Ｗか？　またあいつか。困ったやつだ」

その時、ゴミ箱の向こうから声がした。

「くそ！　何を言うんだ」

見れば、Ｗがいきなり手に持っていた紺色の手提げを地面に投げつけた。拾い、泣き叫びながら再び地面に叩きつける。

……ああ、何ということを。Ｗは伸び盛りの体に怒りを込め、渾身の力で手提げを足元に、中身は弁当か……。

「アッ、Ｗ君、いたのか。ごめん、気が付かんだった」

謝ったが後の祭りである。山口の言葉は、20人もいる子どもたちの頭の上を通り過ぎて、繊細で気性の激しいＷに……。顔を真っ赤にして、涙を流しながら激しい怒りの眼差しで山口に挑戦してくる。

「Ｗ君、失礼なことを言った。ごめん、ごめん」

ふてくされてその場を去ったＷは視界から消えた。樹木の陰に隠れ、皆がスタートしてから、１人とぼとぼ50《メートル》後を付いてくる。

この頃、３年生のＷはしょっちゅう集合時間に遅れた。家でも叱られていたのであろう、表情が暗く、注意しても素直に受け入れようとはしない。母親の困ったような顔が頻繁に通学路に現われた。

……ああ、無神経な発言だった。こんな時、石川さんがいてくれたなら。

5分後、みんなが信号を渡った後から、Wが怒りの眼差しで山口の前に。「W君、ごめん、おじさんが悪かった」優しく肩を叩いたが、Wは目を合わせることなく口をつぐんだまま前を通り過ぎ真っすぐ進んだ。集団登校の路線とは別の、300メートル先の信号を渡る気だ。

ああ、今日は大失敗をしてしまった。見守り爺が、事もあろうに悩みを抱えているであろう少年の心を傷つけてしまったのだ。

この出来事は他のどの子も知っている。幼い心の中で「もし自分がWの立場であったなら、この見守り爺は同じように言ったであろう」そう思っているに違いない。

今日1日、いや、Wの心が晴れるまで山口の心も晴れない。

その日、山口はW少年の母親に事情を打ち明けた。

「お母さん、W君を傷つけてしまいました」

「そういうことですか、いいんです。いつもあの子がぐずだから、今日たまたま早かったから、山口さんに気付かれなかったのです」

だが、それからというものWは挨拶もしない。ふて腐れたままだ。同級生もとまどい、そばへ寄ろうとしない。

「山口さん、毎日出させますから、他の子と同じように扱ってください」

——お母さんはそうおっしゃるが、辛いに違いない。

10月に入り、Ｗは持病のぜんそくで、マスクを着けて登校する。

「どうだい、咳が出るかい」

声を掛けても目を合わせようとしない。

思えば、このような子は数年に１人はいた。13年目だから３人位はこのように扱いにくい子どもを指導してきた。

あの子は調理師に、あの子は大学生に、あの子は結婚してはつらつと建築現場に、どの子も苦しみを乗り越えて成長している。

いつも無表情で、喜怒哀楽を表に出さぬ子は印象が薄く、卒業して４～５年も経つと顔さえ思い出せなくなる。だが、Ｗのように、Ｓのように、Ｙのように、悩ませる子は何年経っても忘れることはない。どのように成長してくれるであろうか、その過程が気になるし、この爺さんの気持ちは分かってくれる――自分で勝手にそう思い込んでいる――だから話をすれば通じ合えるであろう、Ｗ君とも、近い将来そんな関係になれる、そう思い、もう気にすまいと心に決めた。

10月の上旬、Ｗがとぼとぼと集合場所の公園へ。「おはよう」他の子と同じように声を掛けるが、相変わらず無視だ。それでも、と思い信号交差点で別れ際に「がんばれよ」と声を掛け肩を叩いてやった。久しぶりに爺の目を見て頷《うなず》くＷであった。

翌朝のことである。

「明日、おじさんは旅行で見守りはできんからなー、それと、しあさって日曜日の朝は『クリーンまつえ』だ、みんな公園に集まって草抜きをするんだぞ」

そう注意を喚起した山口であった。その時、Wが山口のそばへ寄ってきた。

「おじさん、クリーンまつえ、台風で中止になったよ」

「なに、本当か、どうして知った」

「回覧が回ってきたもん」

「そうか、ありがとう」

久々の通常会話であった。今日のWは表情が明るく、マスクもつけていない。

「みんな、日曜日のクリーンまつえは台風でなくなったそうだ、W君が教えてくれた」

「えー、中止、W、本当かい」

「本当だよ、回覧見たもん」

「残念だなあ、折角出ようと思っちょったに」

普段、Wとそりが合わず喧嘩ばかりしているKが大袈裟に言った。Wは得意そうに、中止の情報を友人と語り合っている。実に2週間ぶりの笑顔だ。

――これで大丈夫。やっとこの子が、他の少年のように明るく振舞ってくれる。苦しかったろう、ごめんね、W君。

重苦しい山口の心は、久しぶりに晴れ渡った。台風が近く空には厚い雲が立ち込めているというのに。

子どもの成長は予測できない。殊に手を焼かせる子ども、やんちゃで自己主張の強い子どもほど、或る時大きく成長する。

Ｗはその良い例だ。３年生の時さんざん困らせたこの子が、５年生になり弟が新1年生として入学すると途端に締まってきた。第一、顔立ちが違う。きりっとして目が輝いている。弟の面倒も見るし、山口の問いに対して明瞭に理知的に受け答えする。Ｋと喧嘩をすることもなくなった。この子は将来伸びるだろうな、最近そんな予感がしてきた。

今朝、久々に母親が見守り当番であった。

「このごろ、Ｗ君成長しましたね」

「本当ですか、これまで散々ご迷惑をおかけしました」

母が一番喜んでいるであろう。笑顔の眼が輝いている。

山口は8年前、一念発起して歴史小説の執筆に入った。明日は隠岐へ取材旅行だ。古老や歴史家と面談し、隠岐騒動や廃仏毀釈のことを学ばねばならぬ。出来るだけ質問を絞り込み効率的に、そう思いながら朝のひと時も惜しんで準備していた。ふと気が付くと7時25分である。

「いかん」

とその時、チャイムが鳴った。飛び出すと2人の女児が目を光らせていた。

「おじちゃん、遅いじゃない！　どうしたの」

「ごめん、ごめん」

見守りも15年になるが、子どもからお出迎えされるのは初めてのこと、心しよう。


どんな子どもも必ず他の子どもにない良いところをもっている。

ある雨の朝だった。見守り隊員は咄嗟の時に子どもが守れぬと失格である。前方から暴走車が突進してきても前が見えぬと子どもたちが守れない。だから傘は禁物なのだ。

全員集合、スタートして3分も経った頃だ。心配していた雨が足早に列を襲ってきた。どの子も手にしている傘を「ぱたん、ぱたん」と音をさせて楽しそうに差す。

——50《メートル》先はトンネルだ。まずはそこまでしのごう。この日山口は、午前中の会議に備えて上等の背広を着ていた。見守りのチョッキは袖なしで網目だから、雨が降ればずぶ濡れだ。

トンネルに入り一息ついたものの、雨のやむ気配はない。その時だ。後ろを歩いていた2年生のAちゃんが山口の背をつついた。

「どうした、なにかあった?」

「おじさん、ランドセル開けて」

言われるがままにランドセルを開けてやった。

「コウモリがあるでしょう、出して」

ぎゅうぎゅう詰めのランドセルの中から、折りたたみのコウモリ傘を見つけた。

「おじさん、これ使ってよ」

「えっ、Ａちゃんは？」

「私、２本持っているの」

――何という優しい気遣いであろう……。小２というのに。

トンネルの向こうは雨が音を立てて降っている。山口はコウモリ傘を開いた。赤い花柄の小さな傘だ。だが体の芯は濡れない。

〝ウーン、今日はＡちゃんの親切におすがりして、特別に傘をお許し願おう〟

そこから４００メートル、山口はウキウキしながら歩いた。不思議なことに、信号が近くなったころ雨は見事に上がった。傘をＡに返し、目を見つめて笑顔の礼をした。

「行ってらっしゃい、明日またね」

〝ジャストウォーキングザレイン〟映画音楽「雨に歌えば」をハミングしながら、思い出し笑いをしつつ家路をたどる山口であった。

低学年の頃、隊員の後ろに回って帽子を飛ばすなどいたずらで困らせたＭ君も４年生、本の好きな少年に成長した。

囲碁をやめた山口は、平成二八年、松江城がいかにして今に残ったのかを研究して歴史小説を出版した。

このことをどうして知ったのか、しばらく後、彼が山口家を訪問した。

「おじさん、この前出した本、売ってちょうだい」

封筒の中から1、500円を出したのだ。聞けば、毎月貰う小遣いを貯めていたのだという。

「いいよお金は……。この本はあげるよ」

「いや、お金を払わんと、書いてあることが身に付かんけー、払います」

払う、受け取らないでしばし押したり引いたりした。そこで山口は裁定した。

「君の言うことも筋が通っている。では、半額戴くこととしましょう」

結局750円で決着した。

その2年後のことである。山口は2冊目の歴史小説　松江藩栄光への道「律儀者と不昧さん」を出版し、七月の日曜日、松江城に隣接した興雲閣《こううんかく》で出版記念の講演会を行った。

と、どうであろう、一番前の席に小6のM君が陣取っている。

熱心に話を聞いてくれて、帰り際には本を求めてくれたのだ。

彼も今は高校生、背も175センチ、声も低音でさっそうと自転車にまたがり通学している。いまだにいたずらの癖は残っており、低学年と冗談半分の騒動を起こすこともままある。果たして彼がどんな道へ進み、どのような社会人になるのか、今後も関心をもって見続けていこう。

小6のUちゃんは、とても挨拶が上手だ。

小学校に入学する前に、母親と一緒に山口家を訪れ「よろしくお願いします」とあいさつ。真正面から目を見て可愛い笑顔で。

以来、毎年年賀状までくれる。

或るインフル大流行の冬の朝、その子が祖母と一緒に我が家に来た。見れば顔が涙でクシャクシャだ。

「どうしたUちゃん」「ウー、アーアー」「実は、今朝になって喉が痛いと……」

「そう、わざわざ来なくてもいいのに。おじさんが班長には言っておく、ちょっと待って」

山口は自宅の小さな畑で作った冬野菜「中国のタアサイ」を数株抜いてビニール袋に入れて渡した。

「この野菜は韓国、いや、中国の野菜だ、これを食べて早くインフル治して」「中国？　はーい」

４日後、Uは元気に集合場所へやってきた。笑顔が戻っている。

「おじさん、この間は菜っ葉ありがとう」

あれから数年、この子も思春期を迎え挨拶の声も変わってきた。生来、声が良くて、大きくなったら韓国ソングの歌手になると言っていたが。その彼女も今年から中学生だ。令和六年の賀状「私は中学生になってもあいさつを忘れないようにします」と。

きっと逞しく成長することであろう。期待しているよ。

見守りや青パト隊員として10年近く活動した眞鶴《まなつる》郁夫の夫人は、亡き夫の心を引き継いだ地域のボランティア夫人である。

いつの頃からか、手にビニール袋を忍ばせて朝の通学路を散歩される。

「あれ、今日は袋が一ぱいになっちょー」「袋の中身は何だろう」

登校時すれ違う子どもには袋の中身が気になるのであった
そのうち、昨日あった通学路のゴミが朝になるときれいになくなっていることに気付いた。

「おばちゃん、ゴミ拾ってくれたんだね、ありがとう」

上級生のO女が気付き、すれ違うと大きな声で謝意を述べた。夫人のゴミ拾い散歩もはや5年。お陰で団地から小学校に至る通学路にはゴミがない。すれ違うたびに山口は先立たれたご主人の優しい笑顔を思い浮かべるのだ。


雲南市の消防署を退職して当団地に居を構え、見守りを始めた栂《とが》孝治は、自分の意思で見守りから公園清掃に代わって早や10余年。

公園の除草を始めたころは、これに異論を唱えるものが出た。

「子どもの遊びを妨害している」『鍬を振り作業するから危険だ！』言いがかりをつけられ、挙句の果ては自治会長や環境部長から集会所に呼び出され説教を受けることともなった。だが彼の信念は揺らがなかった。

「草の一本も生えていない松江一の美しい公園にする」

清掃を始めて3年が過ぎたころのことだ。公園の南側の木の根元に、人糞が溜まりだした。掃除をすれば翌日にはまた新しいのが……。10日も続き、子どもも顔をしかめるようになり、腹を立てた栂は、防犯カメラを設置して犯人探しに乗り出した。

数日後の朝、防犯カメラが作動し、現場へ急行した栂は遂に犯人を突き止めた。新聞配達人であった。配達人の自宅は家族が多く、朝、トイレが使えぬため配達の最中あじさい団地の公園で用を足すようになったと。彼にも同情の余地があったが、その朝は交番も張り込んでいた。当日朝運転していた妻は無免許運転、彼は免許停止中であったから警察も許さなかった。

松江市内に数１００もある公園の中で、雑草が一本も生えていない公園、この噂はやがて市議会議員が耳にするところとなった。議会の開催日が近づくと公園を視察に訪れ議場で報告したから、やがて市内各地から家族連れが公園を訪れるようになった。

その栂も、長年の作業で腰椎に損傷をきたし、令和四年の秋のクリーン松江の日をもって15年間続けた公園清掃から退いた。知る人ぞ知る。多くの団地住民は彼の長年の活動を称えるとともに、次なる奇特なボランティアの出現を待つこの頃である。

嵩山麓５人衆の提言

山口家の２階から東に目をやると７００㍍先に嵩山の頂上が、その裾野に井上一郎宅がある。白壁の蔵のある井上邸は嵩山麓の屋敷の中でも石垣のある古風な構えで、人目を引く。

30年前バイパスが、そして８年前「だんだん道路」が開通するなど交通情勢は一変し、多くの見守り隊員がリタイヤしたが、井上は85歳になる今も早朝の見守りは欠かさない。

近年、嵩山のすそ野にアパートや民家が立ち始めこれらを見越して、バイパス沿いに大型スーパーやショッピングセンターも進出した。通学する子どもの数は毎年のように増え、必然的に交通ルールを無視する若者もどこからともなくやってくる。

嵩山の西の山麓、上東川津の上組・中組・下組や中尾の集落を走る県道や市道は幅員５メートル程度で歩道は皆無、だが通学路であり、朝晩は恰好のウォーキングコースともなっている。

ところが、このような地域の事情はお構いなしに、バイパスもどきに暴走する車が近年増えてきた。

井上は若い時は神奈川の平塚で自動車関係の仕事に従事し、射止めた妻は旅館の娘で同じ会社に勤務していたから、夫婦そろって車のことには詳しく、子どもや孫の成長に合わせて見守りに従事したのだ。

そんな井上が困りあぐねたのが暴走娘である。

その暴走娘は、最近近くに引っ越してきたようで、毎朝決まったように7時20分ごろになると県道の直線を猛スピードで西へ突っ走りバイパスへ抜けていくのであった。

井上は、バイパスの手前の３００メートルは子どもたちを左側通行させていた。左側に民家が３軒あり、脇道も接続していたから右側よりも安全であったからだ。それを良いことにその暴走車は60～70キロのスピードで子どもたちの脇をぶっ飛ばすのであった。

「これはいけん、今に事故が起きる」

困り果てた井上は黄緑の見守り服、帽子、手袋を見え易いように身に付け、旗を手にして８人の子どもの一番後ろから列について歩いた。

ある雨の日、子どもたちは赤や青の傘をさして一列で整然と西進していた。そこへあの暴走車が後方から突進してきた。大きな水たまりがあるにもかかわらず、まったく減速することなく子どもの脇を通り抜けようとした。

〝バッシャン〟

泥水が小学生の身体を被った。うち２人は頭から足の先までである。

「こらっ、何をする！」「服がびしょ濡れになった」「学校に行けん」

井上をはじめ高学年の児童たちまで大声を発したが、暴走娘はお構いなし、止まりもせず断りもせず知らぬふりでバイパスに消えていった。

普段は温厚な井上も頭にきた。〝娘の家を突き止めて怒鳴り込んでやろう〟そう考えていたところ、たまたまその日川津公民館で集会があり、川津交番所長が出席してきた。

〝おっ、交番所長だ〟井上はすかさず駆け寄り、今朝の出来事を報告した。

「わかりました。明朝対処します」

翌朝のことである、井上が８人の小学生を連れて誘導中、例によって後方から日産シルバー車が猛スピードで接近してきた。

〝ピー、ピー、ピー〟

警察官が飛び出し、笛を鳴らしてその暴走車を止めた。

〝キー〟

暴走娘は急ブレーキをかけ、警察官の誘導で車を道路脇に。

「君、いったい何キロで走ってるんだ！　集団登校の子どもが見えんのか！」

「はあ……」

「昨日は、ここで子どもたちに泥水を浴びせたではないか。免許証を見せなさい」

さすがの暴走娘も、警察官の前では大人しい。5分も叱られぐうの音も出ない。違反で検挙されたか否か知るところではないが青ざめた顔で現場から立ち去った。

子どもたちはこの様子を見ていた。悪いことをすればどんな報いがあるのかを目前で知るところとなった。

その日以降暴走娘は出没しなくなった。路線を変更したのか、車を替えたのかはわからない。だが暴走するのは1人ではない。多くの地元民はそうではないものの、稀には飲酒運転などが敢えて田舎道を遠回りすることもある。

近い将来大人になる子どもたち、運転免許を取得してもこのような暴走運転はけっしてしないであろう。

井上にとってこの頃嬉しいことがあった。孫娘「七海《ななみ》」のことである。小学校のころから見守りで鍛え、成長する姿を見てきたが、この子は祖父母の指導よろしく笑顔の挨拶が人目を引いた。

どの子も、挨拶にはもって生まれた個性が顕れる。

①黙っていても自分から挨拶する子。
②大人が挨拶すれば挨拶を返す子。
③大人が挨拶をしても知らんふりの子。
七海は幼少の頃から①であり、笑顔がいいから相手も嬉しい。中学校、高校、短大を卒業し、請われて地元の保育所に勤めるようになった。就職した保育所は、子どもの頃七海が通っていた園で、短大を卒業したことを知った園長から、「是非うちで働いて」とスカウトされたのだ。

祖父母にとって愛情を込めて教育した孫娘であり、望まれて地元に就職できたことは何よりも嬉しいことであった。


嵩山麓に見守り5人衆が誕生したのは令和四年の四月である。

平成三〇年、石川が亡くなって以降、この地区の見守りは井上・山口の2人。守備範囲は、井上が嵩山からあじさい団地の信号交差点まで、山口があじさい団地入口から祖子分の信号交差点までであった。

ところが令和二年、嵩山麓に高野睦《むつみ》が、あじさい団地に山崎修二が、令和四年に高木雄二が誕生し5人衆になったのだ。

まず、高野睦。彼女の住居は上東川津町嵩山《だけさん》の入り口の「西宗寺《さいしゅうじ》」という浄土真宗の古刹である。

この地に生まれ、地元の小、中、高に通った。当時は道路事情が悪く、各学校とも前述した木々の生い茂った幅3<ruby>メートル</ruby>の山道を通った。

高木雄二・高野 睦・井上一郎・山口信夫

国外経験を経て大学・結婚と関西で過ごし、主人と小4になるN女を伴っての里帰りとなった。

いつもニコニコ丁寧な挨拶と物知りで行動的な性格は、地域の信頼を集め、子どもたちにとって待ちに待った見守り母さんであった。

振り返ると、14年前山口に見守りを勧めたのは、彼女と同じ集落の平江・福村両人であったが、今度は、はからずも山口がその集落の夫人に声を掛けるところとなった。

何度か当番で見守りを経験している彼女は、とてもフットワーク良く、小学校にも気軽に足を運ぶバイタリティーの持ち主であったから、決心までに時間はかからなかった。

自ら公民館に足を運び、必要な手続きのもとチョッキを受け取り、さっそうと早朝の街頭に。井上一郎とともに地区の子どもたち8人の同行見守りを開始した。

実は、彼女に「見守りをしませんか」と誘ったときは気付かなかったのだが、小4の愛娘Nは山口が注目していた児童であった。親切で行動力があり、性格はまさに母親譲りなのだ。

令和二年の正月明けのこと、あじさい団地の小1のYが下校途中に強風で傘を飛ばされ泣いているのに遭遇した。車道の中央の傘の位置まで3車線の10メートル、Nは果敢に車道に走り出てこうもり傘を回収したのだ。

また、後から分かったことであるが、彼女の祖母高野道子は、昭和五〇年代から平成にかけてパトロールママとして活動しておられ、当時の名簿にも名前が載っており、親子2代にわたる活動家である。

時あたかも、世界を揺るがすコロナ発症の年で、マスクをつけ祖子分交差点まで2㌔の道のりは、早朝の主婦にとって大きな負担であった。だが、高野睦、それをおくびにも出さずさわやかに、にこやかに同行見守りをはじめてはや4年目をむかえている。

ながら見守りの山崎修二

次に山崎修二である。彼は公民館勤務で、夫人は高知県人である。奥出雲のホッケーの名門横田高校の出身で、高知国体を控えた数年間高知に滞在しホッケーを指導した。その縁で彼女を射止めて松江に連れ帰り、仕事に便利なこの団地に家を建てたのだ。

子どもは3姉妹、「Y女～中3・K女～中1・R女～小4」3人とも笑顔がよく、芯のしっかりした頑張り屋である。

家は公園の真ん前にあったから、父親は登校時間帯に家の前で「行ってらっしゃい」と見送っていた。それがいつの頃からか通学児童の最後尾で見守るようになった。

令和四年、津田公民館に配置換えになった山崎は7㌔の道のりを自転車で通う。そこであじさい団地公園から川津交差点までの1・5キロを、通勤しながらの「ながら見守り」を始めたのだ。

「自転車が来るぞ！　気ー付けよ！」

これが彼の十八番、すなわち、列の最後尾で周囲の交通に気を配りながら大声を発するのだ。自転車通学の中学生の中には歩道をぶっ飛ばす者もおり、まま歩行者と接触することも。毎日列を追い越す自転車は平均10台、多い日は15台にもなるから、彼の掛け声は事故防止にはとても有効だ。また、高木・山口が信号交差点先で任務を終えた後の400メートルは彼の独壇場でもある。

「そいじゃー、今日も頑張れよ！」

川津の信号交差点で17人の子どもを見送った彼は、津田公民館までまっしぐら、本番前のウォーミングアップなのだ。

5人目は、令和四年四月、あじさい団地に誕生した高木雄二である。彼は県警の出身で、山口にとって待ちに待った仲間であった。

山口より14歳も若くはつらつとした壮年である。五七年の島根国体警備では、松江警察署の警備本部に在籍し、主として交通安全対策を担当していたから、県警の警備本部にいた山口とはこの頃からの顔なじみであり、縁あって自宅も斜め向かいにある。

津和野警察署の交通課長、雲南署の地域課長、大田署の総務課長を経て公務から身を引き、県交通安全協会勤務を終了したところで、山口の勧めで「あじさい団地見守り隊員」としてスタートを切った。
彼は山口同様、アルコールには目がない。近年はすっきりと酔い、短時間でさっぱりと覚める焼酎を愛飲している。

交通現場の経験が豊富な高木が加入したこと、前述した高野の引率する上東グループと合流することも増えたことから、協議して四年度から見守りの方式を変えることとした。

すなわち、子どもたちを誘導して信号交差点を北方に渡り、１人は60メートル西側にある三叉路の安全誘導を行う、更に自転車中学生の信号交差点の安全誘導も始めた。また、年度当初は新入生の歩行が慣れないため、当分の間小学校正門まで同行するなど、より実効性のある見守り方式にチェンジしたのだ。

高木の長所は、欠席がないこと、フットワークが良いこと、現職の警察官に顔がきくことである。60代と若いこともあるが、週５日の見守りを確実にこなし、子ども達への指導も行き届いている。歩道上やトンネル、交差点などでの子どもたちをガードする身のこなしが機敏だから、子どもや父母から大きな信頼を得ている。

嵩山麓で活動する５人の見守り隊員はそれぞれ立場も経歴も動機も異なるが、見守り活動を自らの生活の一部として日課に組み入れている。いかに安全を確保しつつ有意義な見守りや育みを継続するか、このことについては全員が関心を持ち、交流の都度意見を交わしてもいる。

ここで、平素の意見交換で話題に上る見守りの根拠やその在り方に関し検討してみたい。

学校の安全については、平成二一年四月施行の「学校保健安全法」により学校・保護者・警察・その他の団体の連携により児童生徒が安心して生活できる環境の整備を、また国土交通省は防犯まちづくりの取り組みを全国に指示し、安全なまちづくりを進めている。

見守り活動の担い手については、従来は地域の高齢者であったが、平成三〇年、新潟市において下校中の児童が殺害されるという事件の発生を受けて警察庁は「登下校防犯プラン」を策定し、従来の高齢者中心から新たな担い手として「ながら見守り人」の獲得に打って出た。

また、見守り活動のあり方については、所管する文部科学省の安全教育推進室が令和三年三月、分かり易い指針として、図解付きの「登下校見守り活動ハンドブック」を作成し、これを示している。

我々活動家はこの指針に基づいて日々活動する一方、より良い活動を模索している。

このような中にあって気候変動、国際化の進展、IT社会の進展、人口減少、少子高齢化、学校再編、働き方改革等新時代は着実に到来し、このことへの対応は待ったなしである。

そこで見守りの在り方や改善点、今後の進め方等についてA男・B女・C男・D女・E男の5者による対話方式で提言させていただく。

1　体制の刷新

A男　スクールガードの体制は有益であるが、全国では3分の1の府県がこの制度を中断しているよう

益田市と生協協定

【益田】益田市と生活協同組合しまね（松江市西津田1丁目）が21日、地域活性化に向けた包括連携協定を結んだ。高齢者の見守り活動や災害時の物資提供などで連携する。

生協しまねは県内で7万2千世帯、益田市では5千世帯の組合員がいて、各家庭などに商品を宅配する。

協定では業務の特性を生かしながら、宅配時に高齢者の見守りを兼ね、異常に気付いた場合は通報する。また、災害時には水や弁当などの物資を提供する。このほか子育て支援や地域行事への参加など幅広く盛り込まれ、包括連携での協定は県内で初めて。

益田市常盤町、市役所であった締結式で山本浩章市長と生協しまねの安井光夫理事長(65)が協定書を交わした。山本市長は「地域課題の解決に向けて連携し、活性化していくことに期待する。生協の強みを生かしていただきたい」とあいさつ。安井理事長は「協定は地域活性化という目的が明確化され、実現に向けて頑張りたい」と話した。

（藤本ちあき）

協定を結んだ生活協同組合しまねの安井光夫理事長（左）と山本浩章市長＝益田市常盤町、市役所

2024年２月23日　山陰中央新報

だ。島根では制度発足５年にして県教委が手を引き市町村にまかせたため、出雲・大田以外の市町村には制度が存在せず、学校・警察・見守り活動者等との連携にばらつきがある。

B女　出雲や大田では、毎月スクールガードリーダーが校内や通学路を巡回して点検し専門的視点から問題点を発見し、改善策を打ち立てていると聞く。制度を継続している多くの府県と同様、島根県下においても統一した体制確立が望まれる。

D女　今後10～20年の間に、小・中学校の統廃合が進み、小規模校は廃校となる。地方においても「ＡＩ見守りロボット」「ＧＰＳキーホルダー」等が進むであろう。この進展に合わせて見守り制度の在り方や体制の刷新を考えては如何であろうか。

C男　近年、第一線を離れたシニアの学びの場として、行政の主導で高齢者大学校などが開設され、生きがい対策として趣味・スポーツなどが活発化している。だが、見守り活動に携わる者は少ない。行政が公費で支援しているこれら学生には、行政・警察等から見守り組織への加入を呼びかけるべきである。

E男　国がながら見守りをを推奨して6年、県下では新聞配達人が配達先での異変、「新聞が数日間溜まっているのに窓が解放状態、電灯がつきっぱなし」などに遭遇した場合の通報により成果を挙げている。

A男　郵便局員・土木作業員・宅配業者などのながら見守は、雇用者の理解がないと現場は動き辛い。自治体や県、県警察などから組織の上層部へ働きかけが必要。本書第5話後半で紹介する本年2月の「生活協同組合しまねと益田市の協定」のような好事例が、今後続くことを期待したい。

B女　ながら見守りにせよ、組織的に行う場合は、外部への意思表示が肝要であり、本書第4話、川合見守り隊の如く、PRステッカー貼付や、固定した活動現場には旗などによる表示が必要である。

2　見守り活動者への教養・訓練

C男　三原菫充氏の死亡事故の例もあり、信号機のない交差点での安全誘導の訓練が必要である。行政と県警の連携で研修会・訓練などを企画し、末端まで浸透させるべきである。

D女　近年、信号機のない横断歩道での歩行者優先指導と取り締まりが強化され、歩行者保護が進んだことは嬉しい。反面、ドライバーのながら運転は加速しており、見守り誘導者は確実に車を停め、停まったことを確認した後、横断を誘導しなければならない。

A男　見守り者と学校との連携が不十分である。近年教員が働き方改革等で通学路に出るケースが稀となり、年1回程度は交流会や研修会が必要。上層部への働きかけのみでなく、末端との交流が必要である。
D女　可能ならば、第4話、川合小学校と爺ちゃんクラブの活動で紹介した「ありがとう給食会」のような見守り者・教師・児童との心の通う催しについて検討してほしい。
B女　見守り活動により把握した通学路の危険個所・遺留品・スマホ見ながら運転等への対処方法、通報要領などについて指導の徹底を図る必要がある。
E男　近年、気候変動等により急速に増加した人里への猪、クマなどの出没につき、対処要領の指導と対応機材の配布等が必要である。

３　装備、資機材

A男　多くの見守り隊には予算はなく、市町村、公民館による支援に頼っている。装備資機材費や傷害保険への加入等、自治体のばらつきをなくすよう上局による指導が必要である。
B女　子どもが緊急に駆け込む「子ども１１０番の家」の制度にばらつきがある。統一した制度の運用、対処要領の指導、装備品の追加配分が望まれる。
C男　必要に応じて見守り対象の子どもや徘徊者のために、ビーコンタグ（位置情報提供機器）など備え付けや活用を促進してほしい。都市部では浸透しているが、地方では遅れている。

D女　「個人で準備するものではあるが、スマホ・児童の転倒対策として、ティッシュペーパー・カットバンは必需品であり、見守り活動ハンドブックへの掲載が必要である。

4　その他

C男　気候変動によって豪雨災害が多発し集団下校の児童に危険が及びかねない。道路管理者等による通学路の点検、安全誘導、通行止めなど事故防止対策の強化が望まれる。

E男　時代は進展しても地域の見守りは高齢者が主体となろう。高齢者の身体機能の老化防止や認知症防止に毎日の見守り活動は大きな効果を上げている。このことを医師や活動家からもっとＰＲさせるべきである。

B女　団体への賞揚はそれなりになされているが、個人への賞揚は顕著な功労者のみである。関係機関が連携して長期活動家の賞揚制度の新設を図ってほしい。

以上、見守り活動の現状を踏まえて提言させていただいた。子ども見守り制度は、社会がいかに進歩しようと無くてはならぬ重要な制度であり、国の積極的な介入と、県・県教委・警察・市町村・学校等によるきめ細かい指導や支援を願うものである。

18年目の誓い

昨年の初秋のことである。6年生のH君と5年生のT君がバタバタと足音をさせて山口宅に駆け込んだ。

「おじさん、鹿です、鹿が出ました」「何、鹿だと！　いつ、どこで」「公園です、たった今、草地へ逃げました」

「よし、行く！」

以前から団地周辺では狸、猿の出没事案は毎年のようにあったが、鹿の目撃情報は初めてである。令和五年は夏以降全国各地で熊や猪の出没と被害のニュースが後を絶たなかった。

山口は携帯を手に少年の先導で公園を捜索し、鹿の足跡らしきものを数個発見した。彼らの言うには、2人が北側の階段から公園に足を踏み入れたところ、遊んでいた鹿が2人の脇を走り抜け、公園の北側から草地へ逃げたと。草地の向こうは通学路である。山口は驚き、少年の面前で警察と松江市に通報した。

〝こんな様子では、通学路に動物が出没しかねない、１００《メートル》先は逃げ場のないトンネルだ〟

山を切り開いて出来たバイパスであるだけに、嵩山麓は危険がいっぱいで警戒が必要である。そこで松江県土整備事務所に電話を入れた。

「見守り隊の山口です。団地の公園で鹿が出ました。祖子分トンネルと近いので心配です。安全対策はどのようになっていますか」

「係長の小村です。ほう、鹿がねえ。トンネルの安全対策ですが、昨年は防犯テレビを新調しました。近々緊急通報装置を一新します」

「このトンネルでは過去数回声掛け事案が発生し、都度交番と警戒していますが、我々も地域住民も緊急通報装置や防犯カメラのシステムをよくは知りません」

「ぜひ知ってほしいですねー。よろしかったら緊急通報装置などの現地悦明会をしましょう。子どもさんも集めてもらえるといいですが」

「インフルとコロナで児童の参加は無理でしょうが、見守り隊員や地域住民は集めます。是非説明とテストをお願いします」

このようにしてトンネルの安全対策の現地説明会は実現した。

参加者は、県土木・施工関係者・日本通信防犯協会・松江警察署・川津交番・川津小学校・見守り隊員・地域住民計15名であった。

県土整備の担当者から緊急通報装置・テレビカメラ・県警通信指令室直通の電話機などについての説明がなされ、訓練に入った。

まず、見守り隊を代表して井上一郎が緊急通報ボタンを押した。

〝ビーンビーンビーンビーン〟

強烈な音がトンネルや交差点など周囲一帯に響き渡り、警察への通報が完了した。本来ならこれを受け周囲を走行中のパトカーがサイレンを鳴らして急行し、警察署、交番からも警察官が駆け付ける。警察官はトンネル出口に設置されている１１０番電話で現地の状況を報告、追手配する。追跡は防犯カメラの役

嵩山麓児童登校風景

祖子分地下道入口

令和５年秋の祖子分地下道研修

目である。トンネル内にカメラは3カ所設置されており常時起動、人や動物が通過すると自動的に10秒程度撮影するから、映像の分析で不審者を割り出し犯人を追跡する、映像は向こう1年間保存されるから、不審者が出た場合には照合でき、事後捜査に役立つ、との説明であった。

現地説明会は初めての経験であり、多くの質問が出るとともに丁寧な説明がなされた。

「過去における緊急通報装置の活用事例は」～犯罪通報の事例はあまりない。活用の多くは誤報（誤って当たったものや悪戯）である。緊急通報装置は防犯カメラと同様、犯罪抑止の効果が大きい。

「緊急派遣されるパトカーはどこから臨場するのか」～付近を走行中のパトカーや交通機動隊、警察署、交番等から急行する。他に優先して臨場し対処する。

「子ども達への教育は」～（小学校教諭・交番所長回答）今回の現地訓練を受けて中学校と協議し、このトンネルを利用する子どもに特別教育をする。交番では毎年小学校へ数度巡回教養しており、登・下校時の安全対策と緊急通報装置の適切な活用について指導する。

現地説明会は、以上のように有意義なものとなり、嵩山麓の見守りグループでは、この研究会の翌日、集団登校する小学生2グループと、徒歩や自転車で登校する中学生に、個別に説明し理解させた。

同行見守りは、孤独なものである。毎日すれ違う車やバスやバイクに自転車、その大半は通勤車だから言葉を交わすことも目を合わすこともない。冬季ともなると子どもの口数も減り、一言も交わさず帰路に就く日さえある。そんな心の通わぬ見守り活動に空しさを覚えることもある。

無償見守り奉仕に頭下がる

雲南市　木村　卓郎　54歳

毎朝、雲南市と松江市をつなぐ峠道を利用して通勤している。朝は、山あいの小さな小学校へ向かう集団登校の児童の列と擦れ違う。背の高い高学年児童が時折、後ろを振り返りながら低学年を先導している姿がほほ笑ましい。

　通学路の各所には、そろいの蛍光色の上着を着た地元の方々が、子どもたちと朝のあいさつを交わしながら通学を見守っておられる。交通量が多いためか、時にはコンビニの店長さんとおぼしき方も出てきて、地域総出の通学安全見守り隊という光景だ。

　そして、横目で観察するところ、かなりの年月、大人の顔触れはほぼ固定しているように見える。いつも坂の途中の横断歩道には足の具合の悪そうな高齢男性も参加されていて、この道を通るたびに地域の皆さんへ敬意を表しつつ、自身の交通安全の意識を新たにしている毎日である。

　これら、長年にわたって行われている地域のボランティア活動は全国各所にある。キックバックによる多額の収入を「会計上のミス」と言う方々には、一度、自分の周りで地道に行われているであろう無償の奉仕を見てほしい。

2024年１月25日　山陰中央新報

子ども見守り 気楽・気長に！

出雲市　森山　祐次　79歳

先日、湖陵子ども見まもり隊と湖陵青パト隊の合同研修会がありました。研修会はコロナで中断されていて、3年目の私には初めてでした。

　初めに、湖陵駐在所と出雲警察署から講話があり、交通安全や子どもを取り巻く現状について学びました。

　後半のグループに分かれた研修では、情報交換をしました。出席者の多くは後期高齢者でしたが、皆さんとても熱心に話されました。「朝の交通量が多い地区では、止まってくれない車がある」「子どもが少ないので、帰りに1人になることがある」「町内で小学生のいる世帯は約1割である」などと、1人で見守りをしている私には勉強になりました。

　私は毎朝、「おはようございます」とあいさつを交わして、地区の公民館前に集まって2㌔先の小学校に登校する子どもたちを見送っています。帰りは、遠い子どもの迎えは主におばあさんです。児童クラブに行く子どももいます。

　これからも活動のモットー「気楽に！気長に！危険なく！」で見守りを続けたいと思います。

2024年２月19日　山陰中央新報

山口の見守りも19年が目前で、気が付けば80歳だ。ところがこの頃ますます忙しくなり、パソコンの打ちすぎで首が痛み、姿勢も悪くなった。入院でもして本格的に治療せねば、そんな不安な気持ちのよぎる朝のことであった。

自転車で追い越していった中2のA女を見て、小5のY女がポツリと言った。

「小父ちゃん、Aちゃんとの約束を果たしましたねー」

「えっ、どういうこと?」

問い返したところ意外なことを言った。

「4年まえ、Aちゃんが、『私が小学校卒業するまで見守りやめんでよ』って小父ちゃんに言いました。小父ちゃんは『分かった、約束するよ』って言われました。Aちゃんは今中2です。小父ちゃんは立派に約束を果たされました。今度は私がお願いする番です」

あの時この子は小2だった。小父さんと、上級生のA女が歩きながら交わした何気ない会話を小耳にはさんで覚えていたのだ。なんという記憶力の確かさ、さりげない褒め方とお願いであろうか。

最近、見守り活動で嬉しいことがあった。

令和6年2月23日の山陰中央新報の、「益田市と生協しまねの協定」の記事である。

生協しまねは、県内72、000世帯、益田市には5、000世帯の組合員がいて、各家庭に商品を宅配する。益田市との協定では、宅配時高齢者の見守りを兼ね、異常に気付いた場合は通報するほか、災害時には水や弁当などの物資を提供する。更に子育て支援や地域行事への参加など幅広いもので、包括連携での協定は県内初である。ながら見守りを国が推奨して以来、本県では新聞配達人による成果以外好事例がなかったが、在宅病人や独居家庭の増える昨今、本協定は地域活性化にも大いに期待でき、今後県内一円への拡大も夢ではない。

また、1月26日の山陰中央新報「こだま欄」に掲載された、雲南市木村卓郎氏の「無償見守り奉仕に頭下がる」の投稿記事、この投稿に端を発して、出雲市の森山祐次氏をはじめ数人の方からも同様の嬉しい投稿があった。

木村氏とは面識がなかったが、山口は早速電話をかけさせていただいた。

「雲南市の木次で内科医師をしています。松江に居住し、忌部峠を超えて木次に向かう途中いつも見守りの皆さんをお見掛けしています。地域総出の通学安全見守り隊には本当に頭が下がります。立派ですねー。政治家に見せてやりたい」

対象の児童は忌部小学校児童で、活動家は、忌部地区「住民みまもりたい」和田三郎会長以下20余名であった。

忌部地区には、松江から雲南を経て広島につながる国道24号が走っており、朝晩は交通ラッシュである。10年前パトロールママを一新して作られたこの組織は、結成後毎日2カ所の信号交差点、8カ所の横断歩道で小中学生の安全誘導をしており、機動力のある青パト7台も併用しているから松江市内でも注目される存在である。以下、会長の談話である。

「『忌部みまもりたい』はねえ、約20人の意欲的な集団で3割は女性です。乃木交番や学校と連携して毎日7時前から活動しています。携帯のながら運転や、路上への不法投棄についても目を光らせています。仲間とはラインで意見交換するので、結束していますよ」

如何なる組織もリーダーの手腕にかかっている。和田会長は毎朝見守りカ所を青パトで巡回してメンバーを激励したあと、校門の前で校長と登校児童120名を迎え、大声で挨拶しておられる。近年困っていることは、猪対策とのこと。

「この地区では一昨年15頭もの猪が小学校の校庭を荒らしました。子どもたちの体操中にも出ますが、恐がらないのでそれが心配です。秋から冬にかけて小学校の校庭に出没し芝生を剥いで数100カ所も穴をあけ餌のミミズを漁りました。やむなく猟友会にお願いして罠で一頭射止めてもらいました。子供達には動物園に送った、と言っておりますが、その実は……。苦労の甲斐があって昨年は出没しませんでした」

小田交番所長、石飛公民館長、玉木学校長などと緊密に連携した活動は、自転車通学の中・高校生からも尊敬され、地域住民はもとより、通過交通のドライバーからも日々感謝されている。

山口の嬉しかったことの3つ目は、30年も診察してもらっている内科主治医の一言である。

「ほう、毎日見守りですか、だから若いのです。街頭活動は首や足腰に負担を掛けるでしょうが、続けることがコツのようです。高齢者の身体機能は使いながら維持するものですから」

思えば年間２５０日、雨が降ろうと雪が降ろうと最低３㌔は歩くから、知らず知らずのうちに体力は持続され、交わす会話で脳の退化は抑えられているのであろう。これはまさに見守りから頂く褒美であり大きな悦びである。山口は迷いから脱した。『やっぱり続けよう』

嵩山の裾野に誕生した見守り５人衆にとっての楽しみは子どもたちの成長であり、大切にしていることは日々交わす情報の共有である。

地球温暖化が進行し災害の形態が変わってきたこと・人類社会から戦争はなくならぬこと・通学路周辺における危険な運転と事故との因果関係・奇特なボランティアによる通学路の清掃・コロナやインフルで自宅療養している子どもの安否・時代は変われども嵩山の美しさは変わらぬこと、などなどである。

今朝の見守りも無事終わった。交差点で子どもたちを見送った面々は、汗のにじんだ青いチョッキに風を通し、前方に横たわる嵩山山頂を仰ぎながら帰路に就く。

思えばいろんなドラマがあった。いつも子どもたちに言っていることは……。

「苦しみから逃れてはいけぬ、苦労した子ほど大きく育つ」「大きな声で挨拶しろ、挨拶は人と自分を爽快にする」「喧嘩をしてもいいから仲直りをしろ」「困っている人には自分を後回しにしてでも手を差し伸べよ」

「君たちの未来は永遠だ、博士にでも大臣にでもなれる。小父さんはいつの日にか、この嵩山麓から総理大臣が生まれることを夢見ている」

一緒に活動した眞鶴さん、安達さん、石川さんには先立たれた。

山口の今は恩返しならぬ「恩送り」の日々である。恩を受けた人に返すことは出来ぬが社会へ返そう。さっそうと地域へ、都会へ、世界へ羽ばたいて行く子どもたちへ託そう。

明治二三年八月、島根県尋常中学校の教師としてこの地を踏んだラフカディオ・ハーンは「自然は過ちを犯さない。生き残る最適者は、自然と最高に共存できて、わずかなものに満足できる者。宇宙の法則とはこのようなものである」と説いた。我々はハーンの崇高な教育理念を受け継いで今ここにいる。

先人が愛した寝仏を眺めながら、縁あってこの地で育った子どもたちを、安全に真っすぐ逞しく育んでいく、このことを誓う。

ある時は悩み、ある時は悦び、涙し、歳を忘れて大空を見上げるそんな人生がここにある。

完

恩送りと悦び

思い起こせば昭和二〇年代後期、私は毎日片道４・５キロ、高低差１００メートル、石ころだらけの登坂を汗をかきながら小学校へ通った。

「おはよう、頑張って行ってきんちゃい」

下校時、山の上の一軒家に差し掛かると、庭先でお婆ちゃんが待っておられた。

「お帰り、腹が減ったろう、食べんちゃい。学校どうだった」

子どもの好きな優しいお婆ちゃん。私は学校での出来事を話し、好きな歌を歌い、実の祖母のように慕った。

ある日、その家の柿の木の根元に巣をつくる蜂を見つけ、泥団子を穴へ投げ込んだ。ところが蜂が怒って私を追いかけ、頭のてっぺんを刺したから意識もうろう……。お婆ちゃんが口で毒を吸い出してくれたお陰で、５日間の休学で命はとりとめた。蜂は猛毒を持つスズメ蜂であった。

あれから70年、今は昔を偲びながら恩送りの日々である。

本書を書くにあたって、私には三つ意図したことがある。

その一つは、「見守り活動家への感謝」である。

島根県では7年前、益田の三原董充氏と松江の小山榮氏が活動中事故に遭い亡くなられた。三原氏は自分の命と引き換えに少年を救われ、小山氏は乱れていた松江の治安を立て直された。2人とも、地域の発展に貢献された偉大な人物であり、心から感謝し冥福をお祈りしたい。ここで忘れてならないのは、奇特な活動家でありながら名前も知られることなく、ひっそりと世を去っていかれた多くの方々の存在である。眼を閉じれば瞼の裏に甦るあの人、この人……。今一度思い返し、感謝の誠をささげようではないか。

その二つは、「痒いところに手の届くような手引き」とすることである。

かつては全国200万人超ともいわれた見守り人であるが、現場で活動した隊員が、その経験をもとに書き表した手引きには出会わない。

そこで、島根県下に存在する100余団体の中から4団体に絞り、組織の立ち上げと資金集め、通学路の環境改善の仕掛け、交差点やトンネルにおける事故防止対策、子どもの優れた個性の引き出し、学校との連携や安全マップづくり、青パト活用のポイント等々、汗と努力から得た活動の秘策を書き綴るとともに、新時代を踏まえた見守り制度の刷新意見など、監督官庁にも提言をさせていただいた。

三つ目は、「見守り活動は有意義なもの、後に続いてほしい」この訴えである。

とは申せ、朝晩街頭に出ての無償のボランティアは辛いものである。だが、それを超えて地域のために尽くしているという誇りと悦びがある。

苦しみを乗り越えて成長する子どもの姿にふれた時、子どもからの相談を解決できた時、通学路の改善が果たせた時、定期健診で医師から誉められた時、そんな時は見守り活動や仲間への感謝である。

近年、見守り活動家の減少が懸念されているが、子どもから頂く日々の笑顔と、父母からの感謝のことば、続けることによってもたらされる健全な心身は何物にも替え難い。この悦びを声を大にして伝えたい。

この本を書くに当たって、島根県警察並びに島根県防犯連合会の深甚なるご協力を戴いた。

また、警察ＯＢで掃苔家の青山侑市氏、元防犯部長の榊原優二氏には制作の指導を、友人の小川さくら氏には執筆の助言と装丁画の製作を、今井書店の佐々木保二氏、黒田一正氏には制作上の意見を戴いた。

情報提供にご協力を賜った見守り隊リーダーの皆様、史料・資料の参考使用をお許し戴いた皆様方に、謹んでお礼を申し上げる。

終わりに、見守り活動に関して事故のないことを、全国の活動家のささやかな悦びの続くことを願って、筆をおく

令和六年三月吉日

山口　信夫

主な参考文献

『島根県史・九　藩政時代下』　島根県　秀英舎　一九三〇
『松江市史』　上野富太郎　松江市　一九四一
『新修松江市誌』　松江市史編纂委員会　島根新聞社　一九六二
『県政しまね』　島根県　一九六三〜一九七四
『わたしたちの大田市』　大田市教育委員会　急行印刷　一九七三
『日本の歴史二十・明治維新』　井上清　一九七四
『石州口乃戦』　矢富熊一郎　柏村印刷　一九七七
『とよ川』　石田秀吉　豊川高齢者学級　一九七八
『角川日本地名士辞典』　竹内理三　角川書店　一九七九
『島根県警察史・昭和編』　島根県警察本部　凸版印刷　一九八四
『西石見の豪族と山城』　廣田八穂　大村印刷　一九八五
『三刀屋氏とその城跡』　三刀屋城跡調査　福庭書店　一九八六
『松江市誌』　市史編纂委員会　松江市　一九八九
『熱き心で』　警察庁警務局教養課　一九九〇
『出雲国松江藩の昔ばなし』　柳浦豊實　同上　一九九〇
『果報は練って待て』　邑井操　新潮社　一九九一

主な参考文献

『こども出雲国風土記』　川島芙美子　山陰中央新報社　一九九四
『山陰史談』　浅川清栄　山陰歴史研究所　一九九五
『日本歴史地名大系第33巻』　下中弘　平凡社　一九九五
『私の神楽談義』　石見神楽　竹内幸夫　柏村印刷　一九九七
『松江藩格式と職制』　中原健次　松江今井書店　一九九七
『松江市社会福祉協議会50年誌』　市社協　渡部印刷　二〇〇一
『島根県歴史大年表』　藤岡大拙　郷土出版社　二〇〇一
『私の神楽談義・神楽前線』　竹内幸夫　柏村印刷　二〇〇一
『ますだの散歩道』　矢富巌夫　益田市観光協会　二〇〇二
『都茂鉱山の歴史発見』　美都町　シーズ研究所　二〇〇三
『愛の一声』　松江市パトロールママの会　ぷりんとはうす　二〇〇五
『人生を舞う』　安藤美文　文芸社　二〇〇五
『地域ぐるみの学校安全体制』　文科省委嘱　京都市教育委員会　二〇〇六
『今、出雲がおもしろい』　藤岡大拙　出雲学研究所　二〇〇七
『浜田城炎ゆ』　小寺雅夫　溪水社　二〇〇八
『益田川の夢』　中村文子　文理閣　二〇〇八
『安全・安心の環境づくり』　小宮信夫　ぎょうせい　二〇〇八
『大森哀愁浪漫』　小笠原秀昱　山口嘉夫　二〇〇八

『かわつ故郷かるた』　川津公民館　ふなもと印刷　二〇〇八
『調べる技術・書く技術』　野村進　講談社　二〇〇八
『日本の伝統文化と和の心』　平田恵子　ＪＰ財団　二〇〇九
『益田ふるさと物語』　益田市　柏村印刷　二〇一一
『松江市史　近世１・２』　松江市史編集委員会　松江市　二〇一一
『詳説日本史研究』　佐藤信ほか　山川出版社　二〇一二
『自主独立農民という仕事』　森まゆみ　バジリコ　二〇一二
『石見銀山の町』　くらしアトリエ　緑と水の連絡会議　二〇一二
『石見神楽小辞典』　浜田市　アイ企画　二〇一三
『三瓶山とともに』　高橋康子　国立公園指定記念事業　二〇一四
『繋・ボランティア活動の歩み』　松江市ボラ連協　太陽平版　二〇一五
『石見神楽おもしろ観賞ガイド』　藤原澄男　山陰中央新報　二〇一五
『大田市地誌』　作野広和　谷口印刷　二〇一五
『犯罪に強いまちづくりの理論と実践』　小宮信夫　イマジン　二〇一五
『生きがい』　ＪＰ財団25周年記念　ＪＰ生きがい振興財団　二〇一七
『希望への力』　興梠寛　光生館　二〇一八
『県政のあゆみ』　島根県　一九九一～二〇一八
『横断歩道橋・個別施設計画』　中国整備局　道路保全　二〇一八

『松江市史通史編３』　市史編纂委員会　松江市　二〇一九
『尼子氏関連武将辞典』　広瀬町観光協会　ハーベスト　二〇一九
『松江城山の生きものたち』　佐藤仁志　松江市　二〇二〇
『出雲の山々とその周辺の山』　山岳連盟　ピー・ター・パン　二〇二〇
『銀の橋を渡る』　松本薫　今井出版　二〇二一
『子どもを真ん中に』　河野利文　豊川の未来をつくる会　二〇二一
『登下校見守り活動』ハンドブック　文科省　二〇二一
『交差点』　松江自友会　松江自友会広報部　二〇二一
『山陰最後の殿様・定安と慶徳』　山口信夫　今井出版　二〇二一
『中世益田ものがたり』　益田市教　山陰中央新報　二〇二二
『慈しみの心』　中村元　山陰中央新報社　二〇二二
『松江市内交通規制の沿革』　島根県警　交通規制課　二〇二二
『わたしたちの大田市』　大田市　急行印刷　二〇二三
『古都松江45』　松江市文化協会　黒潮社　二〇二三

このほかにも多くの史料・資料を参照させて頂きました。

著者略歴

山 口 信 夫（やまぐち　のぶお）

1943年生まれ　島根県邑智郡川本町出身。松江市在住。
演劇・声楽・柔道・絵画を愛好。

［略歴］
大社・益田・松江の各警察署長
中国管区警察局・警察庁課長補佐
島根県警察本部交通部長・刑事部長　歴任
混声合唱団「まほろば」創設　初代団長
環境市民団体「くにびきエコクラブ」創設　名誉会長
合唱団「みずうみ」団員
松江警察署発足110周年記念誌『庁舎は語る』執筆代表
演劇制作25本、上演59回
　代表作／いわしの気持(2011)、海亀の涙(2019)、ヘルン・愛の軌跡(2024)
著書：国宝松江城秘話『誇り高きのぼせもん』(2016)
　　　松江藩栄光への道『律儀者と不昧さん』(2018)
　　　山陰最後の殿様『定安と慶徳』(2021)

見守りの悦びと涙「行ってお帰り」

令和６（2024）年４月17日　発行

著者·発行　山 口 信 夫
装 丁 画　小川さくら
発　　売　今 井 出 版
印　　刷　今井印刷株式会社
製　　本　日宝綜合製本株式会社

ISBN 978-4-86611-383-8